INTELLIGENCE ARTIFICIELLE ET ASSURANCES

Collection « Asie centrale – Souffles d'un monde »,
créée et dirigée par Philippe Jurkowicz

La collection « Asie centrale – Souffles d'un monde » propose d'explorer cette vaste région à travers des thématiques variées, allant de la littérature classique à la littérature contemporaine, en passant par l'histoire de l'art, la sociologie et bien d'autres domaines. Il s'agit de livres écrits par des auteurs originaires des pays d'Asie centrale, garantissant une authenticité culturelle et une expertise académique, destinés aussi bien aux chercheurs et aux universitaires qu'aux passionnés et curieux de cette partie du monde, riche de son héritage de la Route de la soie et de sa place singulière dans l'Histoire. Chaque livre de cette collection offre une perspective unique, témoignant des réalités complexes et des expériences uniques des auteurs originaires de cette région, mêlant l'histoire fascinante de l'Asie centrale aux enjeux contemporains tels que les migrations, les conflits géopolitiques, les bouleversements socio-économiques et les dynamiques culturelles.

Dernières parutions

Ilya Odegov, *La fiancée ailée du Mahdi* suivi de *La brebis* et de *Fugues*, 2026.
Didar Amantaï, *Les fleurs et les livres*, 2026.
Tatiana Lebedeva, Kamala Gulyamova, *Les routes de la soie de la mode. Deauville au rendez-vous*, 2025.
Tatiana Lebedeva, Véronique Sournies, Erlan Bekkhojine et Meruyert Kumarova, *Éclosion de la mode au Kazakhstan. La sève d'une terre*, 2023.
Kassym-Jomart Tokaïev, *Le dit de mon père*, 2023.

Rustam Azimov

INTELLIGENCE ARTIFICIELLE ET ASSURANCES

Perspectives et défis à travers l'exemple de l'Ouzbékistan

Traduit du russe par Christophe Trontin

L'Harmattan

Édition originale : *Intelligence artificielle et assurances : perspectives et défis pour l'Asie centrale (exemple de la République d'Ouzbékistan)*, monographie, Azimov R. S. – Tachkent, Éditions MATRIX, 2025, 150 p.

5-7, rue de l'École-Polytechnique - 75005 Paris

www.editions-harmattan.fr

ISBN : 978-2-336-64688-6
EAN : 9782336646886

Dépôt légal : septembre 2026

Rapporteurs scientifiques

Gouliamov Saïdakhror Saïdakhmedovitch, docteur ès sciences économiques, professeur, membre de l'Académie.
Chennaïev Khoujayor Mousourmanovitch, docteur ès sciences économiques, professeur.

La présente monographie propose une analyse approfondie des transformations du secteur de l'assurance dans le contexte de la transformation numérique, en accordant une attention particulière à l'intégration des technologies de l'intelligence artificielle (IA).

Le premier chapitre présente la problématique de la recherche et met en évidence l'actualité de l'étude de l'intelligence artificielle dans le secteur de l'assurance, en particulier dans le contexte du développement des économies d'Asie centrale et plus spécialement de l'Ouzbékistan.

Le deuxième chapitre est consacré à une analyse théorique et méthodologique des principaux concepts, des technologies et des aspects juridiques liés à l'intégration de l'intelligence artificielle dans les processus assurantiels.

Le troisième chapitre analyse l'état actuel du marché de l'assurance en Ouzbékistan, met en évidence le potentiel de transformation offert par l'intelligence artificielle et examine les principales expériences internationales en la matière.

Le quatrième chapitre présente les orientations stratégiques de la transformation numérique du secteur de l'assurance en Ouzbékistan. Il examine les initiatives publiques et privées, les défis institutionnels ainsi que les différents scénarios envisageables pour le développement futur du secteur.

Les résultats de cette recherche présentent un intérêt tant pour la communauté scientifique que pour les professionnels du secteur de l'assurance, les spécialistes des technologies de l'information, ainsi que pour les représentants des pouvoirs publics et des organisations internationales impliqués dans le développement des infrastructures financières innovantes en Asie centrale.

Introduction

Cette monographie est consacrée à une étude approfondie de l'une des orientations majeures de la transformation numérique contemporaine : l'intégration de l'intelligence artificielle (IA) dans le secteur de l'assurance, qui constitue un élément essentiel du système financier en contribuant à l'équilibre et à la stabilité des processus économiques. Dans un contexte marqué par le développement rapide des technologies de l'information, l'augmentation continue des volumes de données, la complexification de la gestion des risques et l'intensification de la concurrence, les modèles traditionnels de gestion des entreprises d'assurance montrent progressivement leurs limites. Cette évolution conduit les assureurs à repenser leurs modes d'organisation, leurs pratiques de gestion, leurs infrastructures technologiques et leurs modalités d'interaction avec les assurés.

Dans ce contexte, l'intelligence artificielle, qui mobilise des techniques telles que l'apprentissage automatique (*machine learning*), l'exploitation des mégadonnées, l'analyse intelligente des données, l'automatisation robotisée des processus et les systèmes d'aide à la décision, revêt une importance particulière. Son utilisation permet non seulement d'optimiser les processus internes des entreprises d'assurance — notamment le calcul des primes, la souscription (*underwriting*)[1], la gestion de la sinistralité et le traitement des sinistres — mais aussi de développer des produits d'assurance hautement personnalisés, de renforcer les capacités d'analyse prédictive et d'améliorer l'expérience client grâce aux services numériques. L'intelligence artificielle transforme ainsi en profondeur le modèle traditionnel de l'assurance, en faisant évoluer la gestion des risques d'une approche essentiellement rétrospective vers une logique prédictive et préventive en temps réel.

En outre, le recours à l'intelligence artificielle contribue à améliorer l'efficacité opérationnelle, à réduire les coûts de transaction et à renforcer la transparence des opérations d'assurance, ce qui est susceptible, à plus long terme, de transformer la structure institutionnelle du marché de l'assurance. Ces évolutions confèrent une importance scientifique et pratique particulière aux recherches consacrées au potentiel et aux limites de l'intégration de l'intelligence artificielle dans le secteur de l'assurance, notamment dans les économies en développement, où les niveaux de maturité numérique demeurent très contrastés et s'accompagnent de défis spécifiques.

Dans cette perspective, les pays d'Asie centrale présentent un intérêt particulier. Malgré l'importance croissante des technologies numériques dans l'économie mondiale, la transformation numérique y demeure inégale et fragmentaire. Cette situation s'explique à la fois par les écarts de développement économique entre les pays de la région, par la diversité de leurs cadres institutionnels, par les disparités des infrastructures numériques ainsi que par l'évolution des priorités stratégiques des États en matière de transformation numérique. L'une des caractéristiques de l'Asie centrale réside dans la coexistence d'une forte volonté d'adopter des technologies de pointe, au premier rang desquelles figure l'intelligence artificielle

---

[1] Le terme anglais a cours en russe comme en français. Il correspond au travail d'appréciation, d'évaluation et de souscription des risques industriels dans le cadre des assurances dommages (n.d.t.)

et d'obstacles juridiques, techniques et humains persistants qui freinent leur intégration systémique dans les principaux secteurs de l'économie, en particulier dans celui de l'assurance.

Dans cette perspective, la présente monographie accorde une attention particulière à la République d'Ouzbékistan, qui constitue à la fois le pays le plus peuplé d'Asie centrale et l'une des économies les plus engagées dans un processus de réformes. Depuis plusieurs années, le pays connaît une croissance économique soutenue, accompagnée d'une libéralisation progressive des marchés financiers, d'une amélioration du climat des affaires et d'une politique volontariste de transformation numérique, tant au sein de l'administration publique que dans le secteur privé. La modernisation des infrastructures financières figure parmi les priorités de ces réformes, notamment dans le secteur de l'assurance, qui poursuit son développement institutionnel et requiert une modernisation technologique, un renforcement de la transparence et une amélioration de son efficacité.

C'est précisément dans le contexte d'une économie émergente, où le marché de l'assurance est encore en phase de structuration tandis que la demande de solutions innovantes ne cesse de croître, que l'introduction de l'intelligence artificielle est susceptible non seulement de remédier à certaines faiblesses structurelles, mais aussi d'ouvrir de nouvelles perspectives de développement pour l'ensemble du secteur. À cet égard, l'Ouzbékistan constitue un terrain d'observation particulièrement pertinent pour analyser les perspectives, les limites et les stratégies d'adaptation de l'intelligence artificielle dans le secteur de l'assurance, dans le contexte plus large des transformations institutionnelles et technologiques à l'œuvre en Asie centrale.

La présente monographie est structurée en quatre chapitres complémentaires, qui abordent les différentes dimensions de la problématique étudiée et offrent une vision d'ensemble des perspectives et des enjeux liés à l'intégration de l'intelligence artificielle dans le secteur de l'assurance en République d'Ouzbékistan. Cette organisation permet de développer une réflexion progressive et cohérente, conduisant de la définition de la problématique à la formulation de recommandations pratiques, en passant par l'analyse des fondements théoriques et l'examen des réalités empiriques.

Le premier chapitre pose le cadre conceptuel de la recherche et introduit la problématique étudiée. Il met en évidence l'actualité de l'étude des applications de l'intelligence artificielle dans le secteur de l'assurance, tant au regard des tendances mondiales que des spécificités régionales. Une attention particulière est accordée aux transformations que connaît le secteur de l'assurance dans le contexte de la transformation numérique, ainsi qu'à l'analyse de l'Asie centrale en tant que région située au carrefour de plusieurs dynamiques géoéconomiques, tout en demeurant confrontée à des contraintes structurelles qui freinent sa transformation numérique. Le chapitre expose également les raisons qui justifient le choix de la République d'Ouzbékistan comme objet de l'étude empirique, en mettant en évidence son caractère représentatif et l'intérêt qu'il présente pour une compréhension plus large des processus d'adaptation de l'intelligence artificielle au secteur de l'assurance dans les économies en développement.

Le deuxième chapitre, de nature théorique et méthodologique, est consacré à une analyse systématique des fondements conceptuels et des composantes technologiques de l'intelligence artificielle. Il examine les principales définitions et approches permettant de caractériser l'intelligence artificielle, ainsi que les grandes catégories de technologies qui lui sont associées, notamment l'apprentissage automatique, le traitement automatique du langage naturel (*Natural Language Processing*, NLP), l'analyse intelligente des données et l'automatisation robotisée des processus (*Robotic Process Automation*, RPA), en mettant en évidence les spécificités de leur intégration dans le secteur de l'assurance. Une attention particulière est également accordée aux dimensions éthiques, juridiques et réglementaires de l'utilisation de l'intelligence artificielle dans les services financiers, notamment aux questions relatives à la protection des données, à la transparence des algorithmes, à l'équité des décisions automatisées et à la responsabilité associée aux systèmes algorithmiques. Ce chapitre établit ainsi le cadre théorique sur lequel s'appuie l'analyse des questions empiriques et stratégiques relatives à l'intégration de l'intelligence artificielle dans le secteur de l'assurance en République d'Ouzbékistan.

Le troisième chapitre est consacré à une analyse de l'état actuel du marché de l'assurance en République d'Ouzbékistan, fondée sur un vaste corpus de données empiriques faisant l'objet d'une analyse approfondie. Il met en évidence les principales caractéristiques institutionnelles du secteur, le niveau de développement de ses infrastructures, la diversité des produits d'assurance proposés ainsi que le degré d'intégration des technologies numériques dans les processus de gestion. Une attention particulière est accordée à l'identification des principaux obstacles qui freinent l'innovation, parmi lesquels figurent la fragmentation du cadre réglementaire, le niveau encore insuffisant des compétences numériques, le faible niveau des investissements et la confiance limitée des consommateurs envers les entreprises d'assurance. Dans ce contexte, le chapitre analyse le rôle de l'intelligence artificielle comme catalyseur de la transformation numérique, en montrant sa capacité à améliorer sensiblement l'efficacité opérationnelle, à renforcer l'expérience client et à développer les capacités analytiques des entreprises d'assurance.

Une place importante est également accordée à l'analyse de l'expérience internationale en matière d'intégration de l'intelligence artificielle dans le secteur de l'assurance. L'accent est mis sur les pratiques mises en œuvre dans les principaux pôles technologiques et financiers mondiaux, notamment aux États-Unis, dans les pays de l'Union européenne, en Chine et à Singapour, tout en prenant également en considération l'expérience de pays en développement dont le niveau de maturité numérique et de développement institutionnel est comparable à celui de la République d'Ouzbékistan. L'étude de ces expériences fournit une base empirique pour l'analyse comparative et permet d'identifier les pratiques les plus pertinentes susceptibles d'être adaptées aux spécificités du contexte national.

Le quatrième et dernier chapitre est consacré aux perspectives de développement, aux orientations stratégiques et aux mécanismes permettant l'intégration de l'intelligence artificielle dans le secteur de l'assurance en République d'Ouzbékistan. Il examine différents scénarios de transformation numérique, allant de l'adaptation de modèles internationaux au développement de solutions technologiques nationales, en passant par l'élaboration de stratégies de transformation numérique propres aux entreprises d'assurance. Une attention particulière est accordée à la coopération entre les pouvoirs publics et le secteur privé dans la création d'un environnement propice à l'innovation. Le chapitre analyse notamment les initiatives actuellement mises en œuvre, les dispositifs publics de soutien, le recours aux « bacs à sable réglementaires » (*regulatory sandboxes*) ainsi que les perspectives offertes par les partenariats public-privé. Il étudie également les principaux défis structurels et opérationnels liés à l'intégration de l'intelligence artificielle dans le secteur de l'assurance, notamment la pénurie de personnel qualifié, les difficultés de normalisation des données, les risques de biais algorithmiques et les exigences croissantes en matière de cybersécurité. Enfin, il formule un ensemble de recommandations stratégiques destinées à accompagner la transformation numérique du secteur de l'assurance en République d'Ouzbékistan à court et à moyen terme.

La présente monographie s'adresse à un large public de lecteurs intéressés par les enjeux de la transformation numérique du secteur de l'assurance dans le contexte des mutations technologiques et institutionnelles contemporaines. Elle s'adresse en premier lieu à la communauté scientifique, aux chercheurs en économie, en assurance, en technologies de l'information et en administration publique, ainsi qu'aux doctorants et aux étudiants travaillant sur les interactions entre l'innovation technologique et le développement des marchés financiers. L'ouvrage pourra également servir de référence dans le cadre de travaux de recherche consacrés à l'économie numérique et d'outil pédagogique pour l'étude des transformations du secteur de l'assurance.

Cette monographie s'adresse également aux professionnels du secteur de l'assurance — dirigeants, praticiens, analystes et experts en technologies de l'information — impliqués dans la planification stratégique, le développement de nouveaux produits d'assurance ou l'optimisation des processus de gestion grâce aux technologies numériques. Les données empiriques présentées, l'analyse des pratiques internationales les plus avancées en matière d'intégration de l'intelligence artificielle dans les économies en développement, ainsi que les recommandations formulées pour accompagner la transformation numérique du secteur, présentent un intérêt particulier pour l'ensemble de ces acteurs.

L'ouvrage s'adresse également aux pouvoirs publics et aux autorités chargées de la régulation des marchés financiers et du secteur de l'assurance, ainsi qu'aux institutions compétentes dans les domaines de l'économie numérique, de l'innovation et de l'enseignement. Dans la mesure où les politiques publiques jouent un rôle déterminant dans la mise en place d'un cadre institutionnel favorable, le soutien aux initiatives numériques et la diffusion des technologies innovantes, les résultats de cette recherche peuvent contribuer à l'élaboration du cadre réglementaire, des programmes nationaux et des stratégies interministérielles destinés à accompagner la transformation numérique du secteur de l'assurance.

Enfin, cet ouvrage peut également présenter un intérêt pour les organisations internationales et les agences de développement qui coopèrent avec les États d'Asie centrale dans les domaines de la réforme économique, de la transformation numérique et du renforcement de la stabilité des systèmes financiers. Il constitue à cet égard un outil d'analyse susceptible d'éclairer l'évaluation du potentiel d'intégration de l'intelligence artificielle dans le secteur de l'assurance, ainsi que la conception de programmes d'appui technique et institutionnel.

L'auteur exprime l'espoir que les résultats de cette recherche contribueront à renforcer l'intérêt scientifique et pratique pour les enjeux liés à l'intégration de l'intelligence artificielle dans le secteur de l'assurance, qu'ils favoriseront le développement de nouvelles recherches interdisciplinaires ainsi que les échanges d'expériences entre les pays de la région et qu'ils participeront ainsi à accélérer la transformation numérique du secteur de l'assurance dans les économies en développement.

CHAPITRE I.

Énoncé de la problématique

§ 1.1. Portée de l'IA dans le secteur de l'assurance

L'intelligence artificielle (IA) constitue aujourd'hui l'un des principaux moteurs de la transformation du marché de l'assurance. Son rôle dépasse largement celui d'un simple outil technologique : elle s'impose comme un levier stratégique de transformation institutionnelle, en redéfinissant les principes de fonctionnement des entreprises d'assurance dans le contexte de la transformation numérique de l'économie. Dans la mesure où l'activité d'assurance repose sur la gestion de l'incertitude et l'anticipation des risques, ce secteur est particulièrement propice au déploiement de technologies capables de renforcer les capacités d'analyse, de réduire les coûts de transaction et d'améliorer la qualité des décisions.

Dans les pays d'Asie centrale, et plus particulièrement en République d'Ouzbékistan, l'intégration de l'intelligence artificielle dans le secteur de l'assurance revêt une importance stratégique. Dans le contexte des réformes économiques engagées en faveur de la libéralisation, du développement du secteur privé et de la transformation numérique, le recours aux technologies de l'intelligence artificielle constitue désormais une composante essentielle de la modernisation des institutions financières. L'intelligence artificielle permet aux entreprises d'assurance de remédier à certaines faiblesses institutionnelles, de réduire les asymétries d'information, d'améliorer les processus de souscription (*underwriting*), d'automatiser le règlement des sinistres et d'adapter la tarification au profil de risque de chaque assuré. Elle contribue ainsi à diversifier l'offre de produits et de services d'assurance, notamment dans des domaines particulièrement sensibles tels que l'assurance agricole, le micro-entrepreneuriat ou la couverture des risques climatiques.

À l'échelle macroéconomique, l'intégration de l'intelligence artificielle contribue à renforcer les mécanismes de mutualisation et de transfert des risques, favorisant ainsi l'investissement et la stabilité de l'environnement économique. Son déploiement dans le secteur financier stimule également le développement d'activités connexes, telles que la banque, le crédit-bail (*leasing*) et les services d'investissement, grâce à la mise en place de plateformes numériques intégrées reposant sur les mégadonnées (*Big Data*) et les modèles prédictifs.

La figure 1.1 présente les principaux domaines d'application de l'intelligence artificielle dans le secteur de l'assurance en République d'Ouzbékistan. Elle propose une vue d'ensemble des principales modalités d'intégration des solutions d'intelligence artificielle et met en évidence leur contribution à l'amélioration de l'efficacité des processus métier des entreprises d'assurance.

Comme l'illustre la figure 1.1, l'intelligence artificielle exerce une influence particulièrement importante sur les processus de souscription et de gestion des contrats d'assurance. L'automatisation de la vérification des données et l'analyse algorithmique des risques permettent de réduire sensiblement les délais de traitement et de prise de décision, de limiter les biais liés à l'appréciation humaine et d'améliorer la qualité du service offert aux assurés.

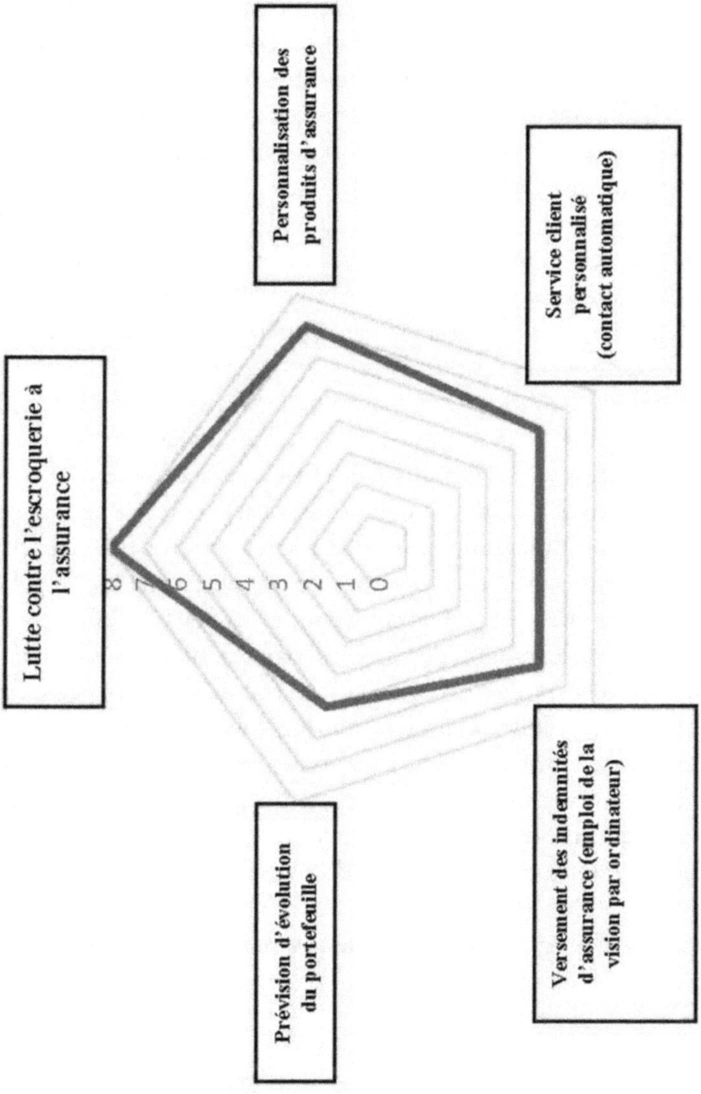

Figure 1.1. Domaines d'application de l'IA dans l'assurance[2]

[2] Source : élaborée par l'auteur.

À titre d'exemple, on peut citer la compagnie nationale d'assurance à l'exportation Ouzbekinvest, qui déploie progressivement des solutions fondées sur l'intelligence artificielle dans les principaux processus de son activité, depuis la souscription jusqu'à l'évaluation des risques pays. Les modèles d'apprentissage automatique mis en œuvre par l'entreprise analysent les données relatives aux clients et aux contrats afin d'établir des prévisions et de formuler des recommandations fondées sur les résultats de cette analyse (figure 1.2).

L'intelligence artificielle transforme également en profondeur les méthodes d'évaluation des risques, en dépassant les limites des approches traditionnelles fondées sur un nombre restreint de variables et sur l'appréciation humaine. L'exploitation de vastes ensembles de données hétérogènes — des données de géolocalisation aux indicateurs macroéconomiques, en passant par les métadonnées — permet de construire des modèles prédictifs performants, capables d'identifier des corrélations complexes et de révéler des relations difficilement détectables par les méthodes d'analyse traditionnelles. Cette évolution est particulièrement visible dans le domaine de l'assurance automobile, où les dispositifs télématiques embarqués et les applications mobiles permettent d'établir un profil comportemental du conducteur, servant de base à une tarification personnalisée. Cette approche est déjà mise en œuvre en République d'Ouzbékistan : les compagnies Kafolat et Gross Insurance recourent à des solutions comparables dans le domaine de l'assurance facultative.

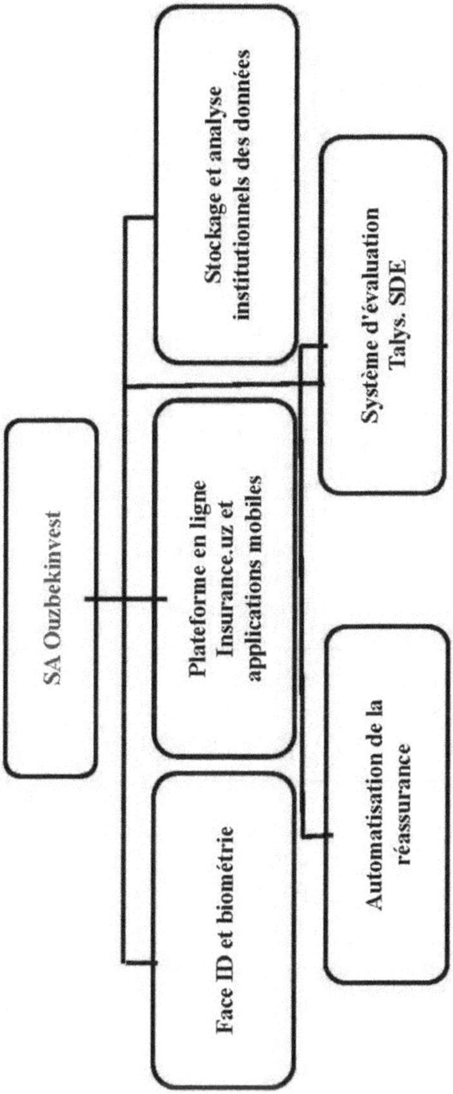

Figure 1.2. Solutions numériques pratiques de SA Ouzbekinvest[3]

[3] Source : élaborée par l'auteur.

De plus, l'emploi des interfaces numériques (chat-bots, notifications push) permet de standardiser la relation client et d'améliorer la qualité du service.

Tableau 1.1. Principales applications de l'IA dans le secteur de l'assurance en Ouzbékistan

N°	Application	Technologie employée	Effets pratiques
1	Automatisation de l'*underwriting*	Apprentissage machine, réseaux neuronaux	Amélioration de la précision dans l'évaluation des risques, réduction du délai de prise de décision
2	Personnalisation des produits	IA générative, analyse des préférences	Création de polices d'assurance adaptées, fidélisation de la clientèle
3	Gestion du ratio sinistre/primes	Traitement de l'image, du langage naturel	Évaluation automatisée des dommages, réduction des coûts opérationnels
4	Détection des tentatives d'escroquerie	Algorithmes de détection d'anomalies	Réduction du nombre d'indemnisations indues, amélioration de la stabilité financière
5	Pronostic des risques	Massifs de données, analyse prédictive	Prévention des événements catastrophiques, adaptation des conditions d'assurance
6	Service client	Chatbots, interfaces vocales	Support 24/7, réduction du temps de réponse, amélioration de la satisfaction

Au-delà de ces applications, l'assurance agricole constitue un domaine particulièrement prometteur pour le déploiement de l'intelligence artificielle. Les projets pilotes menés par la compagnie d'assurance publique Ouzagrosugurt, fondés sur l'exploitation de données satellitaires et de modèles météorologiques, ont démontré l'efficacité de l'intelligence artificielle dans l'évaluation des risques climatiques et la prévision des rendements agricoles. Cette approche permet non seulement d'optimiser la tarification des contrats d'assurance, mais aussi de renforcer les capacités de prévention des risques dans le secteur agricole.

L'intégration de l'intelligence artificielle dans le secteur de l'assurance en République d'Ouzbékistan ne constitue pas seulement une avancée technologique : elle s'inscrit dans une transformation institutionnelle visant à renforcer la transparence, la prévisibilité et la stabilité du marché de l'assurance. Ces évolutions contribuent à accroître le rôle du secteur de l'assurance dans le renforcement de la stabilité macroéconomique et créent des conditions favorables au développement du potentiel entrepreneurial et de l'investissement dans le pays.

L'un des domaines les plus prometteurs d'application de l'intelligence artificielle dans le secteur de l'assurance réside dans le développement de produits d'assurance personnalisés. Le recours aux algorithmes d'apprentissage automatique et à l'analyse comportementale permet de traiter de vastes ensembles de données hétérogènes, allant des caractéristiques sociodémographiques aux comportements numériques des assurés. Les entreprises d'assurance sont ainsi en mesure d'affiner la segmentation de leur clientèle et de proposer des offres personnalisées adaptées au profil de risque, aux préférences et aux comportements de chaque assuré.

La personnalisation des produits d'assurance contribue non seulement à améliorer l'expérience des assurés, en leur proposant des offres mieux adaptées à leurs besoins et à leur profil de risque, mais elle exerce également un effet positif sur les performances économiques des entreprises d'assurance. Premièrement, elle réduit le risque de renoncement à la souscription ou de résiliation anticipée des contrats, contribuant ainsi à renforcer la stabilité du portefeuille d'assurance. Deuxièmement, une tarification plus précise, fondée sur les caractéristiques individuelles des assurés, limite les mécanismes de subvention croisée entre les différentes catégories de risques et favorise une répartition plus équitable des primes d'assurance. Enfin, les solutions d'assurance adaptatives permettent aux entreprises d'assurance d'accéder à des segments de clientèle jusqu'alors peu développés ou insuffisamment couverts, notamment les jeunes, les très petites entreprises (TPE), les travailleurs indépendants et les populations rurales.

Dans la pratique, des produits d'assurance personnalisés commencent déjà à être proposés par plusieurs entreprises d'assurance en République d'Ouzbékistan. Ainsi, dans le domaine de l'assurance maladie complémentaire (facultative), des algorithmes sont utilisés pour concevoir des offres adaptées à l'âge, aux antécédents médicaux et au mode de vie des assurés. Des approches comparables sont également en cours de développement dans le secteur de l'assurance automobile, où l'analyse du comportement de conduite à partir des données télématiques permet de proposer une tarification plus précise et mieux adaptée au profil de risque de chaque conducteur.

La personnalisation des produits et des services d'assurance fondée sur l'intelligence artificielle renforce la relation avec les assurés et favorise le passage de produits standardisés à des solutions dynamiques, adaptées au profil et aux besoins de chaque client. Une telle approche permet non seulement d'assurer une meilleure adéquation entre le profil de risque de l'assuré et les conditions du contrat d'assurance, mais elle contribue également à un développement plus durable et plus équilibré du marché de l'assurance, dans lequel la qualité du service constitue un avantage concurrentiel déterminant. Dans le contexte de la transformation numérique de l'économie, cette évolution revêt une importance stratégique tant pour les entreprises d'assurance que pour le renforcement de l'inclusion financière de la population.

L'intelligence artificielle offre aux entreprises d'assurance des outils performants d'analyse approfondie des profils et des comportements de leur clientèle, permettant d'améliorer sensiblement la précision de l'évaluation des risques et de la tarification. À partir de données comportementales, des habitudes de consommation, des activités transactionnelles et d'autres traces numériques, les modèles d'intelligence artificielle établissent une évaluation individualisée de la probabilité de survenance d'un sinistre. Cette approche permet non seulement de limiter les mécanismes de subvention croisée entre les différentes catégories de risques, mais aussi de renforcer la transparence et l'équité de la tarification. Une politique tarifaire plus précise contribue, à son tour, à améliorer le ratio sinistres/primes du portefeuille d'assurance et, par conséquent, à accroître la rentabilité opérationnelle des entreprises d'assurance.

L'intelligence artificielle générative (GenAI) mérite une attention particulière. Fondée sur des architectures de type *Transformer*, elle comprend notamment les modèles de la famille GPT ainsi que d'autres modèles génératifs comparables. Ces technologies représentent une avancée majeure dans le développement de l'intelligence artificielle, car elles ne se limitent plus à l'analyse et à la classification des données : elles sont capables de produire de nouveaux contenus, qu'il s'agisse de textes, de recommandations ou de scénarios d'interaction avec les clients.

Dans le secteur de l'assurance, la GenAI est d'ores et déjà utilisée pour automatiser les échanges avec les assurés, notamment au moyen d'agents conversationnels (*chatbots*) intelligents, pour élaborer des offres d'assurance personnalisées et pour accélérer le traitement des déclarations et des demandes d'indemnisation en cas de sinistre. Son intégration aux méthodes classiques d'apprentissage automatique (*machine learning*) renforce les possibilités de personnalisation des services d'assurance, améliore l'expérience des assurés et réduit la charge de travail des services opérationnels.

Le modèle d'intégration de la GenAI au sein d'une entreprise d'assurance repose sur une architecture couvrant l'ensemble du parcours client, depuis le premier contact jusqu'au service après-vente. À chacune de ces étapes, les technologies d'intelligence artificielle générative contribuent à améliorer l'efficacité opérationnelle, à réduire les coûts et à renforcer la différenciation concurrentielle grâce à une relation plus personnalisée, plus proactive et plus réactive avec les assurés (figure 1.3).

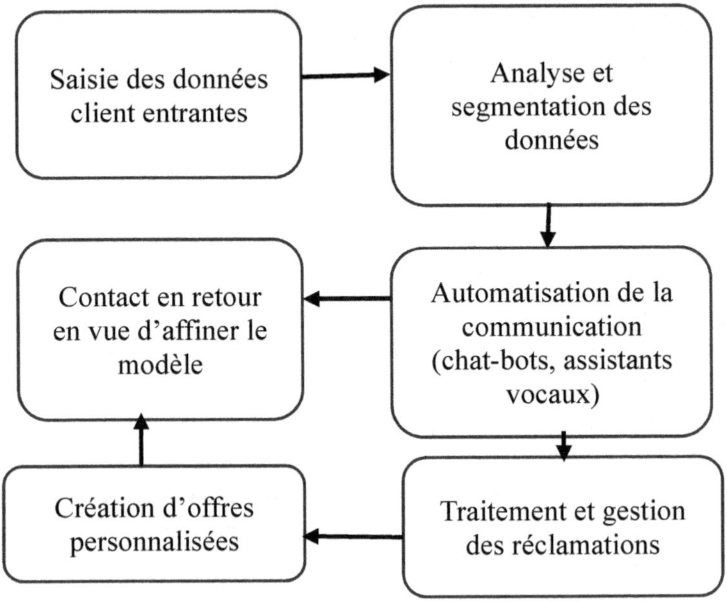

Figure 1.3. Modèle d'intégration de l'intelligence artificielle dans une entreprise d'assurance

La mise en œuvre de l'intelligence artificielle générative (GenAI) dans le secteur de l'assurance soulève néanmoins un ensemble de défis d'ordre méthodologique, juridique et éthique. En premier lieu, la qualité et la fiabilité des contenus générés dépendent directement de l'exhaustivité, de la qualité et de l'impartialité des données utilisées pour l'entraînement des modèles. En deuxième lieu, l'utilisation de l'intelligence artificielle dans les processus décisionnels liés à l'indemnisation des sinistres doit respecter les principes de non-discrimination, de transparence et de responsabilité juridique, en particulier au regard des normes internationales relatives à la protection des données à caractère personnel, telles que le Règlement général sur la protection des données (RGPD). Enfin, le développement de mécanismes institutionnels de gouvernance de l'intelligence artificielle devient indispensable. Ceux-ci comprennent notamment l'audit indépendant des algorithmes, l'évaluation des risques liés aux modèles dits de « boîte noire » (*black box*) ainsi que l'élaboration de chartes éthiques encadrant le recours à l'intelligence artificielle au sein des entreprises.

L'intégration de l'intelligence artificielle générative ouvre de nouvelles perspectives pour renforcer la capacité d'adaptation et l'efficacité des entreprises d'assurance. Toutefois, la concrétisation de ce potentiel suppose non seulement une maturité technologique suffisante, mais également une approche globale de la gouvernance des données, de la gestion des risques, du respect des principes éthiques et de la conformité au cadre juridique. Le développement durable de l'écosystème assurantiel dépendra ainsi de l'intégration cohérente des technologies d'intelligence artificielle dans les processus métier, parallèlement au renforcement des mécanismes de contrôle institutionnel et de la transparence des systèmes algorithmiques.

Les entreprises d'assurance qui sauront relever efficacement les défis technologiques, juridiques et éthiques liés à l'intégration de l'intelligence artificielle bénéficieront d'un avantage concurrentiel durable. L'utilisation de l'IA dans la conception des produits d'assurance permettra de développer des solutions plus fiables, plus flexibles et davantage personnalisées, adaptées au profil de risque réel de chaque assuré. Cette évolution contribuera non seulement à renforcer la fidélisation de la clientèle grâce à une meilleure adéquation des services proposés à ses besoins, mais également à réduire les coûts d'exploitation et à améliorer le ratio sinistres/primes des portefeuilles d'assurance.

Par ailleurs, la capacité à s'adapter aux évolutions technologiques constitue désormais un indicateur majeur de la maturité institutionnelle des entreprises d'assurance. Les organisations qui intègrent l'intelligence artificielle dans le cadre d'une stratégie globale de transformation numérique, plutôt qu'au travers d'initiatives ponctuelles, développent des modèles économiques plus robustes, capables de répondre rapidement à la volatilité de leur environnement, à l'émergence de nouveaux risques et à l'évolution des attentes des assurés. Cette dynamique revêt une importance particulière dans les économies en transition, où le progrès technologique peut contribuer à compenser certaines insuffisances institutionnelles et à renforcer la compétitivité du marché national de l'assurance.

Dans ces conditions, la volonté d'investir dans les technologies d'intelligence artificielle tout en maîtrisant les risques qui leur sont associés ne relève plus d'un simple choix technologique : elle constitue désormais une condition essentielle de la compétitivité et de la pérennité des entreprises d'assurance.

Dans le domaine de l'assurance maladie, l'intelligence artificielle permet d'analyser l'état de santé des assurés, leurs antécédents médicaux ainsi que leurs préférences en matière de prise en charge afin de leur proposer les contrats les mieux adaptés à leur situation. Elle peut également assurer un suivi continu de certains indicateurs de santé grâce aux objets connectés et recommander, le cas échéant, des ajustements de la couverture d'assurance en fonction de l'évolution de l'état de santé de l'assuré.

Dans le domaine de l'assurance-vie et de l'épargne-retraite, l'intelligence artificielle est en mesure de recommander les solutions les plus adaptées à la situation financière, à l'âge, aux objectifs patrimoniaux et aux préférences de chaque client. Elle contribue ainsi au développement de produits plus performants, mieux ciblés et davantage adaptés aux besoins individuels des assurés.

L'intégration de l'intelligence artificielle dans le secteur de l'assurance ouvre également la voie à une réduction significative des coûts opérationnels. Une part importante des dépenses des entreprises d'assurance est liée au traitement de volumes considérables d'informations ainsi qu'à la réalisation de nombreuses tâches administratives répétitives, telles que l'instruction des demandes d'indemnisation, le traitement documentaire ou la gestion des règlements de sinistres. L'automatisation de ces activités grâce à l'intelligence artificielle permet de réduire les coûts tout en améliorant l'efficacité globale de l'organisation.

Le recours à l'intelligence artificielle pour la vérification automatisée des déclarations de sinistre et le traitement des demandes d'indemnisation accélère considérablement ces procédures, traditionnellement très consommatrices de ressources humaines. Les entreprises d'assurance peuvent ainsi réaffecter une partie de leurs effectifs administratifs à des missions à plus forte valeur ajoutée nécessitant une expertise humaine.

Par ailleurs, les algorithmes de détection des fraudes et de modélisation prédictive permettent d'identifier plus rapidement les dossiers suspects, de limiter les coûts liés aux investigations et de réduire les pertes financières résultant de déclarations frauduleuses.

L'intelligence artificielle améliore également de manière significative l'expérience des assurés en proposant des modalités d'interaction plus simples, plus rapides et plus efficaces. Son intégration permet non seulement d'optimiser les processus internes des entreprises d'assurance, mais aussi de développer des services plus accessibles, plus intuitifs et davantage centrés sur les besoins des utilisateurs, contribuant ainsi à améliorer la qualité des prestations et le niveau de satisfaction de la clientèle.

Les systèmes fondés sur l'intelligence artificielle sont en mesure de formuler des recommandations personnalisées en matière de produits d'assurance à partir de l'analyse des besoins, des comportements et des préférences des assurés. Ils facilitent ainsi l'identification de la solution la plus adaptée tout en améliorant la qualité du conseil proposé par les entreprises d'assurance.

Les agents conversationnels (*chatbots*) et les assistants virtuels permettent aux assurés d'obtenir des réponses à leurs questions et des conseils à tout moment, améliorant ainsi la disponibilité des services et réduisant sensiblement les délais de réponse.

L'intelligence artificielle offre aux entreprises d'assurance des possibilités considérables d'amélioration de leurs activités. Ses principaux domaines d'application comprennent l'exploitation des mégadonnées (*Big Data*), l'apprentissage automatique (*machine learning*) ainsi que le recours à des systèmes intelligents pour la gestion et le règlement des sinistres. Les développements qui suivent présentent plus en détail la manière dont ces technologies transforment aujourd'hui le secteur de l'assurance.

L'exploitation des mégadonnées (*Big Data*) constitue l'un des principaux domaines d'application de l'intelligence artificielle dans le secteur de l'assurance. Les entreprises disposent aujourd'hui d'un volume considérable de données provenant de leurs assurés, de leurs partenaires, de sources ouvertes, des réseaux sociaux, mais également de données météorologiques ou issues d'objets connectés, tels que les dispositifs télématiques embarqués dans les véhicules ou les capteurs de suivi de l'état de santé. Compte tenu de leur volume, de leur diversité et de leur complexité, ces données ne peuvent plus être exploitées efficacement au moyen des méthodes d'analyse traditionnelles. L'intelligence artificielle remplit, dans ce contexte, trois fonctions principales :

– Collecte et structuration des données. Les systèmes d'intelligence artificielle sont aujourd'hui capables de collecter, de classer et de traiter des données provenant d'une grande diversité de sources, afin de les rendre exploitables pour les analyses ultérieures. Les données comportementales recueillies en temps réel, les informations relatives aux catastrophes naturelles, les données de santé ou encore celles issues de l'activité physique des assurés peuvent ainsi être agrégées au sein d'un même système d'information, permettant une évaluation des risques plus précise et plus fiable.

– Identification des corrélations et des tendances cachées. Les mégadonnées (*Big Data*) recèlent de nombreuses relations complexes qui demeurent difficilement détectables par les méthodes statistiques traditionnelles. L'intelligence artificielle est en mesure de mettre au jour ces corrélations et d'identifier des schémas comportementaux susceptibles d'accroître ou, au contraire, de réduire le niveau de risque. Ces analyses permettent d'améliorer les prévisions relatives à la probabilité de survenance d'événements tels que les accidents, les maladies ou les pertes financières.

– Accélération des processus décisionnels. Grâce aux technologies d'intelligence artificielle, les entreprises d'assurance peuvent analyser les données en temps réel et prendre des décisions beaucoup plus rapidement. Lorsqu'une demande d'assurance est déposée, les informations fournies peuvent être immédiatement analysées afin d'évaluer le profil de risque du demandeur, de déterminer les conditions de couverture les plus appropriées et de statuer sans délai sur l'acceptation du contrat ou sur la nécessité d'y intégrer des conditions particulières.

L'apprentissage automatique (*machine learning*), qui constitue l'une des principales branches de l'intelligence artificielle, occupe une place centrale dans la transformation du secteur de l'assurance. Il permet aux entreprises d'assurance de développer des modèles d'évaluation des risques plus performants, de prévoir la survenance des sinistres et de renforcer les dispositifs de détection de la fraude.

L'une de ses applications les plus importantes concerne l'amélioration de la précision de l'évaluation des risques. Dans le domaine de l'assurance automobile, par exemple, les modèles d'apprentissage automatique analysent les données issues des dispositifs télématiques embarqués — telles que la vitesse, la fréquence des freinages ou des accélérations — afin d'identifier les comportements de conduite associés à un risque accru d'accident. Ces informations permettent ensuite d'affiner la tarification et de proposer des contrats d'assurance mieux adaptés au profil de risque de chaque conducteur.

L'apprentissage automatique est également utilisé pour estimer la probabilité de survenance de différents événements, tels que les maladies, les accidents ou les dommages matériels. En s'appuyant sur l'analyse des données historiques de sinistralité et sur des facteurs externes, notamment les conditions météorologiques ou les tendances économiques, ces modèles sont capables d'identifier les risques les plus susceptibles d'affecter un assuré donné. Ils permettent ainsi de proposer des conditions d'assurance mieux adaptées à chaque situation individuelle. De plus, ces algorithmes prennent en compte non seulement les variables explicitement observables, mais détectent également des corrélations complexes entre différents facteurs, ce qui améliore sensiblement la qualité des prévisions.

La détection de la fraude constitue également l'un des domaines d'application les plus prometteurs de l'apprentissage automatique (tableau 1.2). Les systèmes d'intelligence artificielle peuvent analyser un très grand nombre de déclarations de sinistre afin d'identifier des anomalies susceptibles de révéler des comportements frauduleux. En s'appuyant sur l'historique des fraudes constatées, les algorithmes d'apprentissage automatique apprennent à reconnaître des schémas atypiques, tels que des variations inhabituelles de la saisonnalité des déclarations, des comportements suspects de certains assurés ou des modifications anormales des informations communiquées.

Enfin, l'apprentissage automatique joue un rôle essentiel dans le développement de produits d'assurance personnalisés. À partir de l'analyse des données relatives aux assurés, de leurs comportements, de leurs préférences et de leur profil de risque, les systèmes intelligents sont en mesure de proposer des contrats individualisés. Dans le domaine de l'assurance maladie, par exemple, l'intelligence artificielle permet d'adapter les tarifs au profil de santé de chaque assuré, d'offrir des conditions plus avantageuses aux personnes présentant un faible niveau de risque médical et de concevoir des programmes spécifiques destinés aux personnes atteintes de maladies chroniques. Cette approche favorise le développement de modèles d'assurance plus équitables, plus inclusifs et davantage adaptés aux besoins individuels des assurés.

Tableau 1.2.Méthodes IA visant à détecter la fraude à l'assurance

N°	Type de fraude	Méthode IA de détection	Avantages
11	Demandes répétées	Algorithmes de comparaison chronologique	Réduction des indemnisations multiples
22	Falsification de documents	NLP[4] et CV[5] pour l'analyse d'images et de textes	Détection automatique des falsifications
33	Schémas frauduleux complexes	Regroupement des données par catégories, détection d'anomalies	Détection de corrélations cachées et de modes opératoires

La gestion des sinistres représente l'une des fonctions les plus stratégiques de l'activité d'assurance. L'intégration de l'intelligence artificielle améliore considérablement son efficacité grâce à l'automatisation des processus, à une évaluation plus précise des dommages et à l'accélération de la prise de décision. Les algorithmes intelligents permettent d'analyser et d'interpréter instantanément les informations relatives aux sinistres, réduisant ainsi les risques d'erreur humaine tout en améliorant la qualité du service offert aux assurés.

L'un des exemples les plus représentatifs de l'utilisation de l'intelligence artificielle dans la gestion des sinistres est le recours aux technologies de vision par ordinateur (*computer vision*) et aux réseaux de neurones pour l'évaluation automatisée des dommages. En cas d'accident de la circulation ou de sinistre

---

[4] Traitement du langage naturel (natural language processing)

[5] Vision par ordinateur (computer vision)

matériel, l'assuré peut transmettre, via une application mobile, des photographies des dommages constatés. Le système d'intelligence artificielle, entraîné sur un vaste ensemble de données relatives aux sinistres, évalue automatiquement l'étendue des dommages et estime le montant de l'indemnisation. Cette approche fait déjà l'objet d'expérimentations en République d'Ouzbékistan, notamment dans le cadre de projets pilotes conduits par les compagnies Kafolat et Gross Insurance afin d'accélérer le règlement des sinistres en assurance automobile.

L'intelligence artificielle est également utilisée pour optimiser le traitement documentaire dans le cadre des procédures d'indemnisation. À titre d'exemple, Ouzbekinvest a mis en œuvre des algorithmes de vérification automatisée des dossiers d'assurance, capables de contrôler l'exhaustivité et la conformité des documents transmis, d'identifier les incohérences éventuelles et de détecter les indices de fraude. Cette automatisation a permis de réduire sensiblement les délais de traitement des demandes d'indemnisation tout en améliorant la fiabilité des évaluations.

Une autre application de l'intelligence artificielle concerne la prévision des risques régionaux, notamment dans le cadre de projets menés en coopération avec le ministère de l'Agriculture, le ministère des Finances de la République d'Ouzbékistan et la compagnie publique Ouzagrosugurt. Des plateformes analytiques exploitant les données météorologiques et les observations satellitaires permettent d'analyser les conditions climatiques et d'estimer la probabilité de survenance de risques tels que la sécheresse, le gel ou les inondations. Ces informations rendent possible l'adaptation en temps réel des contrats d'assurance agricole, contribuant ainsi à renforcer la résilience du secteur agricole et à limiter le coût des indemnisations.

Par ailleurs, les systèmes d'intelligence artificielle jouent un rôle croissant dans les relations avec les assurés. Les agents conversationnels (*chatbots*) et les assistants virtuels déployés par plusieurs entreprises d'assurance fournissent des informations actualisées sur l'état d'avancement des dossiers d'indemnisation, accompagnent les assurés dans leurs démarches administratives et réduisent les délais de réponse. Ces solutions contribuent à renforcer la confiance des assurés envers leur compagnie d'assurance tout en améliorant sensiblement leur expérience.

L'intelligence artificielle (IA) ne constitue pas un simple outil de transformation numérique : elle représente une technologie stratégique qui modifie en profondeur les modes de fonctionnement du secteur de l'assurance. Elle agit comme un véritable catalyseur de transformations systémiques, affectant aussi bien les processus opérationnels que les modalités d'interaction avec les assurés. L'un de ses principaux atouts réside dans sa capacité à concilier l'automatisation des processus, la personnalisation des services et le renforcement de la transparence des opérations d'assurance. Son intégration permet ainsi de passer de produits standardisés à des solutions personnalisées, adaptées aux caractéristiques comportementales et actuarielles[6] de chaque assuré.

L'un des principaux apports de l'intelligence artificielle réside dans l'amélioration de la précision de l'évaluation des risques. Le recours aux algorithmes d'apprentissage automatique (*machine learning*) et à l'analyse des mégadonnées (*Big Data*) permet aux entreprises d'assurance d'évaluer avec une plus grande précision le niveau de risque propre à chaque assuré, favorisant ainsi une tarification plus juste et plus différenciée. Cette approche limite les risques de sous-évaluation ou de surestimation des risques, tout en renforçant la stabilité financière des entreprises d'assurance et la satisfaction des assurés.

L'intelligence artificielle joue également un rôle déterminant dans la lutte contre la fraude à l'assurance. Les algorithmes de détection d'anomalies et d'analyse comportementale permettent d'identifier les comportements suspects à un stade

---

[6] Les *caractéristiques actuarielles* établissent la valeur du client du point de vue de la compagnie d'assurances, c'est-à-dire la rentabilité attendue de son contrat. Cette valeur est établie par l'actuaire à partir des statistiques relatives à la clientèle de la compagnie d'assurance.

précoce, avant même le versement des indemnités. Ils contribuent ainsi non seulement à réduire les pertes liées aux demandes frauduleuses, mais également à renforcer la confiance des assurés dans le système d'assurance. À cet égard, plusieurs entreprises d'assurance en République d'Ouzbékistan expérimentent déjà des solutions fondées sur l'analyse automatisée des sinistres, combinant des technologies de vision par ordinateur (*computer vision*) et d'analyse comportementale. Les premiers résultats confirment le potentiel de ces outils pour réduire efficacement les pertes financières imputables à la fraude.

En outre, l'intelligence artificielle contribue à réduire les coûts de transaction ainsi que les charges administratives. L'automatisation des principaux processus métier — depuis la souscription des contrats jusqu'au règlement des sinistres — diminue les coûts de gestion, accélère les processus décisionnels et limite les erreurs humaines. Ces gains d'efficacité revêtent une importance particulière dans les économies émergentes telles que la République d'Ouzbékistan, où les lourdeurs administratives et le niveau encore limité de maturité numérique ont longtemps constitué des freins au développement du secteur de l'assurance.

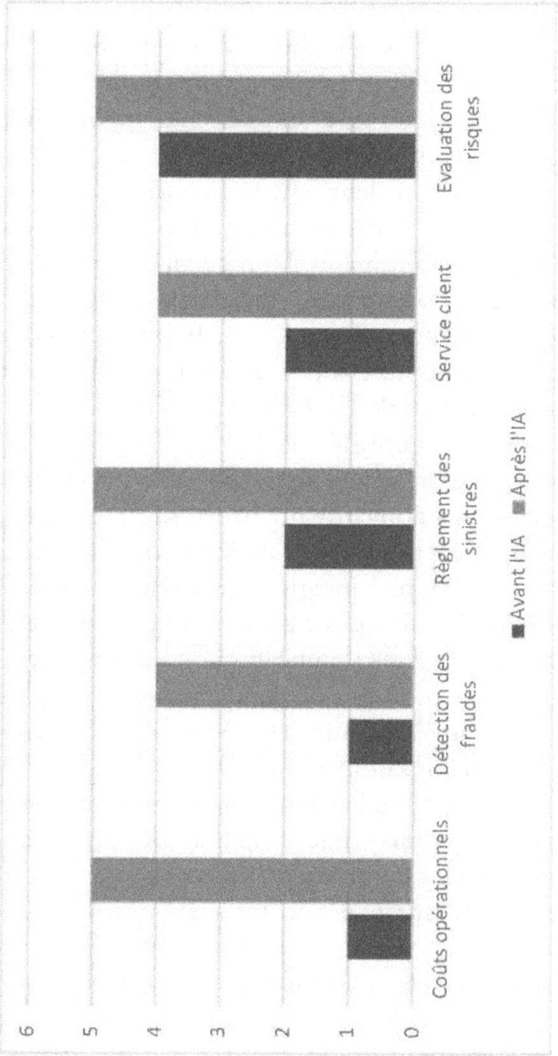

Figure 1.4. Modification du niveau de maturité des principaux processus du secteur de l'assurance avant et après l'introduction des technologies de l'intelligence artificielle (niveau 1 – faible ; niveau 5 – élevé)[7].

[7] Élaborée par l'auteur à partir d'avis d'experts.

L'intelligence artificielle contribue également à l'émergence d'une nouvelle génération d'entreprises d'assurance, caractérisées par une forte agilité technologique, une orientation résolument centrée sur les assurés et une capacité à anticiper les évolutions plutôt qu'à y réagir. Ces entreprises ne se contentent plus de s'adapter à leur environnement : elles participent activement à la structuration d'un nouvel écosystème numérique, favorisant le développement de secteurs connexes, tels que les plateformes numériques, les technologies télématiques ou encore les solutions biométriques. L'évolution du niveau de maturité des principaux processus du secteur de l'assurance à la suite de l'intégration de l'intelligence artificielle est présentée à la figure 1.4.

L'intelligence artificielle apparaît ainsi comme le principal moteur de la transition entre des processus fragmentés, coûteux et largement dépendants des interventions humaines, et des modèles de gestion plus intégrés, plus performants et davantage centrés sur les besoins des assurés. La figure met en évidence que les progrès les plus significatifs concernent précisément les domaines où les processus étaient auparavant les plus exposés aux erreurs humaines, aux asymétries d'information et aux insuffisances organisationnelles.

Dans cette perspective, l'intelligence artificielle ne doit pas être considérée comme une simple innovation technologique, mais comme un levier majeur de transformation institutionnelle du secteur de l'assurance. Son intégration progressive crée les conditions d'un marché plus compétitif, plus résilient et davantage orienté vers une création de valeur à long terme. Pour la République d'Ouzbékistan, engagée dans un vaste processus de transformation numérique et de modernisation institutionnelle, cette évolution ouvre la perspective d'un véritable saut qualitatif dans le développement du secteur de l'assurance, en particulier dans des domaines stratégiques tels que l'assurance agricole, l'assurance maladie complémentaire et l'assurance des très petites et petites entreprises.

En République d'Ouzbékistan, l'intelligence artificielle a désormais dépassé le stade de la simple innovation technologique pour devenir un véritable facteur de transformation institutionnelle. Elle renouvelle en profondeur les principes de la gestion des risques, de la tarification et de la relation avec les assurés. Son intégration accompagne le passage d'un modèle traditionnel, essentiellement transactionnel, vers une organisation plus agile, plus proactive et davantage fondée sur l'analyse des comportements, capable de prendre simultanément en considération les caractéristiques individuelles des assurés et l'évolution permanente de leur environnement. Le recours aux algorithmes d'apprentissage automatique (*machine learning*), à l'analyse prédictive et aux modèles d'intelligence artificielle générative améliore non seulement la précision de l'évaluation des risques et l'efficacité opérationnelle, mais ouvre également l'accès à des segments de marché jusqu'alors insuffisamment couverts, contribuant ainsi à l'élargissement du marché de l'assurance.

L'impact de l'intelligence artificielle est particulièrement marqué dans les domaines caractérisés par un niveau élevé d'incertitude et une information incomplète, tels que l'assurance agricole, l'assurance maladie complémentaire et l'assurance des très petites et petites entreprises. Dans ces secteurs, ces technologies ne se limitent pas à optimiser les processus existants : elles contribuent à instaurer une nouvelle relation de confiance entre l'assureur et l'assuré, en réduisant les asymétries d'information et les coûts de transaction. Parallèlement, le développement de produits d'assurance personnalisés, fondés sur l'analyse des comportements et des données actuarielles, favorise l'émergence d'un nouveau modèle de tarification, plus équitable, plus précis et mieux adapté au profil de risque de chaque assuré.

Dans ce contexte, l'intelligence artificielle doit être appréhendée comme un véritable mécanisme institutionnel d'adaptation du secteur de l'assurance aux exigences de l'économie numérique. Son développement favorise l'émergence de nouvelles activités économiques, stimule l'innovation dans les secteurs connexes et renforce l'attractivité de l'ensemble du système financier auprès des investisseurs. Toutefois, les bénéfices de cette transformation dépendront moins du niveau de sophistication technologique des outils déployés que de la capacité des entreprises d'assurance à les intégrer dans une stratégie globale de développement, prenant en compte les dimensions technologiques, organisationnelles, réglementaires, éthiques et humaines.

Ainsi, l'intelligence artificielle ne représente plus seulement une technologie parmi d'autres : elle devient le fondement d'un nouveau modèle de développement du secteur de l'assurance, fondé sur la transparence, la personnalisation des services, l'innovation et une meilleure capacité à répondre aux risques économiques et sociétaux du XXIe siècle.

§ 1.2. L'Asie centrale, région émergente du marché de l'assurance

L'Asie centrale, qui comprend le Kazakhstan, la République d'Ouzbékistan, le Kirghizstan, le Tadjikistan et le Turkménistan, connaît depuis plusieurs décennies une croissance soutenue dans la plupart des secteurs de ses économies nationales, notamment dans les domaines de la finance et de l'assurance.

Les spécificités de la formation de leurs institutions, leur position géopolitique ainsi que leur héritage historique et culturel ont façonné des trajectoires de développement économique à la fois différenciées et étroitement interdépendantes. Soucieux de renforcer leur intégration dans l'économie mondiale et d'accroître leur attractivité auprès des investisseurs internationaux, les États de la région ont engagé d'importantes réformes visant à moderniser leurs infrastructures financières. Ces transformations ont progressivement créé les conditions nécessaires au développement d'un marché de l'assurance plus structuré, plus solide et plus compétitif.

Depuis la dissolution de l'Union soviétique, les pays d'Asie centrale ont progressivement abandonné le modèle d'économie administrée au profit d'une économie de marché. Cette transition s'est accompagnée de profondes réformes institutionnelles touchant le secteur bancaire, les marchés financiers ainsi que le système assurantiel. L'évolution du produit intérieur brut (PIB) des États d'Asie centrale entre 2000 et 2024 permet de mettre en évidence les principales transformations structurelles intervenues au cours de cette période et d'analyser les liens existant entre la dynamique macroéconomique et le développement institutionnel du secteur de l'assurance (tableau 1.3).

L'analyse des données présentées dans le tableau 1.3 met en évidence la forte dynamique de croissance du produit intérieur brut (PIB) des pays d'Asie centrale entre 2000 et 2024. La progression la plus marquée est observée au Kazakhstan, dont le PIB nominal a été multiplié par près de quinze au cours de cette période, passant de 18 milliards de dollars en 2000 à 265 milliards de dollars en 2024. Cette évolution confirme la position du Kazakhstan comme première puissance économique de la région.

Tableau 1.3. Évolution du PIB des pays d'Asie centrale[8]
Milliards de dollars US

Année	Kazakhstan	Ouzbékistan	Turkménistan	Kirghizstan	Tadjikistan
2000	18	14	7	1,4	1,1
2010	148	39	22	4,8	5,6
2015	184	66	35	6,6	7,9
2020	170	59	45	8,5	8,1
2024	265	90	82	10,5	11,5

On observe également une progression soutenue de l'économie de la République d'Ouzbékistan, dont le produit intérieur brut (PIB) a été multiplié par plus de six entre 2000 et 2024, passant de 14 à 90 milliards de dollars. Cette croissance s'est accompagnée d'un élargissement du marché intérieur et d'une profonde transformation des institutions économiques. Le Turkménistan enregistre lui aussi une progression remarquable, son PIB étant passé de 7 à 82 milliards de dollars sur la même période. Cette évolution reflète notamment le poids des exportations dans son modèle de développement économique. Le Kirghizstan et le Tadjikistan demeurent, quant à eux, les économies les plus modestes de la région, bien qu'ils affichent également des rythmes de croissance élevés. Le PIB du Kirghizstan a été multiplié par près de huit, passant de 1,4 à 10,5 milliards de dollars, tandis que celui du Tadjikistan a

[8] Compilation par l'auteur. Sources : données du FMI et de l'ADB.

progressé de plus de dix fois, de 1,1 à 11,5 milliards de dollars. Dans son ensemble, cette évolution traduit non seulement le renforcement du potentiel économique de l'Asie centrale, mais également le maintien d'importantes disparités entre les pays de la région, tant par la taille de leurs économies que par la structure de leur développement.

L'évolution des primes d'assurance émises dans les pays d'Asie centrale entre 2010 et 2024 est présentée dans le tableau 1.4. L'analyse de ces données met en évidence une croissance soutenue de l'activité assurantielle dans l'ensemble de la région, tout en faisant apparaître des écarts significatifs entre les différents marchés nationaux.

Le Kazakhstan demeure le premier marché de l'assurance en Asie centrale. Le volume des primes est passé d'environ 800 millions de dollars en 2010 à 1,35 milliard de dollars en 2024. Cette évolution témoigne d'un niveau relativement élevé de maturité institutionnelle, d'une offre de produits d'assurance diversifiée ainsi que d'une confiance plus importante des acteurs économiques et des particuliers envers les mécanismes assurantiels.

Tableau 1.4. Évolution du volume de primes d'assurance encaissées par pays d'Asie centrale de 2010 à 2024. Millions de dollars US

Année	Kazakhstan	Ouzbékistan	Turkménistan	Kirghizstan	Tadjikistan
2010	800	123,06	12,5	7,5	1,5
2015	850	441,2	20	10	2
2020	1 000	23,58	25	15	3
2024	1 350	879,3	30	20	4

La République d'Ouzbékistan enregistre également une progression remarquable de son marché de l'assurance. Le volume des primes d'assurance a été multiplié par près de sept entre 2010 et 2024, passant de 123 à 879 millions de dollars.

Cette évolution s'inscrit dans le prolongement des réformes engagées en faveur de la libéralisation du marché, du développement de la concurrence et de l'encouragement au recours aux assurances facultatives. On observe toutefois une baisse très marquée en 2020, le volume des primes tombant à 23,6 millions de dollars. Cette rupture de série pourrait s'expliquer par une modification des méthodes statistiques ou comptables, ou encore par des facteurs conjoncturels ayant temporairement affecté le marché. Une analyse plus approfondie serait toutefois nécessaire pour en déterminer les causes exactes.

Au Turkménistan, le volume des primes est passé de 12,5 à 30 millions de dollars ; au Kirghizstan, de 7,5 à 20 millions ; au Tadjikistan, de 1,5 à 4 millions. Cette évolution traduit un développement progressif du secteur ainsi qu'une diffusion croissante de la culture de l'assurance au sein de la population.

Le Tadjikistan présente en revanche un profil sensiblement différent. En 2024, le volume des primes d'assurance demeure limité, atteignant seulement 4 millions de dollars après plusieurs années de faible progression. Cette situation semble refléter la taille réduite du marché, la faiblesse de la demande et le développement encore limité de l'offre assurantielle. Dans l'ensemble, les données du tableau mettent ainsi en évidence une dynamique de croissance du secteur de l'assurance en Asie centrale, tout en soulignant la persistance de fortes disparités institutionnelles et économiques entre les différents pays de la région.

Malgré les réformes engagées au cours des dernières années, le marché de l'assurance en Asie centrale demeure encore relativement peu développé au regard des standards observés dans les économies les plus avancées, qu'il s'agisse des autres États issus de l'ex-Union soviétique ou des principaux marchés internationaux. Les freins à son développement sont multiples. Ils tiennent aussi bien à des facteurs socio-économiques qu'à une diffusion encore limitée de la culture assurantielle. Dans de nombreux pays de la région, les ménages et les entreprises continuent de privilégier les formes traditionnelles d'épargne et de protection financière plutôt que les mécanismes assurantiels. Les principaux facteurs expliquant cette situation sont présentés dans le tableau 1.5.

À l'échelle internationale, l'Asie centrale demeure ainsi une région émergente sur le marché mondial de l'assurance. Le taux de pénétration de l'assurance y reste relativement faible, ce qui limite encore la taille des marchés nationaux et ralentit le développement des entreprises d'assurance.

Parallèlement, la croissance économique, l'amélioration du niveau de vie et l'élévation progressive du niveau de culture financière créent des conditions favorables à l'expansion du marché des produits et services d'assurance. Le secteur s'adapte progressivement aux exigences de l'économie contemporaine, même s'il demeure confronté à plusieurs contraintes structurelles, parmi lesquelles un niveau de confiance encore limité envers les institutions financières, un cadre juridique et réglementaire en cours de consolidation ainsi qu'une pénurie de personnels qualifiés. Dans le même temps, les pays de la région adoptent de plus en plus largement des technologies innovantes, notamment l'intelligence artificielle et la blockchain. Cette évolution laisse entrevoir une accélération de la transformation numérique et de la modernisation du secteur de l'assurance au cours des prochaines années.

Tableau 1.5. Principaux obstacles au développement de l'assurance dans les pays d'Asie centrale (état 2024)

Pays	Taux de pénétration de l'assurance (%)	Principaux obstacles
Kazakhstan	1,5 - 2 %	Faible confiance, offre limitée
Ouzbékistan	0,5 - 1 %	Faible niveau de notoriété, infrastructures fragiles
Kirghizstan	0,3 - 0,5 %	Manque de culture financière, faible revenu de la population
Tadjikistan	< 0,1 %	Faible demande, offre limitée
Turkménistan	< 0,1 %	Isolation économique, manque d'intérêt

Par ailleurs, l'intégration des pays d'Asie centrale dans l'économie mondiale et dans les réseaux financiers internationaux constitue un facteur déterminant de l'évolution de leurs marchés de l'assurance. L'adhésion aux organisations internationales, notamment à l'Organisation mondiale du commerce (OMC), ainsi que la conclusion d'accords bilatéraux et multilatéraux avec les principales puissances économiques favorisent l'ouverture progressive des marchés nationaux. L'arrivée de compagnies d'assurance étrangères et le développement de partenariats avec des acteurs internationaux contribuent à renforcer la concurrence, à améliorer la qualité des services proposés et à diffuser les meilleures pratiques du secteur. Dans un contexte où les instruments financiers demeurent encore insuffisamment développés, l'assurance est appelée à jouer un rôle essentiel en matière de protection contre les risques et de stabilisation de l'activité économique, tant pour les ménages que pour les entreprises.

Les incertitudes de l'économie mondiale, les tensions géopolitiques et les effets croissants du changement climatique, qui se traduisent notamment par une augmentation de la fréquence des catastrophes naturelles, rendent indispensable le renforcement de la résilience des économies d'Asie centrale face aux chocs extérieurs. Dans ce contexte, l'assurance ne représente plus seulement un segment du système financier : elle devient un instrument stratégique de gestion des risques, au service des particuliers, des entreprises et des pouvoirs publics. Malgré les nombreux défis auxquels elle demeure confrontée, l'Asie centrale dispose d'un potentiel considérable de développement et d'innovation dans le domaine de l'assurance, ce qui lui confère une place croissante au sein du marché mondial.

Ainsi, le marché de l'assurance en Asie centrale connaît aujourd'hui une profonde mutation. Si ce processus est encore loin d'être achevé, il suscite un intérêt croissant tant de la part des acteurs nationaux que des assureurs et investisseurs internationaux. L'introduction de nouvelles technologies, la modernisation des infrastructures et l'amélioration progressive de la culture financière de la population constituent autant de facteurs susceptibles d'accélérer le développement et la consolidation du marché régional de l'assurance.

Le marché de l'assurance en Asie centrale présente une structure complexe et un potentiel de croissance important. Son développement demeure toutefois conditionné par de nombreux facteurs économiques, sociaux, institutionnels et technologiques. Dans l'ensemble de l'espace post-soviétique, les marchés nationaux de l'assurance poursuivent leur structuration, selon des trajectoires qui diffèrent sensiblement d'un pays à l'autre.

Le Kazakhstan représente le marché de l'assurance le plus développé d'Asie centrale et la principale économie de la région. Malgré une croissance économique soutenue et la stabilisation progressive de son système financier, le taux de pénétration de l'assurance y demeure relativement faible. Cette situation est particulièrement visible dans les domaines de l'assurance-vie et de l'assurance maladie. En dépit du développement progressif des systèmes d'assurance publics et privés, le nombre de personnes couvertes par une assurance-vie reste limité.

Les entreprises d'assurance kazakhes sont confrontées à plusieurs difficultés structurelles : une confiance encore insuffisante de la population envers le secteur, un niveau relativement faible de culture financière ainsi qu'une préférence persistante pour les formes traditionnelles d'épargne et de placement. À ces facteurs s'ajoutent une connaissance encore limitée des produits d'assurance, une offre insuffisamment diversifiée et des réseaux de distribution qui demeurent perfectibles, malgré les efforts engagés par les principaux acteurs du marché. Néanmoins, les évolutions économiques récentes ainsi que l'intérêt croissant porté aux régimes privés de retraite favorisent une progression régulière de certains segments, notamment l'assurance automobile et l'assurance maladie.

La République d'Ouzbékistan enregistre l'un des rythmes de croissance les plus élevés du marché de l'assurance en Asie centrale. Depuis 2017, les réformes économiques engagées par les pouvoirs publics ont profondément transformé le secteur financier et favorisé le développement du marché de l'assurance. Les entreprises privées occupent désormais une place plus importante, contribuant à améliorer la qualité des services et à diversifier l'offre de produits. Malgré ces avancées, le taux de pénétration de l'assurance demeure encore faible et une partie importante de la population reste réticente à l'égard des compagnies d'assurance.

La croissance démographique, l'amélioration du niveau de vie et l'augmentation progressive des revenus stimulent la demande de produits d'assurance, notamment dans les domaines de l'assurance maladie, de l'assurance des biens et de l'assurance-vie. Le secteur reste toutefois confronté à plusieurs difficultés, parmi lesquelles la pénurie de personnels qualifiés, un cadre réglementaire encore en cours de consolidation ainsi qu'une connaissance insuffisante des mécanismes assurantiels par la population.

Au Kirghizstan, le développement du marché de l'assurance demeure limité en raison d'un faible taux de pénétration, lié notamment au niveau de revenu des ménages et à une culture financière encore insuffisamment développée. Le marché reste relativement étroit et se concentre principalement sur les assurances obligatoires, notamment l'assurance automobile, ainsi que sur certains produits de courte durée, tels que l'assurance maladie. Les faibles capacités financières des ménages et la diversification limitée de l'offre constituent aujourd'hui les principaux freins à son développement.

Les difficultés économiques persistantes ainsi que l'émigration d'une partie importante de la population active pèsent également sur la stabilité financière des entreprises d'assurance et limitent leur capacité à développer des produits d'assurance à long terme. Néanmoins, l'intérêt croissant des jeunes générations pour les produits d'épargne-retraite et les contrats d'assurance maladie laisse entrevoir des perspectives de développement encourageantes.

Le Turkménistan demeure le pays où le marché de l'assurance est le moins développé de la région. Les produits d'assurance facultative y occupent une place marginale et l'activité reste largement dominée par quelques entreprises nationales proposant principalement des assurances obligatoires. Malgré l'importance de ses ressources naturelles, le faible degré d'ouverture économique du pays et l'intégration limitée de son économie aux marchés internationaux freinent le développement de son système financier et, par conséquent, celui de son secteur assurantiel.

Le secteur de l'assurance au Turkménistan souffre également d'une confiance limitée de la population envers les institutions financières, d'un faible niveau de concurrence et d'un cadre réglementaire encore insuffisamment développé. Toutefois, l'intérêt croissant pour les produits d'épargne et les dispositifs de retraite pourrait, à moyen terme, offrir de nouvelles perspectives de développement, à condition que les réformes institutionnelles nécessaires soient engagées.

Les principaux défis auxquels sont confrontés les marchés nationaux de l'assurance en Asie centrale sont présentés dans le tableau 1.6.

Tableau 1.6. Principaux problèmes des marchés nationaux de l'assurance en Asie centrale

Problème	Causes	Effets sur le marché
Niveau très faible de confiance de la population	Méfiance historique envers les institutions financières	Retard dans l'acceptation des produits d'assurance
Manque de connaissances sur les services d'assurance	Déficit éducatif, manque de communication publicitaire	Absence de demande pour les produits d'assurance
Défaut d'accès aux technologies	Problèmes d'infrastructure, numérisation peu avancée	Absence d'innovation, lenteur du service client
Manque de cadres qualifiés	Niveau de qualification faible des personnels, manque de programmes de formation	Possibilités limitées d'introduction de nouveaux produits et technologies
Instabilité économique	Dépendance de l'économie aux cycles des ressources naturelles, devises instables	Manque de produits d'assurance à long terme

On observe, dans l'ensemble des pays de la région, un niveau de confiance encore limité de la population envers les compagnies d'assurance. Cette situation s'explique en partie par la transition relativement récente entre un système d'économie planifiée, dans lequel l'offre d'assurance était essentiellement assurée par l'État et demeurait peu développée, et une économie de marché. Une part importante de la population reste insuffisamment sensibilisée au rôle de l'assurance comme instrument de protection contre les risques, ce qui freine encore le développement du secteur.

Les entreprises d'assurance d'Asie centrale recourent encore de manière limitée aux technologies numériques susceptibles d'améliorer la gestion des opérations et la relation avec les assurés. L'absence de systèmes performants d'automatisation, de gestion des risques et d'analyse des données constitue un frein à l'amélioration de l'efficacité opérationnelle et à la modernisation du secteur.

La pénurie de personnels qualifiés représente également un obstacle majeur. Les marchés de l'assurance de la région souffrent d'un manque de spécialistes disposant des compétences nécessaires pour évoluer dans un environnement en rapide mutation. Cette situation s'explique notamment par une offre de formation encore insuffisante dans les domaines de l'assurance, de la gestion des risques et des technologies financières.

Les difficultés économiques rencontrées par certains États de la région, conjuguées à un niveau encore limité de culture financière, compliquent également le développement de produits d'assurance plus sophistiqués, tels que l'assurance-vie ou les dispositifs d'épargne-retraite.

Il convient par ailleurs de prendre en considération les spécificités économiques, démographiques et culturelles de l'Asie centrale, qui influencent directement la demande de produits d'assurance. Malgré leur forte croissance économique au cours des dernières années, plusieurs pays de la région demeurent fortement dépendants des industries extractives, ce qui accroît leur exposition aux fluctuations des marchés internationaux. La structure démographique exerce également une influence sur la demande d'assurance, notamment dans les domaines de l'assurance maladie, de l'assurance-vie ou de l'épargne-retraite. Enfin, les traditions sociales et culturelles, marquées par l'importance des solidarités familiales et communautaires, peuvent à la fois favoriser certaines formes de mutualisation des risques et limiter le développement des assurances individuelles.

Dans son ensemble, le marché de l'assurance en Asie centrale demeure à un stade de développement relativement précoce. Malgré un faible taux de pénétration des services d'assurance, la région présente un potentiel de croissance considérable. Les principaux obstacles demeurent le déficit de confiance envers les assureurs, le faible niveau de culture assurantielle, la pénurie de personnels qualifiés ainsi que le retard dans l'adoption des technologies numériques. Pour lever ces contraintes, il apparaît indispensable d'accélérer la transformation numérique du secteur, de renforcer l'éducation financière de la population et de poursuivre le développement des infrastructures réglementaires et technologiques.

Le marché de l'assurance en Asie centrale constitue ainsi un secteur à fort potentiel, bien qu'il reste confronté à de nombreuses contraintes structurelles, économiques et sociales. Malgré un niveau de pénétration encore limité au Kazakhstan, en République d'Ouzbékistan, au Kirghizstan, au Tadjikistan et au Turkménistan, les perspectives de développement demeurent importantes. L'identification des principaux freins à son expansion et la mise en œuvre de politiques adaptées constituent des conditions essentielles à une croissance durable du secteur.

En premier lieu, le faible taux de pénétration de l'assurance demeure le principal facteur limitant dans l'ensemble des pays de la région. Cette situation résulte à la fois de facteurs économiques et de facteurs culturels. Dans une grande partie de l'Asie centrale, l'assurance est encore perçue comme un produit financier secondaire, tandis que la confiance envers les compagnies d'assurance reste limitée. Cet héritage trouve notamment son origine dans la période soviétique, durant laquelle les systèmes d'assurance étaient essentiellement administrés par l'État, ainsi que dans un niveau encore insuffisant de culture financière. Dans ce contexte, le développement de programmes d'éducation financière destinés à mieux faire connaître les mécanismes, les avantages et les fonctions de l'assurance constitue une priorité. De même, l'amélioration de la transparence des entreprises d'assurance et de leur communication avec les assurés apparaît comme une condition essentielle du renforcement de la confiance.

L'un des leviers les plus prometteurs pour accélérer le développement du marché réside dans l'adoption des technologies innovantes, notamment l'intelligence artificielle, la blockchain et les mégadonnées (*Big Data*). Ces technologies permettent d'améliorer sensiblement l'efficacité des opérations d'assurance, de réduire les coûts de gestion et d'offrir des services davantage personnalisés. L'intelligence artificielle, par exemple, facilite l'évaluation des risques, accélère le traitement des demandes d'indemnisation et contribue à proposer des produits mieux adaptés au profil de chaque assuré. Le développement des plateformes numériques et des services en ligne favorise également un meilleur accès à l'assurance, en particulier dans les régions où le niveau de culture financière demeure faible.

Toutefois, l'accès à ces innovations reste très inégal selon les pays. Les États dont les infrastructures numériques sont encore insuffisamment développées, notamment le Turkménistan et le Tadjikistan, rencontrent d'importantes difficultés liées à la faiblesse des équipements disponibles, à la qualité des réseaux de télécommunications et à la pénurie de spécialistes qualifiés. Dans ces conditions, la modernisation du secteur suppose non seulement des investissements dans les infrastructures technologiques, mais également un effort soutenu de formation des personnels afin de leur permettre de maîtriser efficacement les nouveaux outils numériques.

La pénurie de ressources humaines qualifiées constitue également un frein majeur au développement du marché de l'assurance. Le manque de spécialistes capables d'accompagner l'introduction de nouveaux produits et de nouvelles technologies limite les possibilités d'innovation et de diversification de l'offre, notamment dans les segments de l'assurance-vie et de l'épargne-retraite. Le renforcement des formations spécialisées, le développement de programmes de formation continue ainsi que la coopération avec des établissements d'enseignement étrangers pourraient contribuer à réduire progressivement ce déficit de compétences.

Chaque pays de la région présente par ailleurs des caractéristiques économiques et démographiques propres qui influencent les perspectives de développement de son marché de l'assurance. Le Kazakhstan, dont l'économie est la plus développée et le taux d'urbanisation le plus élevé, offre des perspectives particulièrement favorables dans les domaines de l'assurance maladie et de l'épargne-retraite. L'émergence d'une classe moyenne et la diffusion progressive d'une culture de la prévoyance constituent des facteurs favorables à l'expansion du marché.

La République d'Ouzbékistan et le Kirghizstan, caractérisés par une croissance démographique soutenue et une population relativement jeune, disposent d'un potentiel important pour le développement des produits d'épargne, de l'assurance maladie et de l'assurance des personnes. Toutefois, la faiblesse persistante des revenus et l'importance des migrations de travail limitent encore la demande pour les produits d'assurance de long terme.

Le Tadjikistan et le Turkménistan, dont les ressources économiques demeurent plus limitées et les équilibres sociaux plus fragiles, rencontrent davantage de difficultés pour développer une demande solvable en matière d'assurance, ce qui réduit les perspectives de croissance du marché. Une amélioration des conditions économiques, une urbanisation plus soutenue et le renforcement de la culture financière pourraient néanmoins favoriser son développement à moyen terme.

Enfin, les évolutions macroéconomiques influencent directement les perspectives du secteur. Les réformes engagées dans des pays tels que la République d'Ouzbékistan créent un environnement plus favorable au développement des entreprises privées d'assurance et à la diversification de leur offre. À l'inverse, les pays confrontés à des difficultés économiques persistantes, tels que le Tadjikistan ou le

Turkménistan, devront poursuivre des réformes structurelles destinées à renforcer la confiance dans les institutions financières et à stimuler la demande de produits d'assurance.

Dans l'ensemble, le marché de l'assurance en Asie centrale demeure en phase de structuration et son potentiel de développement est loin d'être pleinement exploité. Pour accélérer sa croissance, plusieurs priorités apparaissent : renforcer la confiance dans les mécanismes assurantiels, améliorer la culture financière de la population, accélérer la transformation numérique, développer les formations spécialisées et renforcer les compétences des professionnels du secteur.

Parallèlement, les stratégies de développement devront tenir compte des spécificités économiques, démographiques et sociales propres à chacun des pays de la région, afin de mieux répondre aux besoins des différentes catégories de population. Le développement durable du marché de l'assurance en Asie centrale reposera ainsi sur une action coordonnée des pouvoirs publics, des entreprises d'assurance, des établissements de formation et des acteurs du secteur financier, dans le but de construire un marché plus transparent, plus inclusif et plus accessible.

L'Asie centrale s'affirme aujourd'hui comme une région émergente du marché mondial de l'assurance, combinant une croissance économique soutenue et un processus de modernisation encore inachevé de ses institutions financières. Malgré la progression du PIB et le développement des infrastructures financières, le taux de pénétration de l'assurance demeure faible en raison de contraintes structurelles persistantes, parmi lesquelles le déficit de confiance, le faible niveau de culture assurantielle, le retard technologique et une offre de produits encore limitée.

L'analyse met néanmoins en évidence un potentiel de développement considérable, notamment dans le contexte de la transformation numérique et de la modernisation des économies de la région. La réalisation de ce potentiel suppose toutefois une approche systémique, fondée sur le renforcement du cadre réglementaire, le développement des compétences, l'amélioration de l'accès aux technologies numériques et la mise en œuvre de politiques ambitieuses d'éducation financière. Les différences importantes de développement économique, de maturité institutionnelle et d'avancement des réformes entre les pays de la région impliquent enfin l'adoption de stratégies différenciées, adaptées aux spécificités de chaque marché national.

§ 1.3. La pertinence d'une étude consacrée à la République d'Ouzbékistan

Le choix de la République d'Ouzbékistan comme principal objet de cette étude ne s'explique pas uniquement par le poids de son économie, mais également par l'ampleur des réformes structurelles engagées au cours des dernières années. Celles-ci offrent un terrain d'observation particulièrement riche pour analyser les transformations du marché de l'assurance dans le contexte d'une économie en transition. Pays le plus peuplé d'Asie centrale et occupant une position géoéconomique centrale au sein de la région, l'Ouzbékistan connaît un vaste processus de modernisation qui touche l'ensemble des secteurs stratégiques de son économie. Depuis 2017, le pays s'est engagé dans un programme de libéralisation économique caractérisé par la réforme du secteur financier, le développement de l'initiative privée, l'amélioration du climat des affaires et la transition progressive vers des mécanismes de régulation davantage fondés sur les principes du marché.

Dans cette dynamique, le secteur de l'assurance occupe une place particulière. Les autorités publiques le considèrent désormais comme l'un des piliers de l'architecture financière nationale, appelé à renforcer la résilience des entreprises et de l'économie face à l'accroissement des risques. Malgré un niveau de développement encore relativement limité et un faible taux de pénétration de l'assurance, le secteur connaît une évolution rapide, marquée par l'arrivée d'investisseurs étrangers, l'adaptation progressive du cadre réglementaire aux standards internationaux, le développement des infrastructures numériques et la diversification de l'offre de produits. Ces transformations interviennent dans un contexte de croissance économique soutenue, de stabilité macroéconomique renforcée et d'amélioration progressive de la culture financière de la population.

Le choix de l'Ouzbékistan repose ainsi sur un ensemble d'éléments qui font de ce pays un acteur majeur de la transformation du secteur de l'assurance dans l'espace post-soviétique. Les réformes économiques engagées depuis la fin des années 2010 témoignent d'une volonté affirmée de moderniser les institutions financières, de renforcer l'attractivité du pays auprès des investisseurs et de développer les infrastructures de marché. Cette dynamique concerne aussi bien l'industrie que l'agriculture, les services bancaires et le secteur de l'assurance, dont le rôle évolue progressivement vers celui d'un instrument essentiel de gestion des risques et de stabilité économique.

L'intégration croissante de l'Ouzbékistan dans l'économie mondiale s'accompagne d'un rapprochement progressif avec les normes internationales et de l'adoption des meilleures pratiques en matière d'assurance. Dans le même temps, plusieurs défis subsistent, notamment un niveau de maturité institutionnelle encore inégal, une confiance limitée envers les institutions financières et une perception de l'assurance qui demeure, pour une partie de la population, fortement marquée par les héritages du passé. Cette situation fait de l'Ouzbékistan un terrain d'observation privilégié pour analyser les mécanismes de formation d'un marché de l'assurance dans une économie en transition, où coexistent des structures héritées de la période soviétique et les nouveaux mécanismes de l'économie de marché. À ce titre, le pays constitue un véritable laboratoire empirique pour l'étude des transformations institutionnelles du secteur assurantiel en Asie centrale.

L'Ouzbékistan figure aujourd'hui parmi les économies les plus dynamiques de la région. Selon les données de la Banque mondiale, son produit intérieur brut a progressé de 5,7 % en 2023, confirmant une trajectoire de croissance soutenue malgré les conséquences de la pandémie, les recompositions géoéconomiques internationales et les tensions inflationnistes. Au cours des cinq dernières années, seule l'année 2020, marquée par un ralentissement de la croissance à 1,6 %, constitue une exception dans cette dynamique (voir tableau 1.3).

Cette évolution repose sur une politique macroéconomique relativement équilibrée, associée à une accélération de la transformation industrielle et de la modernisation de l'administration publique. Les principales orientations des réformes concernent la numérisation de l'action publique, la modernisation des capacités de production ainsi que la transformation des secteurs bancaire et financier. Les autorités ont parallèlement engagé une réforme du cadre réglementaire destinée à améliorer le climat des affaires, à simplifier les procédures fiscales et douanières, à réduire certaines contraintes administratives et à attirer davantage d'investissements étrangers dans les secteurs stratégiques.

Dans ce contexte, le développement du secteur de l'assurance revêt une importance particulière. L'intensification des transformations économiques crée un environnement favorable à l'introduction de solutions innovantes, permettant une meilleure gestion des risques, un renforcement de la résilience des entreprises et une protection accrue des patrimoines des ménages. L'amélioration de la culture financière, le développement des infrastructures numériques et l'intensification de la concurrence entre les entreprises d'assurance ouvrent ainsi de nouvelles perspectives de modernisation institutionnelle et technologique du secteur.

La situation géographique et les caractéristiques démographiques de l'Ouzbékistan constituent également des facteurs déterminants de son développement économique. Avec près de 449 000 km^2, le pays est le plus peuplé d'Asie centrale et occupe une position stratégique au croisement des principaux axes de transport, de logistique et d'échanges énergétiques de la région. Son absence d'accès à la mer renforce toutefois sa dépendance à l'égard des infrastructures terrestres et confère une importance particulière aux politiques de transport et de commerce régional.

L'Ouzbékistan partage des frontières avec le Kazakhstan, le Turkménistan, le Tadjikistan, le Kirghizstan et l'Afghanistan, ce qui lui confère un rôle central dans les processus d'intégration régionale. Son climat fortement continental, caractérisé par des hivers rigoureux et des étés très chauds, impose des contraintes importantes au secteur agricole, largement dépendant de l'irrigation assurée par les bassins de l'Amou-Daria et du Syr-Daria. Cette situation accroît la nécessité de développer des mécanismes d'assurance capables de couvrir les risques climatiques, agricoles et environnementaux.

La combinaison d'une forte croissance démographique, d'une urbanisation rapide et d'une diversification progressive de l'économie stimule la demande de produits d'assurance, notamment dans les domaines de l'assurance des biens, de l'assurance maladie et de l'assurance agricole. Elle favorise également le développement de nouveaux modèles de distribution, tels que la micro-assurance et les plateformes numériques. L'ensemble de ces facteurs fait de l'Ouzbékistan non seulement le principal pôle économique d'Asie centrale, mais aussi un terrain particulièrement favorable à l'expérimentation de solutions innovantes dans le secteur de l'assurance.

Le pays dispose par ailleurs d'importantes ressources naturelles qui constituent l'un des fondements de son développement économique. Son sous-sol renferme d'abondantes réserves de métaux précieux, de métaux non ferreux, de terres rares ainsi que d'importantes ressources énergétiques, notamment en pétrole, en gaz naturel, en charbon et en uranium. Au-delà de leur contribution aux exportations, ces ressources favorisent le développement industriel et stimulent la demande de produits d'assurance destinés à couvrir les risques liés aux activités minières, énergétiques et industrielles.

L'Ouzbékistan figure notamment parmi les principaux producteurs mondiaux d'or, de cuivre, de gaz naturel et d'uranium. Cette richesse minérale renforce son attractivité économique tout en créant des besoins spécifiques en matière d'assurance des risques industriels, environnementaux et technologiques.

Enfin, le pays demeure fortement exposé à de nombreux risques naturels. Séismes, glissements de terrain, avalanches, inondations ou épisodes de sécheresse ont régulièrement provoqué d'importantes pertes économiques et humaines au cours des dernières décennies. Cette vulnérabilité souligne l'importance stratégique du développement de mécanismes modernes de gestion et de transfert des risques, au premier rang desquels figure l'assurance (voir tableau 1.7).

Tableau 1.7. Principales catastrophes naturelles et crises majeures en République d'Ouzbékistan

N°	Date	Événement et principales conséquences
1	4 mai 1991	Glissement de terrain dans la région de Jigaristan : 60 morts et plus de 400 personnes évacuées.
2	8 juin 1998	Coulée de boue sur la rivière Shahimardan-Saï : plus de 100 victimes.
3	20 juillet 2011	Séisme : plus de 15 morts et près de 50 blessés.
4	18 février 2012	Coulée de boue dans la région de Djizak : plus de 1 300 personnes évacuées.
5	26 mai 2013	Séisme : plus de 1 500 bâtiments endommagés ; dommages estimés à 55 milliards de soums.
6	27 avril 2020	Tempête cyclonique dans la région de Boukhara : 41 085 exploitations et ménages touchés ; dommages estimés à 140 milliards de soums.
7	1er mai 2020	Rupture de la digue du réservoir de Sardoba : dommages estimés à plus de 1,5 billion de soums (1 500 milliards de soums).

L'ampleur des dommages a, dans certains cas, atteint plusieurs dizaines de milliards de soums, tandis que le nombre de personnes affectées s'est élevé à plusieurs dizaines de milliers. Dans ce contexte, l'assurance revêt une importance croissante en tant qu'instrument de compensation des pertes et de renforcement de la résilience de l'économie face aux chocs extérieurs.

Dans un contexte de forte vulnérabilité aux risques naturels et technologiques, le développement du marché de l'assurance joue un rôle tout particulier en tant que composante du mécanisme national de gestion des risques. Malgré l'existence de formes d'assurance obligatoires et facultatives, le taux de pénétration des services d'assurance en Ouzbékistan demeure faible. Cette situation s'explique par plusieurs facteurs structurels et institutionnels : le faible niveau de confiance envers les organismes d'assurance, le caractère encore fragmentaire de la culture assurantielle au sein de la population, ainsi que la complexité des procédures d'obtention des indemnisations.

À l'heure actuelle, le marché compte 33 compagnies d'assurance, dont 28 sociétés généralistes et 5 spécialisées dans l'assurance-vie. L'écosystème assurantiel comprend également des experts en sinistres, des courtiers, des actuaires et plus de 4 700 agents, ce qui constitue une base pour la poursuite de l'institutionnalisation du secteur.

Tableau 1.8. Principales catégories de produits d'assurance et taux de prime correspondants

N°	Type d'assurance	Taux de prime de base (%)
1	Assurance des biens	0.05–0,2
2	Assurance des biens donnés en garantie	0.1–0,7
3	Assurance des marchandises en transit	0.1–0,4
4	Assurance automobile	de 56 000 à 201 600 soums
5	Assurance des matériels agricoles	0,25 % ou de 22 400 à 67 200 soums
6	Assurance des risques de construction et de montage	0.05–0,3
7	Assurance des contrats d'exportation	à partir de 0,5 %
8	Assurance des garanties	à partir de 1 %
9	Assurance des biens gagés	0,05
10	Assurance des biens faisant l'objet d'un contrat de crédit-bail (*leasing*)	0,03–1,5
11	Assurance de la responsabilité professionnelle	0.1–0,5
12	Assurance de la responsabilité civile de l'employeur	Variable selon la masse salariale
13	Assurance du bétail	2–8

La liste des produits d'assurance ainsi que les taux de base correspondants des primes d'assurance sont présentés dans le tableau 1.8. À ce stade, l'assurance obligatoire de la responsabilité civile des propriétaires de véhicules (OSAGO) demeure le produit le plus demandé tant par les particuliers que par les entreprises, ce qui s'explique par les exigences de la législation et par la relative simplicité des procédures de souscription. Toutefois, dans le contexte de l'accélération de la numérisation du secteur financier, la structure de la demande connaît des évolutions durables. On observe une orientation croissante vers des formes d'assurance plus souples et technologiquement avancées, capables de s'adapter aux caractéristiques individuelles des assurés ainsi qu'aux spécificités de leurs activités quotidiennes.

Ces évolutions s'accompagnent de l'intégration de plateformes électroniques, du développement d'applications mobiles et du recours à des systèmes automatisés d'évaluation des risques, contribuant non seulement à élargir la couverture des services d'assurance, mais également à optimiser les coûts tant pour les assurés que pour les organismes d'assurance. Le déplacement progressif des modèles d'assurance traditionnels vers des écosystèmes numériques témoigne de l'émergence d'une nouvelle configuration du secteur, dans laquelle la qualité des données, la précision de l'évaluation individualisée des risques (*scoring*) et la qualité de l'expérience utilisateur jouent désormais un rôle déterminant.

Tableau 1.9. Principales orientations de la réforme du secteur de l'assurance en République d'Ouzbékistan

	Axe de réforme	Contenu et objectifs
1	Développement des infrastructures numériques	Déploiement de plateformes en ligne pour la souscription des contrats d'assurance, automatisation des procédures de gestion des sinistres et généralisation de la dématérialisation des échanges documentaires.
2	Amélioration de l'accessibilité des services d'assurance	Extension de l'offre grâce aux canaux numériques, réduction du coût des contrats et développement de produits de micro-assurance destinés aux populations les plus vulnérables.
3	Modernisation du cadre juridique et réglementaire	Mise en conformité de la législation avec les standards internationaux, renforcement des mécanismes de supervision et amélioration de la protection des droits des assurés.
4	Renforcement du cadre institutionnel	Amélioration de la transparence et de la gouvernance des entreprises d'assurance, développement de la concurrence et encouragement des investissements privés et étrangers dans le secteur.
5	Développement de la culture assurantielle de la population	Mise en œuvre de programmes d'éducation financière, campagnes d'information sur les avantages de l'assurance et intégration de modules de formation destinés notamment aux jeunes.
6	Introduction des technologies innovantes	Déploiement de solutions fondées sur l'intelligence artificielle, les mégadonnées (*Big Data*) et la blockchain pour l'évaluation des risques, la prévision des sinistres et le développement de produits d'assurance personnalisés.
7	Développement de l'assurance dans les secteurs prioritaires	Conception de produits spécifiques destinés à l'agriculture, aux petites et moyennes entreprises, aux projets d'infrastructure, ainsi qu'aux domaines de l'assurance maladie et de l'assurance-vie.
8	Renforcement des compétences professionnelles	Création de formations spécialisées dans les établissements d'enseignement supérieur, développement de dispositifs de certification professionnelle et coopération avec des centres internationaux de formation en assurance.

L'analyse du tableau 1.9 met en évidence l'existence d'une architecture cohérente et systémique des réformes engagées dans le secteur de l'assurance en Ouzbékistan, visant à transformer celui-ci sur les plans institutionnel, technologique et socioculturel. La configuration structurelle de ces réformes fait clairement apparaître les priorités retenues, qui vont de la modernisation technologique — à travers la transition vers des plateformes numériques et l'intégration de l'intelligence artificielle et des technologies *Big Data* — au renforcement du cadre réglementaire et au développement du capital humain.

Le développement des infrastructures numériques est considéré comme un levier fondamental, non seulement pour améliorer l'efficacité opérationnelle des compagnies d'assurance, mais également comme un instrument de modernisation institutionnelle de l'ensemble du secteur. La mise en place d'un environnement numérique et l'automatisation des processus permettent de réduire les coûts de transaction, d'accélérer le règlement des sinistres et d'améliorer l'accessibilité territoriale des services d'assurance, y compris dans les régions éloignées et les zones rurales.

L'amélioration de l'accessibilité des services d'assurance s'accompagne d'une transition d'un modèle d'assurance élitiste vers un modèle inclusif, capable de couvrir les groupes de population les plus vulnérables ainsi que les catégories économiquement actives, mais insuffisamment protégées. Cette évolution traduit la volonté d'accroître l'adaptabilité sociale du secteur dans un contexte marqué par une mobilité économique croissante et par la persistance des inégalités numériques.

Le renforcement du cadre réglementaire vise à instaurer un environnement juridique stable, conforme aux standards internationaux. Cette évolution est indispensable tant pour garantir la transparence du marché de l'assurance et la sécurité juridique de ses acteurs que pour attirer les investissements étrangers et renforcer la confiance des investisseurs et des partenaires économiques.

L'introduction des technologies innovantes n'est pas envisagée comme un objectif secondaire, mais comme le prolongement naturel de la stratégie nationale de transformation numérique. L'intelligence artificielle, la technologie *blockchain* et les algorithmes de traitement des mégadonnées (*Big Data*) deviennent des instruments non seulement de modernisation technologique, mais également d'émergence d'un nouveau paradigme de l'assurance, fondé sur l'exploitation des données, l'analyse comportementale et des modèles adaptatifs de souscription (*underwriting*).

Ainsi, les réformes engagées dans le secteur de l'assurance en Ouzbékistan doivent être envisagées comme un processus multidimensionnel d'ingénierie institutionnelle, dans lequel l'innovation technologique s'articule avec l'inclusion sociale, tandis que la modernisation du cadre réglementaire s'accompagne du développement des compétences et du renforcement du capital humain. Cette approche crée les conditions nécessaires à l'édification d'un système d'assurance durable, transparent et centré sur les besoins des assurés, capable de répondre efficacement aux défis de l'économie numérique tout en contribuant à la stabilité macroéconomique à long terme.

L'analyse approfondie de la dynamique socio-économique de l'Ouzbékistan permet de considérer la République comme un exemple représentatif pour l'étude des processus de transformation du secteur de l'assurance dans les économies en transition. Le pays réunit un ensemble de facteurs qui constituent une base empirique particulièrement pertinente pour l'analyse du renouvellement institutionnel du marché de l'assurance : une croissance économique soutenue, une numérisation rapide, la libéralisation des institutions financières ainsi qu'une vaste réforme du cadre législatif et réglementaire.

L'assurance présente un intérêt particulier en tant que composante du système de gestion des risques dans un contexte marqué par une forte vulnérabilité aux risques naturels et technologiques, par l'ouverture croissante de l'économie et par une intégration toujours plus poussée aux processus économiques mondiaux. Dans le cadre de la stratégie nationale de développement durable et de transformation numérique, le secteur de l'assurance est désormais considéré comme une plateforme privilégiée pour le déploiement de solutions innovantes, notamment fondées sur l'intelligence artificielle et les technologies de traitement des mégadonnées (*Big Data*).

Le choix de l'Ouzbékistan comme juridiction de référence s'explique non seulement par ses caractéristiques économiques et démographiques, mais également par les mutations institutionnelles qui orientent l'émergence d'un nouveau modèle de marché de l'assurance, plus transparent, plus inclusif et davantage tourné vers les technologies. Cette situation confère à la présente recherche une forte portée pratique, en ouvrant des perspectives pour l'élaboration de stratégies adaptatives de réforme du secteur de l'assurance dans d'autres pays de la région présentant des caractéristiques comparables.

Conclusions du premier chapitre

1. En Ouzbékistan, l'intelligence artificielle appliquée au secteur de l'assurance ne constitue pas un simple progrès technologique, mais le cœur d'une transformation institutionnelle qui modifie en profondeur les mécanismes de fonctionnement du marché de l'assurance. Son intégration favorise le passage de procédures standardisées à des solutions personnalisées et adaptatives, fondées sur l'analyse comportementale et le traitement des mégadonnées (*Big Data*). Cette évolution permet d'améliorer la précision de la souscription (*underwriting*), de réduire les coûts de transaction et de renforcer la transparence de la politique tarifaire.

Le rôle de l'intelligence artificielle est d'autant plus déterminant dans un contexte marqué par une maturité institutionnelle encore limitée et par la fragmentation du marché, où les technologies intelligentes contribuent à compenser les insuffisances des infrastructures et à élargir l'accès aux services d'assurance dans les secteurs les plus vulnérables, notamment l'assurance agricole, les microentreprises et l'assurance santé.

Ainsi, l'intelligence artificielle s'affirme comme une ressource stratégique non seulement pour accroître l'efficacité des opérations d'assurance, mais également pour favoriser l'émergence d'un modèle d'assurance durable, inclusif et centré sur les besoins des assurés, capable de s'adapter aux défis de l'économie numérique et de contribuer au renforcement de la stabilité macroéconomique.

2. L'Asie centrale s'affirme progressivement comme un segment émergent du marché international de l'assurance, conjuguant une croissance économique soutenue avec des contraintes institutionnelles qui freinent encore le développement du secteur assurantiel. Malgré une progression significative du produit intérieur brut et l'extension des infrastructures financières, le taux de pénétration des services d'assurance demeure particulièrement faible. Cette situation met en évidence l'existence d'obstacles à la fois structurels et comportementaux, parmi lesquels figurent le déficit de confiance envers les institutions d'assurance, le faible niveau de culture financière, le retard technologique et la limitation de l'offre de produits.

L'analyse des principaux indicateurs révèle néanmoins un potentiel de développement considérable du secteur de l'assurance, notamment dans le contexte de la numérisation et de la modernisation des économies nationales. La concrétisation de ce potentiel suppose toutefois la mise en œuvre d'une politique de réformes cohérente, fondée sur le renforcement du cadre législatif et réglementaire, le développement des compétences professionnelles, l'élargissement de l'accès aux technologies numériques ainsi que la conduite d'actions de sensibilisation destinées à améliorer la culture assurantielle.

Par ailleurs, les écarts observés entre les pays de la région en matière de développement économique, de maturité institutionnelle et d'avancement des réformes rendent indispensable l'adoption de stratégies adaptatives par les compagnies d'assurance, tenant compte des spécificités propres à chaque marché national.

3. Par la combinaison d'une croissance économique soutenue, d'une numérisation rapide, de la libéralisation du secteur financier et de la modernisation du cadre législatif et réglementaire, l'Ouzbékistan constitue un cas particulièrement représentatif pour l'analyse des transformations du secteur de l'assurance dans les économies en transition. Dans un contexte marqué par une forte vulnérabilité aux risques naturels et technologiques, le secteur de l'assurance apparaît comme un élément essentiel du système national de gestion des risques ainsi que comme une plateforme privilégiée pour le déploiement de solutions innovantes.

Cette configuration confère à la présente recherche une forte portée opérationnelle et lui permet de contribuer à l'élaboration de stratégies de développement du secteur de l'assurance susceptibles d'être adaptées à d'autres juridictions présentant des caractéristiques comparables.

CHAPITRE II.

Les fondements théoriques de l'utilisation de l'intelligence artificielle dans le secteur de l'assurance

§ 2.1. Définition et principales technologies de l'intelligence artificielle appliquées au secteur de l'assurance

Le développement actuel du secteur de l'assurance se caractérise par une numérisation croissante des processus, sous l'effet de l'augmentation du volume des données, de l'évolution des attentes des consommateurs et de la nécessité de répondre rapidement à des risques de nature nouvelle. Dans ce contexte, l'intégration des technologies innovantes revêt une importance particulière, l'intelligence artificielle occupant une place centrale parmi celles-ci. Elle permet d'améliorer sensiblement la précision et la rapidité de la prise de décision, d'automatiser les tâches répétitives et d'offrir un degré accru de personnalisation des produits et des services d'assurance.

L'utilisation de l'intelligence artificielle dans le secteur de l'assurance ne se limite toutefois pas à ses seules applications technologiques. Elle suppose également une réflexion sur ses fondements conceptuels, sur les principales technologies qui la composent, ainsi que sur les avantages et les défis qu'elle soulève pour les acteurs du marché de l'assurance. Une compréhension théorique de l'intelligence artificielle, de son architecture et de ses fonctionnalités constitue un préalable essentiel à l'élaboration d'une stratégie efficace de transformation numérique des activités d'assurance.

L'analyse des recherches scientifiques récentes et des développements pratiques dans le domaine de l'intelligence artificielle met en évidence l'intérêt croissant que cette technologie suscite, tant au sein de la communauté académique que dans le secteur de l'assurance. En raison de son caractère intrinsèquement interdisciplinaire, les travaux consacrés à l'intelligence artificielle couvrent un large éventail de questions, allant des caractéristiques techniques des algorithmes aux enjeux de la régulation juridique et des considérations éthiques.

Dans la littérature scientifique russe, une attention particulière est accordée aux dimensions philosophiques et économiques de l'intelligence artificielle. Ainsi, M. I. Brotski considère l'intelligence artificielle comme un phénomène systémique, capable de transformer en profondeur la structure institutionnelle de l'économie[9].

S. Ju. Glaz'ev considère l'intelligence artificielle comme le cœur de la nouvelle révolution technologique, en soulignant son rôle dans la transition vers le sixième paradigme technologique.[10] Les applications pratiques de l'intelligence artificielle dans l'économie, et plus particulièrement dans le secteur de l'assurance, sont étudiées dans les travaux d'A. G. D'jakonov[11] ainsi que de l'Institut d'analyse des systèmes de

---

[9] Brockij, M. I. *Iskusstvennyj intellekt: filosofija, tehnologii, èkonomika* [L'intelligence artificielle : philosophie, technologies, économie]. Moscou : Infra-M, 2021. 304 p.

[10] Glaz'ev, S. Ju. « Iskusstvennyj intellekt kak faktor novoj tehnologičeskoj revoljucii » [L'intelligence artificielle comme facteur de la nouvelle révolution technologique], Èkonomičeskie i social'nye peremeny: fakty, tendencii, prognoz, 2020, vol. 13, n° 1, p. 29-45. DOI : 10.15838/esc.2020.1.67.2.

[11] D'jakonov, A. G. Metody i modeli iskusstvennogo intellekta : učebnik i praktikum dlja vuzov [Méthodes et modèles de l'intelligence artificielle :

l'Académie des sciences de Russie[12], qui présentent les méthodes contemporaines d'apprentissage automatique (*machine learning*) et d'apprentissage profond (*deep learning*), ainsi que les approches permettant d'évaluer l'efficacité de leur mise en œuvre.

À l'intersection de l'assurance et des technologies numériques se situent les travaux de V. N. Kuznecov et O. V. Morozova[13], qui mettent en évidence les principaux domaines d'application de l'intelligence artificielle dans le secteur de l'assurance : le *scoring*, la gestion des sinistres, la souscription (*underwriting*) et la lutte contre la fraude.

E. E. Orlova[14] souligne, quant à elle, le rôle de l'intelligence artificielle dans la gestion des risques et dans l'amélioration de la précision de l'évaluation des événements assurables.

Une attention particulière est également portée aux questions relatives à la régulation juridique de l'intelligence artificielle, comme en témoignent les travaux d'A. V. Poljakov et d'A. I. Savel'ev[15], qui mettent en lumière les difficultés liées à l'incertitude du cadre normatif ainsi que la nécessité d'élaborer des normes éthiques applicables aux décisions algorithmiques.

---

manuel et exercices pratiques à l'usage des établissements d'enseignement supérieur]. Moscou : Jurajt, 2019. 455 p.

[12] Institut d'analyse des systèmes de l'Académie des sciences de Russie. *Iskusstvennyj intellekt v èkonomike: perspektivy i riski cifrovizacii* [L'intelligence artificielle dans l'économie : perspectives et risques de la numérisation]. Moscou : Nauka, 2022. 198 p.

[13] Kuznecov, V. N., Morozova, O. V. « Primenenie tekhnologiy iskusstvennogo intellekta v strakhovoy deyatel'nosti: vyzovy i vozmozhnosti » [L'application des technologies de l'intelligence artificielle dans l'activité d'assurance : défis et opportunités], Finansovaya analitika: problemy i resheniya, 2021, vol. 14, n° 1, p. 22-35.

[14] Orlova, E. E. « *Cifrovizacija strahovogo rynka: rol' iskusstvennogo intellekta v upravlenii riskami* » [La numérisation du marché de l'assurance : le rôle de l'intelligence artificielle dans la gestion des risques], *Vestnik strahovanija*, 2021, n° 9, p. 17-25.

[15] Poljakov, A. V., Savel'ev, A. I. « *Regulirovanie iskusstvennogo intellekta: podhody i problemy* » [La régulation de l'intelligence artificielle : approches et enjeux], *Pravo i cifrovaja ekonomika*, 2021, vol. 3, no 2, p. 89-103.

La littérature scientifique internationale fait apparaître une tendance similaire : l'intelligence artificielle est désormais considérée comme l'un des principaux moteurs de la transformation numérique du secteur de l'assurance. Les travaux de Russell et Norvig[16] ainsi que de Kaplan et Haenlein[17] fournissent les fondements conceptuels de l'intelligence artificielle, notamment en proposant une classification des méthodes d'apprentissage et en présentant de nombreux exemples d'applications pratiques. Nguyen et al.[18] proposent, quant à eux, une revue systématique des applications de l'intelligence artificielle dans le domaine de l'assurance, mettant en évidence la grande efficacité de ces technologies dans l'évaluation des risques, la relation avec les clients et l'automatisation du traitement des indemnisations.

Sur le plan pratique, les rapports publiés par les principaux cabinets internationaux de conseil[19] mettent également en évidence que l'intégration de l'intelligence artificielle dans le secteur de l'assurance contribue à améliorer l'efficacité opérationnelle, à réduire les coûts et à renforcer l'orientation client des entreprises d'assurance. Ils soulignent en particulier les synergies entre l'intelligence artificielle et les mégadonnées, ainsi que les possibilités offertes par le développement de produits d'assurance dynamiques et personnalisés.

Les définitions de l'intelligence artificielle proposées par les principaux chercheurs internationaux sont présentées dans le tableau 2.0.

---

[16] Russell, S., & Norvig, P. (2020). *Artificial Intelligence : A Modern Approach* (4 th ed.). Pearson Education.

[17] Kaplan, A., & Haenlein, M. (2019). Siri, Siri, in my hand: Who's the fairest in the land? On the interpretations, illustrations, and implications of artificial intelligence. *Business Horizons*, *62*(1), 15–25. https://doi.org/10.1016/j.bushor.2018.08.004

[18] Nguyen, T., Tran, Q., & Yang, S. (2022). Artificial intelligence in insurance: Applications, challenges, and future directions. Journal of Intelligent Systems, 31(3), 389–405. https://doi.org/10.1515/jisys-2021-0123

[19] KPMG. (2023). *AI in insurance: The next wave of disruption.* Disponi : le à l'adresse https://home.kpmg

Tableau 2.0. Comparaison des principales définitions de l'intelligence artificielle.[20]

Auteur / Source	Définition	Contexte / Particularités	Éléments clés
John McCarthy (1955)[21]	L'intelligence artificielle est la science et la technique de la conception de machines intelligentes, en particulier de programmes informatiques intelligents.	Définition fondatrice de l'intelligence artificielle, centrée sur sa dimension computationnelle.	Machines intelligentes et programmation informatique
Russell & Norvig (2020)[22]	L'intelligence artificielle est un domaine de recherche consacré à la conception d'agents capables de percevoir leur environnement et d'agir de manière à maximiser la probabilité d'atteindre un objectif donné.	Approche par agents : l'IA envisagée comme un agent rationnel.	Agent, perception de l'environnement, comportement orienté vers un objectif

[20] Élaboré par l'auteur.

[21] McCarthy, J., Minsky, M. L., Rochester, N., & Shannon, C. E. (1955). *A proposal for the Dartmouth summer research project on artificial intelligence*. Disponible à l'adresse : http://www-formal.stanford.edu/jmc/history/dartmouth.html

[22] Russell, S., & Norvig, P. (2020). *Artificial Intelligence : A Modern Approach* (4 th ed.). Pearson Education.

Kaplan & Haenlein (2019)[23]	L'intelligence artificielle est un système capable d'interpréter des données externes, d'en tirer des enseignements et d'utiliser les connaissances acquises pour atteindre des objectifs déterminés en s'adaptant à son environnement.	Approche contemporaine de la gestion, mettant l'accent sur l'apprentissage et la capacité d'adaptation.	Interprétation des données, apprentissage, adaptation, prise de décision orientée vers un objectif
OECD (2019)[24]	L'intelligence artificielle est un système informatique capable d'agir sur son environnement en automatisant des tâches qui requièrent habituellement l'intelligence humaine.	Approche politico-économique retenue par les organisations internationales.	Automatisation de tâches relevant habituellement de l'intelligence humaine
Commission européenne (2021)[25]	L'intelligence artificielle désigne des systèmes logiciels capables d'agir de manière autonome à partir de la perception de leur	Définition juridique et réglementaire de l'intelligence artificielle dans le contexte du	Autonomie, analyse des données, perception de

[23] Kaplan, A., & Haenlein, M. (2019). Siri, Siri, in my hand: Who's the fairest in the land? On the interpretations, illustrations, and implications of artificial intelligence. *Business Horizons, 62*(1), 15–25. https://doi.org/10.1016/j.bushor.2018.08.004

24 OECD. (2019). Recommendation of the Council on Artificial Intelligence. OECD Legal Instruments. Disponible à l'adresse : https://legalinstruments.oecd.org

[25] European Commission. (2021). Proposal for a Regulation laying down harmonised rules on artificial intelligence (Artificial Intelligence Act). Brussels. Disponible à l'adresse : https://eur-lex.europa.eu

	environnement et de l'analyse des données, afin d'atteindre des objectifs déterminés.	cadre réglementaire de l'Union européenne.	l'environnement, poursuite d'objectifs déterminés
IBM (2022)[26]	L'intelligence artificielle consiste en l'utilisation d'algorithmes et de modèles de données destinés à reproduire, sous forme numérique, les capacités cognitives de l'être humain.	Approche d'entreprise, centrée sur les applications pratiques de l'IA dans les technologies de l'information et les activités économiques.	Algorithmes, fonctions cognitives, numérisation de l'intelligence
Oxford Dictionary (2021)[27]	L'intelligence artificielle est la discipline qui étudie et développe des systèmes informatiques capables d'accomplir des tâches nécessitant habituellement l'intelligence humaine, telles que la reconnaissance de la parole, la prise de décision ou la traduction automatique des langues.	Définition de vulgarisation, reflétant la perception générale de l'intelligence artificielle.	Tâches traditionnellement associées à l'intelligence humaine (langage, reconnaissance de la parole, prise de décision)

[26] https://www.ibm.com/ru-ru/topics/artificial-intelligence (consulté le 18 avril 2025).
[27] https://www.oxfordlearnersdictionaries.com/definition/english/artificial-intelligence

Comme le montre le tableau comparatif, les définitions de l'intelligence artificielle varient selon le contexte disciplinaire, allant d'une approche technique et informatique à des approches relevant des sciences sociales, du management ou du droit. Elles présentent néanmoins plusieurs caractéristiques communes, parmi lesquelles figurent :

– un comportement intelligent ;

– une capacité d'apprentissage ;

– une autonomie décisionnelle ;

– une interaction avec l'environnement ;

– une aptitude à atteindre des objectifs ou à accomplir des tâches.

– L'analyse des sources examinées montre que l'intelligence artificielle appliquée au secteur de l'assurance constitue un phénomène multidimensionnel, situé au croisement des technologies, de l'économie et du droit. Les acquis scientifiques et les applications déjà développées constituent une base théorique et méthodologique solide pour la poursuite des recherches ainsi que pour le déploiement opérationnel de l'intelligence artificielle dans le secteur de l'assurance.

Le secteur contemporain de l'assurance est confronté à la nécessité d'une transformation numérique, sous l'effet de l'augmentation continue du volume des données et de l'évolution des attentes des clients. L'intégration de l'intelligence artificielle permet d'améliorer la précision de l'évaluation des risques, d'automatiser les processus décisionnels et de concevoir des offres d'assurance adaptatives. Parmi les technologies présentant le plus fort potentiel figurent les algorithmes d'apprentissage automatique (*Machine Learning*, ML), les techniques de traitement automatique du langage naturel (*Natural Language Processing*, NLP), la vision par ordinateur (*Computer Vision*) ainsi que les systèmes fondés sur l'analyse des mégadonnées (*Big Data*).

L'intelligence artificielle constitue un domaine scientifique et technologique en constante évolution, dont l'objectif est de concevoir des systèmes intelligents capables d'imiter, de reproduire et, dans certains domaines, de dépasser les capacités cognitives de l'être humain. Dans son acception la plus large, elle recouvre le développement d'algorithmes et d'architectures permettant aux systèmes d'apprendre à partir des données, de raisonner, de percevoir leur environnement, de comprendre et de générer le langage naturel, ainsi que de prendre des décisions autonomes dans des situations d'incertitude. Les principales catégories de problèmes traitées par l'intelligence artificielle comprennent notamment la classification, la segmentation (*clustering*), la prévision, la reconnaissance de formes, le traitement des informations issues de capteurs, les systèmes de dialogue et la planification des actions.

Les fondements théoriques de l'intelligence artificielle reposent sur une synthèse interdisciplinaire de plusieurs domaines scientifiques. L'informatique fournit les paradigmes de calcul et les architectures logicielles, les mathématiques apportent les méthodes formelles d'analyse et d'optimisation, la statistique fournit les outils nécessaires au traitement et à l'interprétation des données, tandis que la théorie de l'information explique les mécanismes de codage, de transmission et d'extraction des connaissances. Les sciences cognitives et la neuropsychologie contribuent, quant à elles, à la modélisation des processus de perception et de raisonnement humains. Cette approche interdisciplinaire permet de concevoir des systèmes d'intelligence artificielle souples et adaptatifs, capables d'évoluer dans des environnements complexes et en constante transformation.

Les principales technologies contemporaines de l'intelligence artificielle s'articulent autour de quatre grands axes. En premier lieu, l'apprentissage automatique (*Machine Learning*, ML) désigne l'ensemble des méthodes permettant à un système d'identifier des régularités et de prendre des décisions à partir de données historiques, sans programmation explicite. En deuxième lieu, les réseaux de neurones artificiels (*Artificial Neural Networks*, ANN) sont des modèles inspirés de l'organisation biologique du cerveau, capables de traiter des relations non linéaires complexes dans des données multidimensionnelles. En troisième lieu, le traitement automatique du langage naturel (*Natural Language Processing*, NLP) permet d'analyser, de comprendre, de synthétiser et de générer des textes en langage naturel, constituant ainsi un élément essentiel de l'interaction entre l'homme et la machine. Enfin, la vision par ordinateur (*Computer Vision*, CV) permet aux systèmes d'intelligence artificielle d'interpréter les informations visuelles en identifiant, dans les images et les séquences vidéo, des objets et des structures visuelles pertinentes.

Ces quatre axes constituent le socle des systèmes intelligents contemporains et trouvent aujourd'hui des applications dans de nombreux secteurs, allant de l'industrie et des transports à la médecine, à la finance et à l'assurance. Leur développement suppose non seulement un accroissement des capacités de calcul, mais également un approfondissement des connaissances théoriques relatives aux mécanismes d'apprentissage, de généralisation et d'interprétation des connaissances.

L'apprentissage automatique (*Machine Learning*, ML), qui constitue l'un des fondements de l'intelligence artificielle contemporaine, regroupe un ensemble d'algorithmes et de méthodes visant à construire des modèles mathématiques capables d'apprendre à partir des données, sans intervention directe du programmeur. Ces modèles permettent d'identifier des relations sous-jacentes, de s'adapter à de nouvelles données d'entrée et d'offrir une grande précision dans les tâches de prévision. Les trois principaux paradigmes de l'apprentissage automatique sont l'apprentissage supervisé (*supervised learning*), l'apprentissage non supervisé (*unsupervised learning*) et l'apprentissage par renforcement (*reinforcement learning*), chacun trouvant des applications dans des domaines variés, de la médecine aux services financiers.

Les réseaux de neurones artificiels (*Artificial Neural Networks*, ANN), et plus particulièrement leurs architectures profondes (*Deep Neural Networks*, DNN), s'inspirent du fonctionnement des neurones du cerveau humain et se distinguent par leur remarquable capacité à approximer des fonctions complexes. Ils sont utilisés dans des domaines tels que la classification d'images, la reconnaissance de la parole, la prévision de séries temporelles ou encore d'autres applications pour lesquelles les méthodes traditionnelles atteignent leurs limites. Parmi les architectures neuronales les plus avancées figurent les réseaux de neurones convolutifs (*Convolutional Neural Networks*, CNN) et les réseaux de neurones récurrents (*Recurrent Neural Networks*, RNN), respectivement conçus pour le traitement des images et des données séquentielles.

Le traitement automatique du langage naturel (*Natural Language Processing*, NLP) permet aux systèmes d'intelligence artificielle de comprendre, d'analyser et de générer des informations textuelles et orales. Les modèles les plus récents, fondés sur l'architecture des transformeurs (*transformers*), tels que BERT, GPT et T5, ont permis des avancées considérables dans des domaines tels que la traduction automatique, le résumé automatique de textes, l'analyse des sentiments et les systèmes de dialogue. Le traitement automatique du langage naturel est désormais devenu un outil incontournable pour le développement d'assistants intelligents, l'automatisation du traitement des demandes des clients et l'amélioration de la qualité des services.

La vision par ordinateur (*Computer Vision*, CV) regroupe l'ensemble des méthodes permettant d'interpréter des données visuelles afin d'en extraire les informations nécessaires à la prise de décision. Ce domaine de l'intelligence artificielle est largement utilisé dans les systèmes de vidéosurveillance, les véhicules autonomes, le diagnostic médical et l'automatisation industrielle. Il permet notamment d'assurer une reconnaissance précise des objets, la segmentation des images, le suivi des mouvements ainsi que l'analyse des comportements.

Les principales technologies présentées ci-dessus sont synthétisées dans le tableau 2.2, qui en expose les objectifs ainsi que les fondements algorithmiques. Le tableau 2.3 présente, quant à lui, les principaux domaines d'application de ces technologies, particulièrement significatifs dans le contexte de la transformation numérique des différents secteurs de l'économie.

Le développement conjoint et l'intégration de ces différentes technologies constituent le socle des systèmes intelligents de nouvelle génération, capables de s'adapter à des environnements hautement concurrentiels et à forte densité informationnelle.

Dans le secteur de l'assurance, les technologies d'intelligence artificielle trouvent des applications toujours plus nombreuses et diversifiées, transformant les principaux processus métier et faisant émerger de nouveaux modes d'interaction avec les clients. L'un des domaines les plus prometteurs est celui de l'analyse prédictive, fondée sur les méthodes d'apprentissage automatique. Ces algorithmes permettent d'évaluer avec une grande précision les risques assurantiels, de prévoir différents scénarios de sinistres, d'automatiser les processus de souscription (*underwriting*) et les calculs actuariels, ainsi que de détecter des anomalies dans le comportement des assurés susceptibles de révéler des situations de fraude à l'assurance.

L'intelligence artificielle joue également un rôle central dans la personnalisation des produits d'assurance, en permettant l'élaboration de tarifs et de contrats individualisés fondés sur l'analyse des caractéristiques comportementales, biométriques, sociodémographiques et même psychographiques des assurés. Ces approches revêtent une importance croissante, en particulier dans les domaines de la santé numérique (*HealthTech*) et de l'assurance fondée sur l'usage (*Usage-Based Insurance*, UBI), où l'évaluation fine des risques et l'adaptation des conditions contractuelles au profil comportemental d'un assuré ou d'un bien assuré constituent des enjeux essentiels.

Tableau 2.1. Principales technologies de l'intelligence artificielle et leurs caractéristiques fonctionnelles[28]

Technologie	Objectif principal	Algorithmes et modèles couramment utilisés
Apprentissage automatique (Machine Learning)	Prédiction et apprentissage automatique	Décision Trees, SVM, Random Forest, Gradient Boosting
Réseaux de neurones	Modélisation non linéaire et reconnaissance de formes	MLP, CNN, RNN, LSTM, Transformer
Traitement automatique du langage naturel (NLP)	Analyse et génération de textes	Word2Vec, BERT, GPT, T5
Vision par ordinateur	Traitement et analyse de données visuelles	CNN, YOLO, Mask R-CNN, OpenCV

Les infrastructures de mégadonnées (*Big Data*) constituent un élément indispensable du fonctionnement des systèmes d'intelligence artificielle appliqués au secteur de l'assurance. Elles permettent de traiter d'immenses volumes de données hétérogènes provenant de sources structurées et non structurées, allant des dossiers médicaux et des données télématiques jusqu'aux activités sur les réseaux sociaux et aux flux vidéo issus de caméras. Les technologies de *Big Data* permettent de constituer des jeux de données d'apprentissage de haute qualité pour les modèles d'apprentissage automatique (*Machine Learning*), d'élargir les capacités d'analyse et d'assurer une adaptation rapide aux évolutions des marchés et des besoins de la clientèle.

[28] Élaboré par l'auteur.

Tableau 2.2. Applications des principales technologies de l'intelligence artificielle29

Technologie	Domaines d'application	Applications types
Apprentissage automatique (*Machine Learning*)	Finance, assurance, santé	Évaluation du risque de crédit (*credit scoring*), évaluation des risques, diagnostic des maladies
Réseaux de neurones	Éducation, industrie, commerce de détail	Systèmes de recommandation, prévision de la demande
Traitement automatique du langage naturel (NLP)	Service à la clientèle, marketing, administration publique	Agents conversationnels (*chatbots*), analyse des sentiments, traduction automatique
Vision par ordinateur	Transports, santé, sécurité	Reconnaissance faciale, détection de défauts, diagnostic assisté par l'image

L'intégration de l'intelligence artificielle et des mégadonnées (*Big Data*) favorise le passage des compagnies d'assurance d'un modèle réactif à un modèle proactif de gestion des risques, tout en accélérant la transformation numérique de leurs principales fonctions opérationnelles. Cette évolution se traduit par une réduction des coûts, une accélération des processus décisionnels, une amélioration de l'expérience client ainsi que par la création de nouveaux avantages concurrentiels. Le tableau 2.3 présente une typologie des principales applications de l'intelligence artificielle dans le secteur de l'assurance.

[29] Élaboré par l'auteur.

Tableau 2.3. Principales applications de l'intelligence artificielle dans le secteur de l'assurance[30]

Domaine d'application	Technologies d'intelligence artificielle employées	Applications types
Évaluation des risques et souscription (*underwriting*)	Apprentissage automatique (*Machine Learning*), réseaux de neurones	Modélisation de la probabilité de survenance d'un sinistre
Lutte contre la fraude à l'assurance	Détection d'anomalies (*Anomaly Detection*), traitement automatique du langage naturel (NLP)	Détection des déclarations suspectes, analyse des textes de réclamation
Personnalisation des produits d'assurance	Apprentissage automatique (*Machine Learning*), systèmes de recommandation	Élaboration de tarifs et de conditions individualisés fondés sur l'analyse comportementale
Personnalisation de la relation client	Traitement automatique du langage naturel (NLP), agents conversationnels (*chatbots*), interfaces vocales	Automatisation du traitement des demandes et des requêtes des clients
Gestion des sinistres	Vision par ordinateur, apprentissage automatique (*Machine Learning*)	Analyse de photographies et de vidéos du sinistre, classification automatisée des dommages
Prévision de l'évolution du portefeuille d'assurance	Prévision des séries chronologiques (*Time Series Forecasting*), apprentissage automatique (*Machine Learning*)	Prévision de l'évolution de la demande, du volume des indemnisations et du taux d'attrition de la clientèle

30 Élaboré par l'auteur.

En outre, la mise en œuvre efficace des solutions fondées sur l'intelligence artificielle suppose l'existence d'une infrastructure performante de collecte, de stockage et de traitement des données. Les principaux éléments de cette infrastructure sont présentés dans le tableau 2.4.

La convergence de l'intelligence artificielle et des mégadonnées (*Big Data*) constitue aujourd'hui l'un des fondements de la transformation numérique du secteur de l'assurance. Elle favorise l'émergence d'écosystèmes intelligents, centrés sur le client et orientés vers un développement durable.

L'intelligence artificielle constitue un domaine multidisciplinaire structuré à plusieurs niveaux, à la croisée de l'informatique, des mathématiques, de la statistique et des sciences cognitives. Ses principales technologies — l'apprentissage automatique, les réseaux de neurones, le traitement automatique du langage naturel et la vision par ordinateur — forment le socle des systèmes intelligents capables d'exécuter des fonctions cognitives jusqu'alors réservées à l'être humain. Le développement rapide de ces technologies élargit continuellement leur champ d'application et favorise l'intégration durable de l'intelligence artificielle dans les différents secteurs de l'économie et de la vie sociale.

Tableau 2.4. Le rôle des mégadonnées (*Big Data*) dans l'analyse des activités d'assurance[31]

Source de données	Caractéristiques	Applications dans le secteur de l'assurance
Données télématiques (IoT, GPS)	Données à haute fréquence, diffusées en continu	Assurance fondée sur l'usage (*usage-based insurance*), modélisation comportementale des conducteurs
Données médicales	Données structurées et semi-structurées	Évaluation des risques en assurance santé, élaboration de polices d'assurance individualisées
Données issues des réseaux sociaux	Données textuelles non structurées	Évaluation comportementale (*behavioural scoring*), analyse marketing
Photographies et données vidéo	Données visuelles non structurées	Évaluation des dommages, vérification des sinistres
Historique des interactions avec les clients	Données textuelles et tabulaires	Personnalisation des services, amélioration de la relation client
Données des centres d'appels et des agents conversationnels (*chatbots*)	Données audio et textuelles	Analyse des sentiments, automatisation du traitement des réclamations

L'intelligence artificielle revêt une importance particulière dans le secteur de l'assurance, où elle permet de transformer en profondeur les modèles économiques traditionnels. Les algorithmes d'analyse prédictive, les outils de traitement automatique du langage naturel (*Natural Language Processing*, NLP) et les technologies de vision par ordinateur (*Computer Vision*, CV) sont utilisés pour améliorer la précision de l'évaluation des risques, lutter contre la fraude, automatiser les

[31] Élaboré par l'auteur.

processus de souscription (*underwriting*) et concevoir des produits d'assurance personnalisés. Cette transformation technologique des processus améliore non seulement l'efficacité opérationnelle des entreprises d'assurance, mais également l'expérience client, ouvrant ainsi la voie à l'émergence de nouveaux standards de l'assurance numérique.

Le recours aux mégadonnées constitue un élément indispensable au bon fonctionnement des systèmes d'intelligence artificielle dans le secteur de l'assurance. Elles fournissent l'infrastructure nécessaire à la collecte, au stockage et à l'analyse en temps réel de données hétérogènes. L'intégration de l'intelligence artificielle et des mégadonnées favorise le passage de modèles réactifs de gestion des risques à des approches proactives et préventives, renforçant ainsi la résilience et la capacité d'adaptation des entreprises d'assurance dans un environnement marqué par une forte incertitude et une concurrence croissante.

L'étude des fondements conceptuels et des principales technologies de l'intelligence artificielle appliquées à l'assurance met en évidence leur potentiel considérable pour transformer le secteur. Les outils contemporains d'intelligence artificielle — notamment l'apprentissage automatique (*machine learning*), les algorithmes neuronaux, les technologies de traitement automatique du langage naturel (*NLP*) et l'automatisation robotisée des processus (*Robotic Process Automation*, RPA) — offrent de nouvelles perspectives pour améliorer la précision de l'évaluation des risques, accélérer le traitement des sinistres et concevoir des produits d'assurance personnalisés.

L'analyse des technologies présentées montre que leur intégration efficace est susceptible non seulement d'améliorer l'efficacité opérationnelle des entreprises d'assurance, mais aussi de favoriser l'émergence d'un modèle assurantiel plus transparent, plus adaptatif et davantage centré sur les assurés. En outre, le développement de l'intelligence artificielle contribue à renforcer la confiance envers les institutions d'assurance grâce à l'amélioration de la qualité des services et à la réduction des délais de traitement et d'interaction avec les assurés. Dès lors, les technologies d'intelligence artificielle ne sauraient être considérées comme un simple instrument de transformation numérique, mais doivent être envisagées comme une ressource stratégique, capable de garantir la résilience et la compétitivité du secteur de l'assurance dans un contexte de profondes transformations technologiques à l'échelle mondiale.

L'analyse des fondements conceptuels et des principales composantes technologiques de l'intelligence artificielle (IA) appliquée au secteur de l'assurance permet d'affirmer que celle-ci constitue un moteur essentiel de la transformation numérique du secteur, doté d'un fort potentiel de modernisation systémique des processus métier. L'intégration de technologies telles que l'apprentissage automatique, les réseaux de neurones, le traitement automatique du langage naturel et la vision par ordinateur permet non seulement d'optimiser les principales fonctions de l'assurance — de l'évaluation des risques et de la souscription (*underwriting*) au règlement des sinistres et à la personnalisation des produits —, mais aussi de favoriser la transition vers des modèles proactifs de gestion des risques. L'appréhension théorique de l'intelligence artificielle en tant que phénomène interdisciplinaire, conjuguée aux données empiriques disponibles, confirme sa portée pratique pour l'amélioration de l'efficacité opérationnelle, de l'expérience client et de la résilience du secteur de l'assurance. Dans un contexte marqué par l'accroissement constant des volumes de données et l'évolution des attentes des assurés, l'intelligence artificielle doit être envisagée comme une ressource stratégique au service de l'émergence d'un écosystème assurantiel compétitif, innovant et adaptatif.

§ 2.2. L'application de l'intelligence artificielle à la gestion des risques et aux processus d'assurance

Les approches théoriques contemporaines de l'utilisation de l'intelligence artificielle dans le secteur de l'assurance reposent sur la combinaison synergique de l'apprentissage automatique (*Machine Learning*, ML), de l'analyse des mégadonnées (*Big Data Analytics*) et de l'exploration de données (*Data Mining*). Ces technologies transforment les méthodes traditionnelles d'évaluation des risques en substituant aux modèles heuristiques ou fondés sur l'expertise des algorithmes statistiquement robustes, capables de traiter en temps réel de très grands volumes de données hétérogènes.

Le fondement théorique de l'application de l'intelligence artificielle à l'assurance repose sur des approches probabilistes visant à modéliser l'incertitude et les risques à partir de connaissances *a priori* et *a posteriori* relatives au comportement des objets assurés. Les principaux outils mathématiques mobilisés comprennent les réseaux bayésiens, qui permettent de modéliser les relations de causalité entre les variables de risque, ainsi que les réseaux de neurones, en particulier les architectures d'apprentissage profond (*Deep Learning*), utilisées pour identifier des relations non linéaires cachées dans les données historiques. Les arbres de décision et les méthodes d'ensemble (*ensemble methods*), telles que les forêts aléatoires (*Random Forest*), le gradient boosting ou XGBoost, se révèlent particulièrement efficaces pour les tâches de classification et de régression appliquées à la prévision de la probabilité de survenance des sinistres, de leur coût ainsi que du comportement des assurés.

Le recours à chacune de ces approches dépend de la nature du produit d'assurance, de la structure des risques et des données disponibles. Le tableau 2.5 présente les principales méthodes d'intelligence artificielle ainsi que leur champ d'application aux différentes activités du secteur de l'assurance. Du point de vue de la gestion des risques, l'intelligence artificielle permet de passer d'une approche réactive à une approche proactive, dans laquelle la prévision et la prévention reposent sur des informations objectives et quantitativement mesurables. Elle rend également possible le développement de modèles adaptatifs de souscription (*underwriting*) et de tarification dynamique, capables de s'ajuster aux évolutions des comportements des assurés et des facteurs contextuels.

Les méthodes de traitement automatique du langage naturel (*Natural Language Processing*, NLP) apportent également une contribution essentielle à l'analyse des informations textuelles, telles que les descriptions de sinistres, les rapports d'expertise ou les avis des clients. Elles permettent d'élargir considérablement le champ des données exploitables tout en améliorant la précision des analyses. Enfin, grâce aux technologies d'ingénierie automatisée des caractéristiques (*Feature Engineering*) et aux plateformes d'apprentissage automatique automatisé (*AutoML*), les solutions d'intelligence artificielle deviennent accessibles même aux organisations qui disposent d'un nombre limité de spécialistes en science des données (*data science*).

Tableau 2.5. Application des méthodes d'intelligence artificielle dans le secteur de l'assurance[32]

Méthode d'intelligence artificielle	Applications dans le secteur de l'assurance	Principaux avantages
Réseaux bayésiens[33]	Modélisation de la probabilité de survenance des sinistres	Prise en compte des relations de causalité, interprétabilité des résultats
Arbres de décision[34]	Classification des sinistres	Simplicité de visualisation, grande précision sur les données structurées

[32] Élaboré par l'auteur.

[33] Aquaro V., Bardoscia M., Caccioli F. A Copula-based Bayesian Networks approach to risk interdependence in the banking system // *arXiv preprint*. 2009. URL : https://arxiv.org/abs/0906.3968 (consulté le 18 avril 2025).

[34] Fauzan R., Murfi H. The accuracy of XGBoost for insurance claim prediction // Universitas Indonesia – Research Portal. 2018. URL : https://scholar.ui.ac.id/en/publications/the-accuracy-of-xgboost-for insurance-claim-prediction (consulté le 18 avril 2025).

Forêts aléatoires (*Random Forest*)	Évaluation du risque de fraude, prévision de la sinistralité	Robustesse face au surapprentissage, traitement de données hétérogènes
Gradient boosting (XGBoost)[35]	Prévision des sinistres et segmentation de la clientèle	Très grande précision, bonne performance sur des jeux de données déséquilibrés
Réseaux de neurones profonds (*Deep Learning*)	Analyse d'images (évaluation des dommages), traitement de textes (déclarations de sinistre)	Traitement efficace des données non structurées (textes, images)
Méthodes de classification non supervisée (*k-means*, DBSCAN)[36]	Segmentation de la clientèle, détection des comportements atypiques	Identification de structures et de profils sans données préalablement étiquetées

Ainsi, l'application théorique de l'intelligence artificielle au secteur de l'assurance marque l'évolution des pratiques actuarielles traditionnelles vers des systèmes de gestion des risques plus souples, adaptatifs et auto-apprenants, capables de prendre en compte à la fois la dynamique de l'environnement extérieur et les caractéristiques propres à chaque sinistre (tableau 2.6).

Fondés sur l'exploitation de vastes ensembles de données historiques, transactionnelles et comportementales, les systèmes d'intelligence artificielle constituent aujourd'hui un outil majeur de transformation de l'analyse actuarielle. Ils favorisent une

[35] So M.K.P. Comparing CatBoost, LightGBM and XGBoost for insurance claim frequency modelling using telematics data // *arXiv preprint.* 2023. URL : https://arxiv.org/abs/2307.07771 (consulté le 18 avril 2025).

[36] Bahiraie A., Nasiri M. Application of clustering algorithms in segmentation of life insurance clients // International Journal of Nonlinear Analysis and Applications. 2021. vol. 12, n° 1, p. 1031-1040. URL : https://ijnaa.semnan.ac.ir/article_5397.html (consulté le 18 avril 2025).

approche plus précise, plus dynamique et davantage personnalisée de l'évaluation de la probabilité de survenance des sinistres. Ces systèmes mettent en œuvre des méthodes d'analyse de séries chronologiques multidimensionnelles entraînées sur des milliers, voire des millions, d'historiques de sinistres, de transactions, de réclamations, de données télématiques, d'informations météorologiques, d'indicateurs médicaux ainsi que d'autres facteurs externes de risque. Ils permettent ainsi de développer des modèles prédictifs adaptatifs capables de prendre en compte non seulement les tendances générales observées dans les données, mais également les caractéristiques propres à chaque assuré, bien assuré ou situation particulière.

Tableau 2.6. Avantages théoriques de l'intégration de l'intelligence artificielle dans l'analyse des activités d'assurance[37]

Aspect théorique	Intérêt pratique pour le secteur de l'assurance
Analyse prédictive	Amélioration de la précision de l'évaluation des risques et de la probabilité de survenance des sinistres
Modèles d'apprentissage en ligne (*online learning*)	Actualisation des modèles en temps réel
Traitement des données non structurées	Élargissement du volume et de la diversité des données exploitées
Automatisation de la prise de décision	Réduction de l'influence du facteur humain et accélération des processus décisionnels
Interprétabilité des modèles	Renforcement de la confiance des clients et des autorités de régulation

[37] Élaboré par l'auteur.

Les principales méthodes d'analyse prédictive reposent sur les algorithmes de gradient boosting (notamment XGBoost, LightGBM et CatBoost) ainsi que sur les réseaux de neurones récurrents (*Recurrent Neural Networks*, RNN), y compris leurs principales variantes, les réseaux LSTM (*Long Short-Term Memory*) et GRU (*Gated Recurrent Unit*) (tableau 2.7). Les algorithmes de gradient boosting offrent une très grande précision pour le traitement de données structurées et sont largement utilisés pour prédire la probabilité de sinistres, calculer la sinistralité d'un contrat d'assurance, analyser l'attrition de la clientèle et évaluer le coût du risque. Les réseaux de neurones récurrents, quant à eux, sont particulièrement performants pour le traitement de données présentant une dépendance temporelle, ce qui les rend particulièrement adaptés à l'assurance automobile (à partir des données télématiques), à l'assurance maladie (prise en compte de l'évolution de l'état de santé), ainsi qu'à la prévision des risques naturels saisonniers, tels que les inondations ou les incendies.

L'intelligence artificielle permet aux entreprises d'assurance non seulement de prédire la probabilité de survenance des événements assurés, mais également de piloter de manière dynamique leur portefeuille d'assurance, en adaptant leurs stratégies de souscription (underwriting), leurs calculs actuariels et leur politique de réassurance. Elle contribue ainsi à réduire l'incertitude, à optimiser l'allocation du capital et à renforcer la résilience des entreprises d'assurance. Les principaux avantages des modèles prédictifs fondés sur l'intelligence artificielle pour la gestion des risques d'assurance sont présentés dans le tableau 2.7.

Tableau 2.7. Application des modèles prédictifs fondés sur l'intelligence artificielle dans la pratique de l'assurance [38]

Méthode d'intelligence artificielle	Type de données	Exemples d'application	Caractéristiques
Gradient boosting (XGBoost, CatBoost)	Données tabulaires structurées	Évaluation de la probabilité de sinistres, souscription (*underwriting*), segmentation de la clientèle	Grande précision, robustesse face au bruit, prise en compte des données manquantes
LSTM (*Long Short-Term Memory*)	Séries chronologiques, données télématiques	Prévision des accidents à partir des données télématiques, prévision des risques saisonniers	Prise en compte des dépendances à long terme, traitement des données séquentielles
GRU (*Gated Recurrent Unit*)	Données médicales, données issues de capteurs	Suivi de l'état de santé dans le cadre de l'assurance maladie	Efficacité élevée avec des ressources de calcul limitées
Plateformes d'AutoML (H2O.ai, Google AutoML)	Jeux de données combinés	Génération rapide de modèles prédictifs d'évaluation des risques	Ne nécessitent pas de connaissances approfondies en apprentissage automatique, prototypage rapide

D'un point de vue théorique, l'automatisation des processus d'assurance fondée sur l'intelligence artificielle repose sur le concept d'informatique cognitive (*cognitive computing*), selon lequel les systèmes intelligents ne se limitent pas au traitement de l'information : ils sont également capables d'apprendre,

[38] Élaboré par l'auteur.

d'interpréter leur contexte, de formuler des hypothèses et de prendre des décisions en reproduisant certaines fonctions cognitives humaines. Ces systèmes s'appuient sur un ensemble de technologies associant l'apprentissage automatique (*Machine Learning*), le raisonnement logique, le traitement automatique du langage naturel (*Natural Language Processing*, NLP), la vision par ordinateur et les systèmes d'aide à la décision. Les technologies cognitives dépassent ainsi les limites des systèmes experts traditionnels en permettant le développement de modèles adaptatifs et auto-apprenants, dont les performances s'améliorent au fur et à mesure de l'accumulation des données.

L'une des applications les plus importantes de ces technologies dans le secteur de l'assurance concerne la souscription (*underwriting*), où les systèmes intelligents réalisent une évaluation automatisée des risques lors de la conclusion des contrats d'assurance. Les algorithmes mobilisés — arbres de décision, régression logistique, gradient boosting ainsi que méthodes de classification non supervisée (notamment *k*-means et DBSCAN) — permettent d'analyser un grand nombre de caractéristiques des assurés (âge, profession, antécédents médicaux, données comportementales, etc.) afin d'établir des profils probabilistes de risque. Cette approche réduit la dépendance à l'égard de l'appréciation subjective des souscripteurs, limite les erreurs et contribue à la standardisation des procédures de souscription.

Lors de l'émission des polices d'assurance et dans les interactions avec les clients, l'intelligence artificielle accélère le traitement des demandes grâce à l'intégration de technologies de traitement automatique du langage naturel (*Natural Language Processing*, NLP), de traduction automatique ainsi que de robotisation des processus (*Robotic Process Automation*, RPA).

Tableau 2.8. Avantages des modèles prédictifs fondés sur l'intelligence artificielle pour la gestion des risques d'assurance[39]

Critère d'évaluation	Avantages de l'utilisation de l'intelligence artificielle
Précision des prévisions	Amélioration de la précision grâce à l'apprentissage sur de vastes ensembles de données
Individualisation des évaluations	Prise en compte des facteurs comportementaux et contextuels propres à chaque assuré
Capacité d'adaptation des modèles	Actualisation automatique des prévisions à mesure que de nouvelles données deviennent disponibles
Réduction du niveau d'incertitude	Prise de décision plus fiable dans un contexte de risque
Stabilité du portefeuille d'assurance	Équilibrage en temps réel des sinistres et des primes d'assurance

Cette intégration permet d'interpréter automatiquement les demandes des clients, d'identifier les principales clauses du contrat et de décider instantanément de l'émission de la police d'assurance ou de la nécessité d'un contrôle complémentaire. Par ailleurs, les agents cognitifs, sous la forme d'agents conversationnels (*chatbots*) ou d'assistants vocaux, assurent un service d'assistance disponible en permanence, vingt-quatre heures sur vingt-quatre et sept jours sur sept, tout en réduisant la charge de travail des centres de relation client.

[39] Élaboré par l'auteur.

Tableau 2.9. Application de l'intelligence artificielle à l'automatisation des principaux processus d'assurance[40]

Processus d'assurance	Technologies d'intelligence artificielle mobilisées	Fonctionnalités	Fondement théorique
Souscription (*underwriting*)	Classification, classification non supervisée (*clustering*), gradient boosting	Évaluation automatisée des risques, segmentation de la clientèle	Théorie des probabilités, apprentissage supervisé (*supervised learning*)
Émission des polices d'assurance	Traitement automatique du langage naturel (NLP), robotisation des processus (*RPA*), AutoML	Traitement des demandes, vérification des conditions contractuelles, génération de propositions personnalisées	Informatique cognitive (*cognitive computing*), intelligence des processus (*process intelligence*)
Relation client	Agents conversationnels (*chatbots*), assistants vocaux, traitement automatique du langage naturel (NLP)	Réponse aux demandes des clients, accompagnement des assurés, gestion des contrats	Traitement automatique du langage naturel
Contrôle de conformité	Systèmes à base de règles, moteurs d'inférence automatisés	Vérification du respect des exigences réglementaires et des normes	Logique formelle et raisonnement déductif

[40] Élaboré par l'auteur.

Les systèmes cognitifs fondés sur l'intelligence artificielle s'intègrent désormais à l'architecture des systèmes d'assurance en tant que composante stratégique de leur transformation numérique. Ils contribuent à l'automatisation des opérations de routine, à la réduction des risques, au renforcement de la transparence ainsi qu'à la consolidation de la confiance des assurés. Les principaux avantages des systèmes cognitifs d'intelligence artificielle dans le secteur de l'assurance sont présentés dans le tableau 2.10. Dès lors, l'automatisation fondée sur l'intelligence artificielle ne constitue pas un simple progrès technologique : elle traduit une refonte en profondeur des processus de gestion des activités d'assurance.

Tableau 2.10. Avantages des systèmes cognitifs d'intelligence artificielle dans le secteur de l'assurance[41]

Critère d'efficacité	Impact de l'intégration des technologies cognitives
Rapidité de traitement des demandes	Réduction du délai de prise de décision, de plusieurs heures à quelques minutes
Précision de l'évaluation des risques	Amélioration grâce à l'exploitation de données historiques et comportementales
Capacité de montée en charge	Prise en charge de milliers de clients sans augmentation des effectifs
Capacité d'adaptation	Actualisation des modèles par apprentissage à partir de nouvelles données, sans intervention humaine
Réduction des coûts opérationnels	Automatisation des tâches répétitives et diminution de la charge de travail du personnel
Amélioration de l'expérience client	Interactions rapides, personnalisées et disponibles vingt-quatre heures sur vingt-quatre

[41] Élaboré par l'auteur.

L'intégration des technologies d'intelligence artificielle dans le système de gestion des risques et les processus d'assurance présente un potentiel considérable pour améliorer l'efficacité, la capacité d'adaptation et la résilience des activités d'assurance. Elle permet de passer de modèles réactifs à des approches proactives de la gestion des risques, en assurant une identification, une classification et une prévision plus précises des sinistres. L'utilisation d'algorithmes d'apprentissage automatique, de l'analyse prédictive et de systèmes intelligents d'aide à la décision contribue à réduire l'incertitude et à optimiser les stratégies de gestion des risques.

En outre, l'intégration de l'intelligence artificielle aux principales étapes des processus d'assurance — depuis la souscription et l'évaluation des primes jusqu'au règlement des sinistres — contribue à la réduction des coûts de transaction, à l'accélération du traitement des demandes d'indemnisation et à l'amélioration de la qualité du service rendu aux assurés. Cette évolution revêt une importance particulière dans un contexte marqué par la complexité croissante et l'augmentation de l'échelle des opérations d'assurance, qui exigent un degré élevé d'automatisation ainsi qu'une grande souplesse analytique.

Ainsi, l'application de l'intelligence artificielle à la gestion des risques et aux processus d'assurance ne se limite pas à transformer les modèles économiques traditionnels ; elle fait également émerger de nouvelles approches visant à renforcer la solidité financière des organismes d'assurance. Dans le contexte de l'économie numérique, ces technologies deviennent un élément essentiel de l'avantage concurrentiel et constituent le fondement d'une infrastructure d'assurance orientée vers l'innovation.

L'application de l'intelligence artificielle à la gestion des risques et aux processus d'assurance représente une évolution qualitative des modèles traditionnels vers des systèmes adaptatifs et auto-apprenants, capables de fonctionner dans un environnement caractérisé par une forte incertitude et par des informations complexes et multidimensionnelles. Les outils d'intelligence artificielle — des réseaux bayésiens et des réseaux de neurones aux algorithmes de *gradient boosting* et aux plateformes cognitives — assurent une évaluation précise des risques, l'automatisation de la souscription (*underwriting*), la personnalisation de la tarification, la prévision des sinistres ainsi que la gestion en temps réel des portefeuilles d'assurance. Grâce à l'exploitation de vastes ensembles de données structurées et non structurées, les systèmes intelligents améliorent l'identification, la classification et l'interprétation des risques, permettant ainsi la mise en œuvre d'un modèle de gestion des risques plus robuste et davantage orienté vers l'anticipation. L'automatisation des processus fondée sur l'intelligence artificielle, notamment au moyen du traitement automatique du langage naturel (*Natural Language Processing*, NLP), de l'apprentissage automatique automatisé (*AutoML*) et de la robotisation des processus (*Robotic Process Automation*, RPA), permet de réduire sensiblement les coûts de transaction, d'accélérer la prise de décision et d'améliorer l'expérience client, tout en diminuant la charge de travail du personnel et en renforçant la transparence des opérations. Ainsi, l'intégration de l'intelligence artificielle dans les activités d'assurance contribue à l'émergence d'un modèle économique innovant, flexible et résilient, capable de s'adapter efficacement aux évolutions de l'économie numérique et aux exigences des consommateurs.

§ 2.3. Les enjeux éthiques et juridiques de l'application de l'intelligence artificielle dans le secteur de l'assurance

L'intégration des technologies d'intelligence artificielle dans le secteur de l'assurance offre des avantages considérables, notamment une amélioration de l'efficacité opérationnelle, de la qualité du service aux assurés et de l'optimisation des processus de gestion des risques. Toutefois, leur mise en œuvre soulève également d'importants enjeux éthiques et juridiques qui requièrent une attention particulière, non seulement de la part des compagnies d'assurance, mais aussi des autorités de régulation et de la société dans son ensemble. Dans ce contexte, plusieurs questions fondamentales méritent une attention particulière, notamment les risques de discrimination dans l'évaluation des risques, la protection des données à caractère personnel des assurés, les problèmes liés à la transparence des algorithmes, ainsi que la nécessité d'élaborer des normes éthiques et un cadre juridique adaptés. Les principales questions éthiques soulevées par l'application de l'intelligence artificielle dans le secteur de l'assurance sont présentées à la figure 2.1.

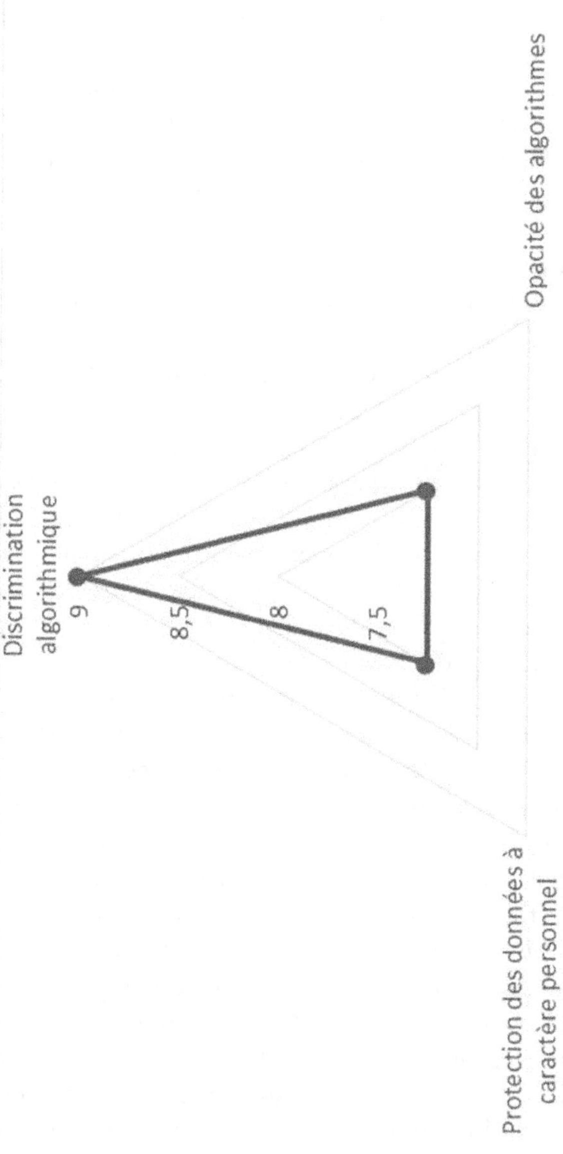

Figure 2.1. Principaux enjeux éthiques liés à l'application de l'intelligence artificielle dans le secteur de l'assurance[42]

[42] Élaboré par l'auteur.

Le recours à des décisions algorithmiques, en particulier dans des domaines aussi sensibles que la souscription des contrats d'assurance, la tarification ou le refus d'indemnisation, touche directement aux droits, à la dignité et à la situation sociale des individus. Il convient dès lors d'examiner les principales théories éthiques pertinentes dans le contexte de l'application de l'intelligence artificielle au secteur de l'assurance.

L'un des principaux enjeux éthiques liés à l'utilisation de l'intelligence artificielle dans le secteur de l'assurance réside dans le risque de discrimination. Les algorithmes d'intelligence artificielle s'appuient souvent, pour la prise de décision, sur de vastes ensembles de données comprenant des informations démographiques, sociales et comportementales, ce qui peut conduire à des biais décisionnels non intentionnels. Ainsi, lorsque ces algorithmes sont entraînés sur des données historiques reflétant déjà des biais sociaux ou économiques, ils peuvent, sans le vouloir, les reproduire, voire les amplifier, entraînant une répartition inéquitable des primes d'assurance ou un refus injustifié de couverture.

Par exemple, l'utilisation de données relatives au lieu de résidence peut conduire à une augmentation des primes d'assurance pour les habitants de certains quartiers ou territoires, alors même qu'ils ne présentent pas un niveau de risque plus élevé. Une telle pratique est susceptible de renforcer les inégalités sociales et se trouve ainsi en contradiction avec les principes éthiques fondamentaux de justice et d'égalité[43].

La résolution de ce problème suppose la mise au point d'algorithmes faisant l'objet de contrôles rigoureux afin de détecter d'éventuels biais ou effets discriminatoires. Une étape essentielle consiste à garantir la transparence des algorithmes ainsi que la possibilité d'en contrôler le fonctionnement, afin d'exclure tout biais non intentionnel et d'assurer un traitement équitable de l'ensemble des assurés.

---

[43] O'Neil, C. (2016). Weapons of math destruction: How big data increases inequality and threatens democracy. Crown Publishing.

Le recours croissant à l'intelligence artificielle dans le secteur de l'assurance soulève également la question de la protection des données à caractère personnel. Les algorithmes d'intelligence artificielle nécessitent le traitement de volumes considérables de données, notamment de données personnelles et de données sensibles concernant les assurés, telles que les informations médicales, la situation financière ou d'autres éléments susceptibles de faire l'objet d'une utilisation abusive ou d'une fuite de données.

Conformément au Règlement général sur la protection des données (RGPD) de l'Union européenne, les compagnies d'assurance sont tenues d'assurer un niveau élevé de protection des données à caractère personnel, tout en respectant les principes du « droit à l'effacement » — souvent désigné comme le « droit à l'oubli » — ainsi que de transparence dans le traitement des données[44]. Aux États-Unis, des exigences comparables sont prévues par le *California Consumer Privacy Act* (CCPA), qui impose également aux entreprises des obligations de transparence dans le traitement des données ainsi que de protection de la vie privée des consommateurs.

Pour les pays dont les marchés sont en développement, tels que l'Ouzbékistan, il est essentiel de poursuivre l'élaboration d'un cadre juridique en matière de protection des données conforme aux standards internationaux. L'adoption de telles dispositions contribuerait à garantir les droits des consommateurs et à renforcer la confiance envers les compagnies d'assurance.

L'un des problèmes les plus importants tient également au manque de transparence des algorithmes d'intelligence artificielle. Les modèles contemporains d'intelligence artificielle, notamment ceux fondés sur l'apprentissage profond (*deep learning*) et les réseaux de neurones, fonctionnent souvent

---

[44] European Commission. (2021). Proposal for a regulation laying down harmonized rules on artificial intelligence (Artificial Intelligence Act). https://ec.europa.eu/info/business-economy-euro/banking-and-finance/financial-markets/financial-services-consumer-protection_en

comme des « boîtes noires », dont il est difficile de comprendre le mode de fonctionnement ainsi que les données sur lesquelles reposent leurs décisions. Cette opacité est susceptible de porter atteinte au droit des consommateurs à un traitement équitable et rend particulièrement difficile, voire pratiquement impossible, la contestation des décisions prises par l'intelligence artificielle. Les algorithmes utilisés pour déterminer les primes d'assurance ou rejeter des demandes d'indemnisation peuvent être difficiles à comprendre, tant pour les assurés que pour les autorités de régulation. Il en résulte des difficultés juridiques importantes, puisqu'il devient impossible de démontrer que les décisions ont été prises sur la base de critères objectifs, équitables et vérifiables.[45]

Pour remédier à cette difficulté, il est essentiel de développer des algorithmes capables de fournir une explication de leurs décisions. À cet égard, l'Union européenne a déjà introduit une exigence d'« explicabilité des décisions », qui impose que toute décision prise par un système d'intelligence artificielle puisse faire l'objet d'une explication intelligible et suffisamment motivée.

L'élaboration de normes éthiques et de règles juridiques claires encadrant l'utilisation de l'intelligence artificielle dans le secteur de l'assurance constitue une nécessité majeure, dans la mesure où de nombreuses compagnies d'assurance et de nombreux États sont confrontés aux difficultés résultant du manque de transparence et des risques de dérives éthiques liés à l'utilisation de ces technologies. Le recours à l'intelligence artificielle dans le secteur de l'assurance soulève inévitablement des questions relatives à l'équité, à la protection des données ainsi qu'au respect des droits des consommateurs, ce qui exige l'adoption de normes et de standards clairement définis, cohérents et suffisamment complets.

---

[45] Burrell, J. (2016). How the machine 'thinks': Understanding opacity in machine learning algorithms. Big Data & Society, 3(1), 1-12. https://doi.org/10.1177/2053951715622512

Les principes fondamentaux devant constituer le socle de ce cadre normatif sont l'équité, l'explicabilité des décisions, la protection des données et le respect des droits des consommateurs. Le principe d'équité implique l'absence de biais dans les algorithmes, condition indispensable pour garantir l'égalité de traitement de l'ensemble des assurés, indépendamment de leur situation sociale, de leur âge, de leur sexe, de leur origine ou de toute autre caractéristique susceptible d'être prise en compte dans le processus d'évaluation des risques. L'équité algorithmique exige, par conséquent, que les décisions prises par les systèmes d'intelligence artificielle reposent sur des données neutres ne conduisant à aucune forme de discrimination.

Le principe d'explicabilité signifie que les assurés comme les autorités de régulation doivent être en mesure de comprendre sur quels facteurs et quelles données repose une décision donnée. Cette exigence est essentielle pour maintenir la confiance des consommateurs et garantir que les décisions algorithmiques soient suffisamment transparentes pour pouvoir être contestées lorsqu'un doute existe quant à leur bien-fondé. Ce principe revêt une importance particulière dans le secteur de l'assurance, où les décisions prises peuvent avoir des conséquences significatives sur la situation financière des assurés. L'explicabilité des décisions contribue non seulement à renforcer la confiance des consommateurs, mais aussi à rendre le processus décisionnel lui-même plus transparent pour l'ensemble des parties prenantes.

L'un des volets essentiels de l'élaboration de normes éthiques réside dans la garantie de la sécurité des données. Dans la mesure où les entreprises d'assurance traitent d'importants volumes de données personnelles, y compris des informations sensibles telles que les données médicales, les antécédents de sinistres ou encore la situation financière des assurés, la protection de ces informations constitue une priorité absolue. Les principes de sécurité des données impliquent la mise en œuvre de méthodes de chiffrement robustes, de mécanismes de protection contre les accès non autorisés ainsi que le respect des normes internationales en matière de confidentialité et de protection des données. Une telle approche permet non seulement de préserver les intérêts des assurés, mais également de réduire les risques de violation ou de fuite de données, susceptibles d'entraîner d'importantes conséquences juridiques et réputationnelles pour les entreprises d'assurance.

En outre, le cadre juridique doit garantir le respect des droits des consommateurs dans un contexte de recours à l'intelligence artificielle. Cela implique non seulement la protection de leurs données à caractère personnel, mais également la possibilité de contester les décisions prises sur le fondement de systèmes d'intelligence artificielle, ainsi que le droit d'accéder aux informations relatives aux modalités selon lesquelles leurs données ont été utilisées et aux motifs ayant fondé ces décisions. Le consommateur doit pouvoir intervenir dans le processus décisionnel lorsqu'il estime que l'algorithme a produit une décision biaisée ou erronée.

Les organisations internationales, telles que l'Organisation de coopération et de développement économiques (OCDE) et l'Union européenne (UE), élaborent activement des recommandations relatives à l'utilisation éthique de l'intelligence artificielle. Ainsi, dans ses Principes sur l'intelligence artificielle publiés en 2019, l'OCDE souligne la nécessité de garantir la transparence et la responsabilité des algorithmes, de mettre en place des mécanismes indépendants d'audit et de certification des systèmes d'intelligence artificielle, ainsi que de définir un régime de responsabilité pour les erreurs susceptibles de résulter de l'utilisation de ces technologies[46].

De son côté, l'Union européenne a proposé le règlement sur l'intelligence artificielle (*AI Act*), qui prévoit un ensemble de mesures concrètes destinées à protéger les droits des utilisateurs et à promouvoir une utilisation éthique de l'intelligence

---

46 OECD. (2019). OECD Principles on Artificial Intelligence. https://www.oecd.org/going-digital/ai/principles/

artificielle dans différents secteurs d'activité, notamment celui de l'assurance[47]. Ce règlement prévoit des obligations en matière de transparence et d'explicabilité des algorithmes, directement liées à la nécessité d'élaborer un cadre juridique permettant de contrôler l'utilisation de l'intelligence artificielle par les compagnies d'assurance.

L'un des principaux éléments sur lesquels insistent les organisations internationales réside dans la mise en place de mécanismes indépendants destinés à assurer le contrôle régulier et la certification des algorithmes d'intelligence artificielle. L'audit et la certification des algorithmes contribuent à garantir que les décisions prises par les systèmes d'intelligence artificielle respectent les normes éthiques et juridiques établies et ne comportent pas de biais dissimulés. Cette approche vise à renforcer la confiance des consommateurs ainsi qu'à améliorer la responsabilité sociale et juridique des acteurs concernés.

Il importe également que les autorités de régulation définissent des règles claires et des mécanismes de responsabilité applicables lorsque des erreurs algorithmiques causent un préjudice aux assurés. Ces mécanismes peuvent inclure aussi bien des sanctions financières à l'encontre des entreprises que la possibilité, pour les consommateurs, d'engager une action en justice. Ils doivent garantir que les technologies d'intelligence artificielle ne soient pas utilisées au détriment des intérêts des assurés et, plus largement, de la société.

L'élaboration de normes éthiques et de règles juridiques claires encadrant l'utilisation de l'intelligence artificielle dans le secteur de l'assurance constitue non seulement une condition indispensable au renforcement de la confiance envers ces technologies, mais aussi une étape essentielle pour garantir l'équité, la sécurité et la transparence des activités d'assurance.

---

[47] European Commission. (2021). Proposal for a regulation laying down harmonized rules on artificial intelligence (Artificial Intelligence Act). https://ec.europa.eu/info/business-economy-euro/banking-and-finance/financial-markets/financial-services-consumer-protection_en

Les principes d'équité, d'explicabilité, de protection des données et de respect des droits des consommateurs doivent former le socle de la conception et de l'utilisation de l'intelligence artificielle dans ce secteur. L'expérience internationale ainsi que les recommandations d'organisations telles que l'OCDE et l'Union européenne peuvent, à cet égard, servir de référence solide aux pays qui commencent à élaborer un cadre juridique destiné à réglementer l'utilisation de l'intelligence artificielle dans le secteur de l'assurance.

L'application de l'expérience internationale en matière de régulation de l'intelligence artificielle dans les pays émergents, tels que l'Ouzbékistan, constitue un élément essentiel de la construction d'une économie numérique durable et éthique. Dans un contexte de transformation numérique accélérée et de déploiement des technologies de l'information dans l'ensemble des secteurs de l'économie, y compris celui de l'assurance, il est indispensable de mettre en place un cadre juridique et réglementaire adapté, garantissant la protection des intérêts de l'ensemble des parties prenantes, qu'il s'agisse des entreprises, des pouvoirs publics ou des consommateurs. Dans cette perspective, le recours à l'expérience internationale et aux standards les plus avancés en matière de régulation de l'intelligence artificielle revêt une importance particulière. Il permet non seulement d'accélérer le développement du cadre normatif national, mais aussi d'éviter nombre des erreurs commises par les pays dotés de marchés plus matures lors du déploiement des technologies d'intelligence artificielle.

L'Union européenne (UE) figure parmi les principaux acteurs mondiaux en matière d'élaboration d'un cadre juridique régissant l'intelligence artificielle. Le règlement sur l'intelligence artificielle (*AI Act*), adopté en 2024, constitue le premier instrument juridique au monde établissant un cadre global de régulation de l'intelligence artificielle dans différents secteurs, notamment l'assurance, la santé et les services financiers. Il met l'accent sur la nécessité d'un encadrement rigoureux de l'utilisation de l'intelligence artificielle, en particulier dans les domaines impliquant le traitement de données à caractère personnel et la gestion des risques financiers. Le règlement distingue plusieurs catégories de systèmes d'intelligence artificielle selon leur niveau de risque et impose, pour les systèmes à haut risque, des exigences strictes en matière de sécurité, de transparence et de gouvernance.[48]

Le règlement européen sur l'intelligence artificielle (*AI Act*) accorde une attention particulière à la protection des données à caractère personnel et aux droits des consommateurs. Il impose également aux entreprises recourant à l'intelligence artificielle le respect d'exigences relatives à la transparence et à l'explicabilité des décisions prises par les algorithmes. Il convient de souligner qu'un tel cadre réglementaire ne se limite pas à instaurer des mécanismes destinés à garantir la sécurité et l'utilisation éthique de l'intelligence artificielle ; il contribue également à renforcer la confiance des utilisateurs, laquelle constitue un facteur déterminant pour le déploiement de ces technologies dans des secteurs aussi sensibles que celui de l'assurance.

Toutefois, pour des pays dont les marchés sont en développement, tels que l'Ouzbékistan, l'application des normes et standards internationaux exige une approche spécifique tenant compte des réalités juridiques et économiques nationales. L'Ouzbékistan, dont le marché numérique connaît une croissance rapide, est confronté à plusieurs défis, parmi lesquels l'insuffisance du cadre juridique applicable aux technologies d'intelligence artificielle, le manque de spécialistes qualifiés dans le domaine des technologies numériques, ainsi que l'absence d'un écosystème informationnel et technologique pleinement développé, capable de soutenir efficacement l'innovation dans ce secteur. Dans ce contexte, l'intégration des normes et standards internationaux peut jouer un rôle important. Toutefois, il ne s'agit pas de transposer

[48] European Commission. (2021). *Proposal for a regulation laying down harmonized rules on artificial intelligence (Artificial Intelligence Act).* https://ec.europa.eu/info/business-economy-euro/banking-and-finance/financial-markets/financial-services-consumer-protection_en

mécaniquement des modèles occidentaux, mais de les adapter aux spécificités du pays et aux besoins actuels de son marché.

En particulier, lors de l'introduction des standards internationaux dans le domaine de la régulation de l'intelligence artificielle en Ouzbékistan, il convient de prendre en considération les aspects suivants :

Les spécificités du cadre juridique et de la législation nationale. L'Ouzbékistan a déjà engagé plusieurs initiatives dans le domaine de la réglementation des technologies numériques et de la protection des données. L'adoption de la loi sur l'information en 2019 ainsi que la création d'une agence chargée des technologies de l'information et des communications témoignent de la volonté des pouvoirs publics d'encadrer le développement des technologies numériques. Toutefois, afin de permettre une intégration effective de l'intelligence artificielle dans des secteurs tels que l'assurance, il demeure nécessaire d'adopter des dispositions législatives complémentaires prenant en compte les exigences spécifiques relatives au traitement, à la protection et à l'utilisation des données par les algorithmes. Il convient également de développer des mécanismes de protection des consommateurs leur permettant de contester les décisions prises par les systèmes d'intelligence artificielle.

Les caractéristiques économiques et le marché du travail. À l'instar de nombreux pays en développement, l'Ouzbékistan devra relever les défis liés à l'introduction des nouvelles technologies, notamment les risques de disparition de certains emplois dans les secteurs traditionnels ainsi que la nécessité de former et de reconvertir les travailleurs. Dans ce contexte, la régulation de l'intelligence artificielle doit intégrer les impératifs de stabilité sociale, ce qui suppose l'élaboration de programmes complets de formation et de reconversion des spécialistes des technologies de l'information et du numérique. Il importe également d'associer les petites et moyennes entreprises au processus de transformation numérique en leur facilitant l'accès à des solutions fondées sur l'intelligence artificielle susceptibles d'optimiser leurs processus d'activité.

Les aspects infrastructurels et technologiques. Au cours des dernières années, l'Ouzbékistan a considérablement développé ses infrastructures numériques, notamment en élargissant l'accès à Internet et en améliorant la qualité des réseaux de communication. Néanmoins, afin de permettre une mise en œuvre efficace de l'intelligence artificielle dans des secteurs tels que l'assurance, il demeure indispensable de développer des plateformes spécialisées destinées au traitement des mégadonnées (*Big Data*), à la sécurisation des informations et au déploiement des algorithmes d'intelligence artificielle. Les investissements réalisés dans ces infrastructures permettront non seulement de créer les conditions techniques nécessaires, mais également de stimuler le développement du marché national des jeunes entreprises innovantes (*start-up*) et des solutions technologiques.

Ainsi, l'application de l'expérience internationale en matière de régulation de l'intelligence artificielle en Ouzbékistan doit prendre en considération non seulement les avancées mondiales dans le domaine des technologies numériques, mais également les spécificités du contexte national. En tant que pays dont le marché numérique est en pleine expansion, l'Ouzbékistan poursuit actuellement une profonde transformation de son économie, au sein de laquelle le déploiement efficace des technologies d'intelligence artificielle est susceptible de jouer un rôle déterminant. Il importe toutefois que l'adaptation des standards internationaux s'effectue en tenant compte des caractéristiques économiques, sociales et juridiques propres au pays.

La transposition de modèles occidentaux de régulation de l'intelligence artificielle sans prise en considération des réalités locales pourrait s'avérer inefficace, voire engendrer de nouvelles difficultés, telles que l'aggravation des déséquilibres économiques et sociaux, des atteintes aux droits des citoyens ou encore une protection juridique insuffisante. Il est donc essentiel que l'adaptation des standards internationaux en Ouzbékistan repose sur une analyse approfondie de leur applicabilité et sur leur ajustement en fonction de facteurs tels que le niveau de développement des infrastructures nationales, les besoins en formation des spécialistes, les caractéristiques du marché du travail ainsi que les attentes des consommateurs.

En particulier, l'intégration des normes internationales doit être adaptée au contexte juridique et économique de l'Ouzbékistan. Dans le domaine de la régulation de l'intelligence artificielle appliquée à l'assurance, une attention particulière doit être accordée à la protection des données à caractère personnel des assurés, à la transparence des décisions prises par les systèmes d'intelligence artificielle ainsi qu'à l'équité des algorithmes, autant d'éléments essentiels au maintien de la confiance des consommateurs. L'Ouzbékistan devra également mettre en place des mécanismes juridiques appropriés afin de protéger les intérêts des citoyens lorsqu'un préjudice résulte de décisions erronées prises par des systèmes d'intelligence artificielle, ce qui implique l'élaboration de dispositions législatives spécifiques dans le domaine du droit des technologies de l'information.

Par ailleurs, dans le contexte d'une économie en transition et face aux défis croissants de la transformation numérique, il est indispensable que l'Ouzbékistan mette en place des mécanismes de régulation suffisamment souples pour s'adapter rapidement aux évolutions technologiques. Cela suppose notamment l'existence d'un système de suivi et d'évaluation de l'efficacité des applications de l'intelligence artificielle dans différents secteurs, tels que l'assurance, la santé, les services financiers et d'autres domaines stratégiques où ces technologies sont susceptibles d'exercer une influence déterminante sur le développement économique et le bien-être de la population.

L'intégration des standards internationaux dans la législation et les pratiques de régulation de l'intelligence artificielle contribuera également à améliorer l'environnement des affaires, à attirer les investissements étrangers et à stimuler l'innovation. Les entreprises et les jeunes entreprises innovantes (*start-up*) opérant en Ouzbékistan pourront bénéficier des technologies et des solutions développées à l'échelle internationale, ouvrant ainsi de nouvelles perspectives de croissance et de développement sur les marchés mondiaux. Il demeure toutefois essentiel de préserver les principes éthiques et de garantir que l'utilisation de l'intelligence artificielle en Ouzbékistan soit orientée vers l'amélioration de la qualité de vie de la population, le renforcement de la justice sociale et la protection des droits des consommateurs. L'harmonisation des standards internationaux avec les intérêts nationaux permettra à l'Ouzbékistan non seulement d'intégrer efficacement l'intelligence artificielle dans son économie, mais également de prévenir les conséquences négatives susceptibles de résulter de l'utilisation de ces technologies. La mise en œuvre de solutions innovantes dans le respect des principes éthiques et des exigences juridiques constituera ainsi le fondement d'un avenir numérique durable et équitable, favorable tant au développement du pays qu'à l'amélioration du bien-être de ses citoyens.

L'intégration de l'intelligence artificielle dans le secteur de l'assurance ne s'accompagne pas seulement d'avantages technologiques et économiques ; elle soulève également un ensemble de défis éthiques et juridiques dont dépend la réussite durable de la transformation numérique du secteur. Le recours à des algorithmes dans les processus de souscription (*underwriting*), de tarification et de règlement des sinistres soulève des questions fondamentales en matière d'équité, d'explicabilité des décisions et de protection des droits des assurés. La problématique de la discrimination algorithmique est particulièrement sensible, notamment lorsque les modèles reposent sur l'exploitation de données sensibles. Elle impose le développement de systèmes robustes, résistants aux biais, ainsi que la mise en place de mécanismes d'audit et de certification des algorithmes.

Parallèlement aux enjeux éthiques, le rôle du cadre réglementaire devient de plus en plus déterminant. Une attention particulière doit être accordée à la transparence des algorithmes, à la protection des données à caractère personnel ainsi qu'au droit de contester les décisions prises par des systèmes d'intelligence artificielle. Les standards internationaux — tels que le Règlement général sur la protection des données (RGPD), l'AI Act et les recommandations de l'OCDE — proposent des approches efficaces pour l'élaboration d'un cadre juridique et éthique garantissant un juste équilibre entre l'innovation technologique et la protection des droits fondamentaux des personnes.

Pour les pays dont les infrastructures numériques sont encore en développement, comme l'Ouzbékistan, l'adaptation de ces standards internationaux aux réalités nationales constitue une condition essentielle. L'élaboration d'un cadre juridique et réglementaire à la fois souple et évolutif, la création d'autorités indépendantes de contrôle ainsi que le développement des compétences dans le domaine de l'éthique des technologies numériques constituent des étapes indispensables à la mise en place d'un écosystème d'intelligence artificielle responsable et inclusif. Ainsi, l'encadrement éthique et juridique de l'intelligence artificielle dans le secteur de l'assurance ne constitue pas un élément accessoire, mais un pilier de la transformation numérique de la branche, dont dépendent la confiance des assurés, la stabilité du marché et la légitimité des décisions algorithmiques.

Conclusions du deuxième chapitre

1. L'analyse des fondements conceptuels et des principales composantes technologiques de l'intelligence artificielle (IA) appliquée au secteur de l'assurance permet d'affirmer que celle-ci constitue un moteur essentiel de la transformation numérique du secteur, doté d'un fort potentiel de modernisation systémique des processus métier. L'intégration de technologies telles que l'apprentissage automatique, les réseaux de neurones, le traitement automatique du langage naturel et la vision par ordinateur permet non seulement d'optimiser les principales

fonctions de l'assurance — de l'évaluation des risques et de la souscription (*underwriting*) au règlement des sinistres et à la personnalisation des produits —, mais aussi de favoriser la transition vers des modèles proactifs de gestion des risques. L'appréhension théorique de l'intelligence artificielle en tant que phénomène interdisciplinaire, conjuguée aux données empiriques disponibles, confirme sa portée pratique pour l'amélioration de l'efficacité opérationnelle, de l'expérience client et de la résilience du secteur de l'assurance. Dans un contexte marqué par l'accroissement constant des volumes de données et l'évolution des attentes des assurés, l'intelligence artificielle doit être envisagée comme une ressource stratégique au service de l'émergence d'un écosystème assurantiel compétitif, innovant et adaptatif.

2. Le recours à l'intelligence artificielle dans la gestion des risques et les processus assurantiels marque une évolution majeure, faisant passer le secteur de modèles traditionnels à des systèmes adaptatifs et auto-apprenants, capables de fonctionner dans des environnements caractérisés par un degré élevé d'incertitude et par la complexité des données multidimensionnelles. Les outils d'intelligence artificielle — qu'il s'agisse des réseaux bayésiens, des réseaux de neurones, des algorithmes de gradient boosting ou des plateformes cognitives — permettent d'améliorer la précision de l'évaluation des risques, d'automatiser les processus de souscription (*underwriting*), de mettre en œuvre une tarification personnalisée, de prévoir les sinistres et d'assurer une gestion en temps réel des portefeuilles d'assurance. Grâce à l'exploitation de vastes ensembles de données structurées et non structurées, ces systèmes intelligents renforcent les capacités d'identification, de classification et d'interprétation des risques, contribuant ainsi à l'émergence d'un modèle de gestion des risques plus robuste et plus proactif. L'automatisation des processus fondée sur l'intelligence artificielle — notamment au moyen du traitement automatique du langage naturel (NLP), de l'apprentissage automatique automatisé (*AutoML*) et de l'automatisation

robotisée des processus (*Robotic Process Automation*, RPA) — permet de réduire significativement les coûts de transaction, d'accélérer la prise de décision et d'améliorer l'expérience client, tout en allégeant la charge de travail du personnel et en renforçant la transparence des opérations. Ainsi, l'intégration de l'intelligence artificielle dans les activités d'assurance favorise l'émergence d'un modèle économique innovant, agile et résilient, capable de s'adapter efficacement aux évolutions de l'économie numérique et aux attentes des assurés.

3. L'intégration de l'intelligence artificielle dans le secteur de l'assurance ne s'accompagne pas seulement d'avantages technologiques et économiques ; elle soulève également un ensemble de défis éthiques et juridiques dont dépend la pérennité de la transformation numérique du secteur. Le recours à des solutions algorithmiques dans des domaines aussi sensibles que la souscription (*underwriting*), la tarification et le règlement des sinistres met au premier plan les questions de discrimination, de transparence, de protection des données à caractère personnel et de respect des droits des consommateurs. La problématique des biais algorithmiques revêt une importance particulière et appelle le développement de modèles d'intelligence artificielle équitables, soumis à des procédures indépendantes d'audit et garantissant l'explicabilité des décisions. Les instruments internationaux — tels que le Règlement général sur la protection des données (RGPD), l'AI Act et les recommandations de l'OCDE — constituent aujourd'hui le socle de l'encadrement éthique et juridique de l'intelligence artificielle, en assurant un équilibre entre le progrès technologique et la protection des droits fondamentaux des personnes. Pour les pays en développement, dont l'Ouzbékistan, l'enjeu prioritaire ne réside pas dans une transposition mécanique des normes étrangères, mais dans leur adaptation aux réalités juridiques, sociales et infrastructurelles nationales, accompagnée du renforcement du cadre juridique et réglementaire, des institutions de supervision et des compétences professionnelles dans le domaine des technologies

numériques. Les principes éthiques et les garanties juridiques doivent ainsi constituer une composante essentielle de la transformation numérique du secteur de l'assurance, afin de renforcer la confiance de la société, d'assurer la légitimité des décisions algorithmiques et de favoriser un développement durable du marché de l'assurance.

Chapitre III.

État actuel du marché de l'assurance en Ouzbékistan et rôle de l'intelligence artificielle dans la transformation du secteur de l'assurance

§ 3.1. Le rôle de l'intelligence artificielle dans la modernisation du secteur de l'assurance

À l'heure actuelle, le marché de l'assurance de la République d'Ouzbékistan connaît une accélération de sa transformation numérique, portée à la fois par les besoins internes d'amélioration de l'efficacité et par la pression des évolutions technologiques mondiales. L'intégration des technologies d'intelligence artificielle (IA) constitue l'un des principaux moteurs de cette transformation. Celles-ci ne sont plus considérées comme de simples outils d'assistance, mais comme un levier stratégique de modernisation de l'ensemble du secteur de l'assurance. Le recours à l'intelligence artificielle permet d'élargir considérablement les capacités opérationnelles des entreprises d'assurance, notamment grâce à l'automatisation des tâches répétitives, à l'amélioration de la précision de l'évaluation des risques, à l'accélération des processus de souscription (*underwriting*) et à l'optimisation du règlement des sinistres.

Les technologies d'intelligence artificielle favorisent l'émergence de nouveaux modèles d'interaction avec les assurés, fondés sur la personnalisation, l'analyse prédictive et le traitement des mégadonnées en temps réel. Dans le contexte du marché de l'assurance ouzbek, actuellement engagé dans une phase de croissance institutionnelle soutenue et d'intégration progressive aux espaces financiers et technologiques internationaux, le déploiement de l'intelligence artificielle constitue un puissant levier de renforcement de la compétitivité et de la résilience du secteur. L'intelligence artificielle ne contribue pas seulement à l'amélioration de l'efficacité opérationnelle ; elle favorise également la transition d'un modèle d'assurance traditionnel vers un écosystème numérique centré sur les besoins des assurés et adapté aux exigences du marché mondial.

Le recours aux technologies d'intelligence artificielle (IA) dans le secteur de l'assurance en Ouzbékistan exerce une influence profonde et systémique sur la transformation des principaux processus métier, en créant les conditions du passage d'un modèle d'assurance traditionnel à une architecture de gestion plus souple et fondée sur le numérique. Dans un contexte marqué par la mondialisation et le développement rapide de l'économie numérique, l'intelligence artificielle est devenue un élément incontournable de la stratégie d'adaptation des entreprises d'assurance aux nouvelles exigences du marché. Celles-ci tiennent notamment à la nécessité de traiter de vastes volumes de données (*Big Data*), de répondre à l'évolution des comportements des assurés et de faire face à l'intensification de la concurrence exercée par les entreprises de la fintech. Les principales technologies d'intelligence artificielle déployées dans le secteur de l'assurance sont présentées dans le tableau 3.1.

Tableau 3.1. Principales technologies d'intelligence artificielle mises en œuvre dans le secteur de l'assurance

Technologie d'intelligence artificielle	Description	Applications dans le secteur de l'assurance
Apprentissage automatique (*Machine Learning*)	Algorithmes capables d'apprendre à partir de données afin d'effectuer des prévisions ou des classifications.	Évaluation des risques, conception de produits d'assurance personnalisés.
Analyse des mégadonnées (*Big Data Analytics*)	Traitement et analyse de volumes massifs de données afin d'en extraire des informations pertinentes.	Stratification des risques, prévision des besoins des clients, analyse de l'historique des indemnisations.
Réseaux de neurones	Modèles reproduisant certains principes de fonctionnement du cerveau humain afin d'identifier des structures et des relations complexes dans les données.	Prévision de la probabilité de survenance des sinistres, optimisation de la tarification.
Vision par ordinateur	Identification et analyse d'objets dans des images et des séquences vidéo.	Analyse des dommages matériels, vérification des sinistres à partir de photographies.
Traitement automatique du langage naturel (NLP)	Algorithmes permettant d'analyser et d'interpréter les textes et la parole.	Traitement automatisé des demandes, agents conversationnels (*chatbots*) destinés aux interactions avec les clients.

Les technologies d'intelligence artificielle contribuent avant tout à une amélioration radicale des processus d'évaluation et de gestion des risques d'assurance. Les algorithmes modernes d'apprentissage automatique (*Machine Learning*) et d'apprentissage profond (*Deep Learning*) permettent d'analyser de vastes ensembles de données hétérogènes, provenant aussi bien de sources structurées que non structurées, telles que les caractéristiques démographiques des assurés, leurs comportements, l'historique des sinistres, les données géospatiales, ainsi que les indicateurs macroéconomiques, climatiques et épidémiologiques. Cette capacité rend possible une stratification des risques plus précise et multidimensionnelle, permettant aux compagnies d'assurance d'effectuer des calculs actuariels avec un haut degré de fiabilité et en temps réel.

Par ailleurs, le traitement intelligent des données favorise la conception d'offres d'assurance personnalisées tenant compte non seulement des paramètres traditionnels — tels que l'âge, la profession ou l'état de santé —, mais également de facteurs comportementaux et contextuels, notamment le mode de vie, la mobilité, l'activité financière ou encore les facteurs de stress susceptibles d'influencer le risque. Une telle approche permet une tarification plus équitable, renforce la fidélité des assurés et réduit le risque d'erreurs lors de la souscription (*underwriting*). L'expérience montre que l'introduction de systèmes de souscription intelligents dans des marchés de l'assurance en développement, tels que celui de l'Ouzbékistan, permet non seulement de réduire les coûts, mais aussi de diminuer le nombre d'indemnisations injustifiées et d'améliorer sensiblement la rentabilité des opérations.

Dans le contexte de l'Ouzbékistan, où la culture de l'assurance ainsi que le taux de couverture de la population demeurent encore relativement limités, ces outils innovants ouvrent de nouvelles perspectives pour le développement de produits destinés à de nouveaux segments de marché, notamment la micro-assurance, l'assurance agricole et les produits personnalisés à destination des petites et moyennes entreprises. Ainsi, l'intelligence artificielle ne se contente pas d'améliorer l'efficacité de la gestion opérationnelle : elle devient également un instrument de développement stratégique et d'élargissement de l'inclusion assurantielle dans le pays.

Dans un marché de l'assurance en cours de structuration comme celui de l'Ouzbékistan, le déploiement des technologies d'intelligence artificielle dans les processus de souscription (*underwriting*) et de détection de la fraude revêt une importance particulière. Dans le premier cas, l'intelligence artificielle permet de substituer à l'approche traditionnelle de la souscription, longtemps fondée sur l'expertise et l'intuition des souscripteurs, des modèles reposant sur l'analyse prédictive et les méthodes d'apprentissage automatique. Contrairement aux approches classiques, qui s'appuient sur un nombre limité d'informations concernant les assurés, ces nouvelles méthodes permettent de prendre en considération un éventail beaucoup plus large de variables. Celui-ci comprend non seulement des indicateurs classiques tels que l'âge, le sexe, les antécédents médicaux ou l'activité professionnelle, mais également des facteurs moins évidents, comme les comportements individuels, l'activité sociale ou encore les conditions économiques internationales. Les modèles d'intelligence artificielle sont, par exemple, capables d'analyser l'incidence des évolutions économiques ou climatiques sur le comportement des consommateurs, ou encore l'influence des nouvelles tendances sociales — telles que l'évolution des modes de vie ou des préférences de consommation — sur les niveaux de risque. Cette capacité permet d'établir des prévisions plus précises de la probabilité de survenance des sinistres, ce qui améliore la qualité et la précision des décisions de souscription, réduit les erreurs et accroît la rentabilité des compagnies d'assurance.

En outre, l'utilisation de l'intelligence artificielle dans les opérations de souscription permet d'accélérer considérablement le traitement des demandes. Les systèmes d'intelligence artificielle sont capables de traiter automatiquement les données, d'évaluer les risques et même de proposer les produits d'assurance les plus adaptés aux caractéristiques individuelles de chaque client, ce qui réduit sensiblement le délai de conclusion des contrats. Dans un pays comme l'Ouzbékistan, où la transformation numérique est encore en plein essor, ces technologies procurent aux compagnies d'assurance un avantage concurrentiel significatif en leur permettant de répondre rapidement aux besoins du marché et d'améliorer la satisfaction de leur clientèle.

Un second domaine d'application particulièrement important concerne la lutte contre la fraude à l'assurance, qui demeure l'une des principales menaces pesant sur la stabilité et la transparence du secteur. La fraude à l'assurance, consistant en une falsification intentionnelle des informations dans le but d'obtenir une indemnisation, demeure un problème majeur dans de nombreux pays, et l'Ouzbékistan ne fait pas exception. L'introduction de systèmes intelligents de surveillance et d'analyse comportementale permet de détecter rapidement les transactions suspectes ainsi que les anomalies dans le comportement des assurés. Les algorithmes d'apprentissage automatique analysent les données relatives aux clients, leurs historiques de sinistres ainsi que les tendances générales du secteur afin d'identifier des schémas susceptibles de révéler des pratiques frauduleuses. Ainsi, l'intelligence artificielle peut détecter les situations dans lesquelles une même personne dépose de multiples déclarations concernant des événements identiques ou similaires, ou encore les cas où les informations fournies par un assuré s'écartent des modèles comportementaux habituels. Ces systèmes sont capables de fonctionner en temps réel, de bloquer automatiquement les opérations suspectes et de prévenir les pertes avant qu'elles ne deviennent significatives.

L'intégration de l'intelligence artificielle dans les processus de souscription et de détection de la fraude améliore considérablement la transparence et l'efficacité du marché de l'assurance. Elle contribue ainsi à l'émergence d'un secteur plus résilient, plus équitable et davantage centré sur les besoins des assurés, dans lequel les compagnies sont en mesure d'anticiper et de réduire les risques potentiels, tandis que les clients bénéficient d'un service plus adapté et plus rapide. Les systèmes d'intelligence artificielle permettent non seulement de réduire les coûts d'exploitation, mais aussi d'établir des relations de confiance durables avec les assurés, ce qui revêt une importance particulière dans un marché émergent tel que celui de l'Ouzbékistan. Ainsi, l'application de l'intelligence artificielle dans ces domaines améliore non seulement les processus internes des compagnies d'assurance, mais contribue également à la création d'un écosystème numérique conforme aux standards internationaux contemporains de l'assurance, garantissant un développement durable et stable de l'ensemble du secteur à long terme.

L'introduction des technologies d'intelligence artificielle dans le secteur de l'assurance constitue une étape essentielle dans le processus de modernisation et d'amélioration de l'efficacité de cette activité. Les technologies présentées dans le tableau 3.1 — notamment l'apprentissage automatique (*Machine Learning*), l'analyse des mégadonnées (*Big Data Analytics*), les réseaux de neurones, la vision par ordinateur et le traitement automatique du langage naturel (*Natural Language Processing*, NLP) — jouent un rôle déterminant dans la transformation des principaux processus des compagnies d'assurance, tels que la souscription, l'évaluation des risques, le règlement des sinistres, la relation avec les assurés et la détection de la fraude. Ces technologies permettent d'automatiser les tâches répétitives, d'améliorer la précision des prévisions et d'accélérer la prise de décision, autant d'éléments essentiels au développement d'un secteur de l'assurance pleinement numérique.

Ainsi, l'apprentissage automatique permet d'améliorer la précision de l'évaluation des risques et de personnaliser les produits d'assurance, tandis que la vision par ordinateur et le traitement automatique du langage naturel accélèrent considérablement le règlement des sinistres et améliorent la qualité de la relation avec les assurés. Utilisées en temps réel, ces technologies créent les conditions d'une amélioration de l'efficacité opérationnelle des compagnies d'assurance et d'une réduction de leurs coûts. Leur intégration dans les processus de souscription et de règlement des sinistres contribue à accroître la précision des calculs actuariels et à renforcer la confiance des assurés, ce qui constitue un facteur essentiel pour la construction d'un écosystème d'assurance stable dans le contexte du développement du marché ouzbek.

Tableau 3.2. Avantages et défis de l'intégration de l'intelligence artificielle dans les processus de souscription et de détection de la fraude

Processus	Avantages de l'intégration de l'intelligence artificielle	Défis potentiels
Souscription (*underwriting*)	• Amélioration de la précision de l'évaluation des risques • Personnalisation des offres d'assurance • Accélération de la prise de décision	• Insuffisance de données de qualité pour l'entraînement des modèles • Nécessité de disposer de spécialistes hautement qualifiés pour le développement et le paramétrage des modèles
Détection de la fraude	• Détection rapide des anomalies et des transactions suspectes • Prévision des schémas de fraude • Renforcement de la transparence des interactions avec les assurés	• Risque de faux positifs • Coût élevé de mise en œuvre et de maintenance des systèmes complexes

Le tableau 3.2 présente les principaux avantages et les principaux défis liés à l'intégration de l'intelligence artificielle dans le secteur de l'assurance en Ouzbékistan. Parmi les principaux avantages figurent la réduction des coûts opérationnels, l'accélération des processus, l'amélioration de la précision de l'évaluation des risques ainsi que la personnalisation des produits d'assurance. Ces facteurs revêtent une importance particulière pour les compagnies d'assurance dans un contexte marqué par une concurrence croissante et des exigences toujours plus élevées de la part des assurés. L'intégration de l'intelligence artificielle permet non seulement de réduire les coûts liés au traitement des données, mais aussi d'améliorer sensiblement la qualité du service offert aux assurés, contribuant ainsi à renforcer leur fidélité.

Toutefois, ces avantages s'accompagnent également de plusieurs défis, parmi lesquels le coût élevé de mise en œuvre et de maintenance des systèmes d'intelligence artificielle, les erreurs algorithmiques, l'insuffisance de données de qualité ainsi que les difficultés liées au respect des exigences réglementaires. Ces défis appellent une attention particulière, notamment dans les pays où l'écosystème des technologies de l'information est encore en cours de développement, comme l'Ouzbékistan. En l'absence d'une préparation adéquate et de spécialistes suffisamment qualifiés, il existe un risque d'évaluations imprécises des risques ou de faux positifs dans les systèmes de détection de la fraude, ce qui est susceptible d'accroître les risques opérationnels auxquels sont confrontées les compagnies d'assurance.

Tableau 3.3. Contribution de l'intelligence artificielle au renforcement de l'inclusion assurantielle et à l'élargissement de la couverture du marché

Domaine d'application	Contribution de l'intelligence artificielle	Résultats potentiels
Micro-assurance	Utilisation de l'intelligence artificielle pour concevoir des produits d'assurance peu coûteux et accessibles à un large public.	Élargissement de l'accès aux services d'assurance pour les populations les plus vulnérables.
Assurance agricole	Utilisation de l'intelligence artificielle pour le suivi des conditions météorologiques et la prévision des risques agricoles.	Amélioration des offres destinées aux exploitants agricoles et réduction des risques dans le secteur agricole.
Assurance des petites et moyennes entreprises (PME)	L'intelligence artificielle permet de concevoir des offres adaptées aux petites et moyennes entreprises en tenant compte de la spécificité de leurs risques.	Renforcement de la résilience des entreprises et amélioration de l'accessibilité des solutions d'assurance pour les entrepreneurs.

Le tableau 3.3 illustre les bénéfices que les différentes branches de l'assurance peuvent tirer de l'intégration des technologies d'intelligence artificielle. Ainsi, dans le domaine de l'assurance automobile, le recours à la vision par ordinateur (*computer vision*) et à l'analyse prédictive permet d'accélérer l'évaluation des dommages et de réduire les risques de fraude. En assurance agricole, l'intelligence artificielle contribue à la prévision des risques agricoles en prenant en compte les conditions climatiques et environnementales, ce qui permet de limiter les pertes dans le secteur agricole, qui constitue une composante essentielle de l'économie du pays.

Le micro-assurance et l'assurance destinée aux petites et moyennes entreprises (PME) bénéficient également de l'intelligence artificielle grâce à la conception de produits d'assurance accessibles, personnalisés et financièrement abordables. Cette approche favorise une plus large diffusion de l'assurance auprès d'un vaste public, notamment des petites et moyennes entreprises ainsi que des populations vivant en milieu rural, où les modèles traditionnels d'assurance se révèlent souvent moins adaptés.

Le tableau 3.4 présente les applications des technologies d'intelligence artificielle (IA) dans la détection des différentes formes de fraude à l'assurance. Il propose une classification des trois principales catégories de fraude dans le secteur de l'assurance, des méthodes de détection fondées sur l'intelligence artificielle qui leur sont associées, ainsi que des principaux avantages qu'offre leur mise en œuvre. Cette analyse permet de mettre en évidence à la fois l'efficacité des solutions fondées sur l'intelligence artificielle et les perspectives de leur développement futur.

Tableau 3.4. Avantages de l'intelligence artificielle dans la lutte contre la fraude à l'assurance

Type de fraude	Méthodes d'intelligence artificielle utilisées pour la détection	Avantages de l'intelligence artificielle
Fraude aux déclarations de sinistre	Analyse des anomalies dans les données des déclarations de sinistre, détection de déclarations multiples portant sur un même événement.	Réduction du nombre de déclarations frauduleuses, amélioration de la qualité du règlement des sinistres.
Fraude par utilisation de faux documents	Utilisation d'algorithmes de vision par ordinateur pour vérifier l'authenticité des documents.	Réduction du recours à des documents falsifiés et renforcement de la confiance des assurés.
Fraude aux indemnisations	Détection prédictive de schémas suspects dans les indemnisations versées.	Réduction des cas de fraude et diminution des pertes financières pour les compagnies d'assurance.

La première catégorie regroupe les cas de fraude liés au dépôt de demandes d'indemnisation. Un exemple typique est celui des déclarations multiples portant sur un même sinistre ou de la fourniture d'informations mensongères. Dans ce domaine, l'intelligence artificielle est utilisée pour détecter les anomalies, notamment en identifiant des comportements statistiquement atypiques ou des incohérences dans les déclarations des assurés. Les méthodes d'apprentissage automatique, telles que les techniques de classification non supervisée (*clustering*) et l'apprentissage non supervisé, permettent de mettre en évidence des irrégularités qui pourraient échapper aux procédures de contrôle manuel.

Avantages. *Ces systèmes contribuent à réduire le nombre de déclarations frauduleuses, ce qui permet non seulement d'économiser les ressources des compagnies d'assurance, mais aussi d'améliorer la précision et la rapidité du règlement des sinistres. Cette évolution est également susceptible d'améliorer l'expérience des assurés et de renforcer leur confiance dans les institutions d'assurance.*

La deuxième catégorie de fraude concerne la présentation de documents falsifiés destinés à attester la survenance d'un sinistre. Pour y faire face, les compagnies d'assurance recourent aux technologies de vision par ordinateur, en particulier aux algorithmes de reconnaissance d'images et de vérification documentaire. Les architectures modernes de réseaux de neurones, notamment les réseaux de neurones convolutifs (*Convolutional Neural Networks*, CNN), permettent d'identifier les indices visuels révélateurs d'une falsification, tels que des incohérences dans les polices de caractères, les cachets ou les signatures.

Avantages. *Ces systèmes réduisent considérablement le risque d'utilisation de documents falsifiés, ce qui revêt une importance essentielle pour garantir la sécurité juridique des opérations d'assurance. En outre, l'automatisation des contrôles renforce la confiance des assurés en améliorant la sécurité et la transparence des procédures.*

La troisième catégorie concerne la fraude lors du versement des indemnités d'assurance. L'intelligence artificielle est capable d'identifier des schémas suspects dans la structure des indemnisations, tels qu'une fréquence anormalement élevée de versements au titre d'un même contrat ou l'existence de liens entre les bénéficiaires des indemnités et les prestataires de services. Les méthodes d'analyse prédictive fondées sur les séries temporelles et l'apprentissage supervisé permettent d'évaluer le risque de fraude avant même le versement des indemnités.

Avantages. *L'intégration de l'intelligence artificielle dans les processus d'analyse des indemnisations contribue à réduire le nombre de fraudes et, par conséquent, les pertes financières des compagnies d'assurance. En outre, l'automatisation de cette étape favorise une gestion plus efficace des risques ainsi qu'une optimisation des processus opérationnels.*

Ainsi, le tableau 3.4 met en évidence le potentiel considérable de l'intelligence artificielle dans la lutte contre les différentes formes de fraude à l'assurance. Qu'il s'agisse de l'analyse des anomalies dans les déclarations de sinistre, de la vérification de l'authenticité des documents ou de l'analyse prédictive des indemnisations, l'intelligence artificielle apparaît comme un instrument essentiel d'amélioration de l'efficacité, de la transparence et de la résilience du secteur de l'assurance. Il convient toutefois de tenir compte des risques associés à ces technologies, notamment les biais algorithmiques ou les erreurs de classification, ce qui rend indispensable un calibrage permanent des modèles ainsi qu'un contrôle éthique des systèmes d'intelligence artificielle.

Le tableau 3.5 présente une synthèse de l'impact de l'intelligence artificielle sur les principaux processus métier du secteur de l'assurance, notamment la souscription (*underwriting*), l'évaluation des risques, le règlement des sinistres, la relation avec les assurés et la lutte contre la fraude. L'analyse de ces différents processus met en évidence tant les effets opérationnels que les effets stratégiques liés au déploiement des technologies d'intelligence artificielle.

La souscription (*underwriting*), qui consiste à évaluer les risques assurantiels et à déterminer les conditions du contrat d'assurance, gagne en précision grâce au recours à des modèles d'apprentissage automatique. Ces modèles exploitent les données historiques, les profils comportementaux des assurés ainsi que des sources de données externes (telles que les notations de crédit, les données issues de la télématique ou les dossiers médicaux) afin de prédire la probabilité de survenance d'un sinistre. L'analyse prédictive permet également de segmenter les assurés et de proposer une tarification différenciée en fonction de leur profil de risque. L'utilisation de l'intelligence artificielle dans les processus de souscription contribue ainsi à réduire les pertes techniques et à renforcer la compétitivité des entreprises d'assurance.

Les solutions fondées sur l'intelligence artificielle, notamment l'apprentissage profond (*deep learning*) et l'analyse des flux de données (*stream data*), permettent d'améliorer la précision de l'évaluation des probabilités de survenance des risques. La combinaison de sources de données internes et externes — telles que les données climatiques, les informations issues des réseaux sociaux ou encore les indicateurs économiques — favorise l'élaboration de modèles multidimensionnels. Les algorithmes de réseaux de neurones, notamment les réseaux à mémoire longue à court terme (*Long Short-Term Memory*, LSTM), sont capables de prendre en compte des relations complexes entre les différents paramètres.

Tableau 3.5. Impact des technologies d'intelligence artificielle sur les principaux processus des compagnies d'assurance

Processus	Technologies d'intelligence artificielle	Impact sur le processus
Souscription (*underwriting*)	Algorithmes d'apprentissage automatique, analyse prédictive	Amélioration de la précision de l'évaluation des risques, personnalisation des tarifs et accélération de la prise de décision.
Évaluation des risques	Analyse des mégadonnées (*Big Data Analytics*), réseaux de neurones, analyse des données en temps réel	Stratification plus précise des risques, amélioration des calculs actuariels et prise en compte d'un grand nombre de variables.
Règlement des sinistres	Analyse des mégadonnées (*Big Data Analytics*), traitement automatique du langage naturel (NLP), vision par ordinateur	Traitement plus rapide et plus efficace des sinistres, analyse des preuves visuelles des dommages.
Relation avec les assurés	Agents conversationnels (*chatbots*), traitement automatique du langage naturel (NLP), automatisation de la gestion documentaire	Personnalisation de la relation avec les assurés, assistance disponible 24 heures sur 24 et 7 jours sur 7, automatisation du traitement des demandes.
Détection de la fraude	Analyse comportementale, détection des anomalies, apprentissage automatique	Amélioration de la détection des fraudes et réduction des pertes liées aux activités frauduleuses.

L'intelligence artificielle accélère considérablement les processus d'instruction des sinistres. Le traitement automatique du langage naturel (NLP) est utilisé pour analyser les déclarations de sinistre, les entretiens ainsi que les rapports d'expertise. La vision par ordinateur permet d'évaluer automatiquement l'étendue des dommages à partir de photographies ou de séquences vidéo, notamment dans le domaine de l'assurance automobile tous risques ou de l'assurance des biens. L'ensemble de ces technologies est intégré aux outils d'analyse des mégadonnées (*Big Data Analytics*), permettant ainsi de mettre en œuvre des processus décisionnels largement automatisés.

L'utilisation de l'intelligence artificielle permet également aux compagnies d'assurance d'assurer une assistance permanente à leurs assurés, d'automatiser les réponses aux questions les plus fréquentes, de recueillir les informations préliminaires relatives aux déclarations de sinistre et d'accompagner les clients tout au long du cycle de vie du contrat d'assurance. Les agents conversationnels (*chatbots*) peuvent être intégrés aux systèmes de gestion de la relation client (CRM) afin d'offrir un service personnalisé.

L'intelligence artificielle est également capable de détecter des schémas comportementaux complexes et non linéaires caractéristiques de la fraude, notamment les collusions entre assurés, la falsification de documents ou la surestimation des dommages. Les techniques de détection des anomalies permettent ainsi de signaler les situations qui s'écartent des comportements habituellement observés chez les assurés.

L'analyse du tableau 3.5 montre que l'intégration des technologies d'intelligence artificielle concerne l'ensemble des principaux processus opérationnels des compagnies d'assurance, depuis l'évaluation des risques jusqu'à la relation avec les assurés. Elle contribue notamment à :

– améliorer la précision et la rapidité des opérations ;

– réduire les coûts et les pertes ;

– renforcer les avantages concurrentiels ;

– développer un modèle centré sur les assurés.

Ainsi, l'intelligence artificielle cesse d'être un simple outil d'assistance pour devenir une ressource stratégique au service de l'assurance numérique.

Tableau 3.6. Avantages de l'intelligence artificielle dans les différents domaines de l'assurance

Domaine de l'assurance	Technologies d'intelligence artificielle utilisées	Avantages
Assurance automobile	Vision par ordinateur, analyse des données, analyse prédictive.	Évaluation plus rapide des dommages, réduction du nombre de déclarations frauduleuses, diminution des délais de traitement des sinistres.
Assurance des biens	Analyse des mégadonnées (*Big Data Analytics*), apprentissage automatique, réseaux de neurones.	Évaluation plus précise des dommages, réduction des risques, amélioration de la qualité du service aux assurés.
Assurance maladie	Analyse des mégadonnées (*Big Data Analytics*), réseaux de neurones, analyse prédictive.	Personnalisation des offres, accélération du traitement des demandes, gestion plus efficace des risques.
Assurance agricole	Analyse des données climatiques, analyse des données satellitaires, analyse des mégadonnées (*Big Data Analytics*).	Prise en compte des facteurs naturels, amélioration de la précision des prévisions, réduction des pertes dans le secteur agricole.
Micro-assurance	Analyse des données issues des appareils mobiles, analyse prédictive.	Accès facilité à l'assurance pour un large public, réduction du coût des contrats, accélération de la conclusion des contrats d'assurance.

Le développement de l'intelligence artificielle (IA) transforme non seulement l'organisation interne des compagnies d'assurance, mais également leurs modes de fonctionnement dans les différents domaines de l'assurance. Le tableau 3.6 présente une synthèse de l'impact de l'intelligence artificielle sur les principaux segments du marché de l'assurance, notamment l'assurance automobile, l'assurance des biens, l'assurance maladie, l'assurance agricole et la micro-assurance.

L'assurance automobile est l'un des domaines où l'intégration de l'intelligence artificielle est la plus avancée, en raison du fort potentiel d'automatisation des processus. La vision par ordinateur est utilisée pour analyser les photographies et les vidéos des véhicules endommagés, permettant ainsi d'établir une première estimation des dommages sans intervention d'un expert. Les modèles prédictifs exploitent les historiques de conduite, les données télématiques ainsi que les informations relatives aux accidents de la circulation.

Les principaux avantages de l'utilisation de l'intelligence artificielle dans l'assurance automobile sont la réduction des délais de règlement des sinistres, la détection automatique des déclarations frauduleuses et l'optimisation du travail des gestionnaires et des agents d'assurance. L'intelligence artificielle contribue ainsi à améliorer l'efficacité opérationnelle tout en renforçant la confiance des assurés grâce à une plus grande transparence des procédures d'évaluation.

Dans le domaine de l'assurance des biens, l'intelligence artificielle est utilisée pour modéliser les risques de perte ou de détérioration des biens en s'appuyant sur un grand nombre de variables, telles que la localisation géographique, les caractéristiques des bâtiments, les conditions météorologiques ou encore l'historique des sinistres. Les réseaux de neurones permettent d'identifier des relations complexes entre les différents paramètres susceptibles d'influencer la survenance d'un sinistre.

En assurance maladie, l'intelligence artificielle permet d'analyser les dossiers médicaux, les données relatives aux sinistres ainsi que les informations épidémiologiques afin d'estimer les probabilités de survenance des maladies et les dépenses médicales associées. Les offres personnalisées sont élaborées en fonction de l'âge, de l'état de santé et des caractéristiques comportementales des assurés.

L'assurance agricole dépend fortement des facteurs naturels. L'intelligence artificielle est ainsi utilisée pour surveiller les conditions météorologiques, prévoir les rendements agricoles et évaluer l'état des cultures à partir d'images satellitaires ou de drones. Ces systèmes permettent d'anticiper les risques potentiels — tels que les sécheresses, les inondations ou les invasions de ravageurs — et d'adapter en amont les programmes d'assurance.

La micro-assurance s'adresse principalement aux populations à faibles revenus ainsi qu'aux utilisateurs des pays en développement. L'intelligence artificielle permet de réduire les coûts de transaction grâce à la numérisation des procédures : les contrats sont souscrits au moyen d'applications mobiles et les risques sont modélisés à partir de données comportementales, telles que les paiements mobiles, les données de géolocalisation ou les informations relatives à la santé.

L'analyse du tableau 3.6 montre que l'intégration de l'intelligence artificielle dans les différents domaines de l'assurance :

– améliore l'efficacité opérationnelle ;

– permet une personnalisation accrue des services ;

– réduit les coûts et les délais de traitement ;

– favorise l'émergence de nouveaux modèles économiques.

Chaque branche de l'assurance tire des bénéfices spécifiques de l'intelligence artificielle, mais une tendance commune se dégage : le passage d'une approche réactive, centrée sur l'indemnisation des sinistres, à une approche proactive fondée sur la gestion des risques et l'amélioration de l'expérience des assurés.

L'intelligence artificielle (IA) est devenue un moteur essentiel de la transformation numérique du secteur de l'assurance. Toutefois, son intégration s'accompagne non seulement de nombreuses opportunités, mais également de défis importants. Le tableau 3.7 présente une analyse équilibrée des avantages et des risques liés à l'intégration de l'intelligence artificielle dans les activités des compagnies d'assurance. Cette analyse vise à interpréter les conséquences de cette transformation sous les angles économique, réglementaire et de la responsabilité sociale.

Tableau 3.7. Avantages et risques liés à l'intégration de l'intelligence artificielle pour les compagnies d'assurance

Avantages	risques
Réduction des coûts opérationnels	Coût élevé de mise en œuvre et de maintenance des systèmes d'intelligence artificielle
Accélération des processus de souscription (*underwriting*) et de règlement des sinistres	Risque d'erreurs algorithmiques et diminution de la précision en cas de données insuffisantes ou de mauvaise qualité
Amélioration de la précision de l'évaluation des risques et de la personnalisation des produits d'assurance	Difficultés liées au cadre réglementaire et aux aspects juridiques de l'utilisation de l'intelligence artificielle
Renforcement de la fidélité des assurés et de la confiance envers la compagnie d'assurance	Risque de fuite de données et d'atteinte à la confidentialité des informations
Élargissement de l'accès aux services d'assurance pour de nouveaux segments de marché	Manque de spécialistes qualifiés dans le domaine de l'intelligence artificielle

L'intelligence artificielle permet d'automatiser les tâches répétitives, depuis le traitement des demandes jusqu'à l'analyse des risques. Il en résulte une réduction des effectifs administratifs, une diminution des délais de traitement et une baisse des coûts d'exploitation, en particulier dans les grandes compagnies d'assurance. Le recours à la robotisation des processus (*Robotic Process Automation*, RPA) et aux algorithmes d'apprentissage automatique remplace les procédures manuelles de traitement des données, particulièrement gourmandes en temps et en ressources.

Les algorithmes d'intelligence artificielle permettent d'analyser instantanément les données relatives au demandeur, de calculer les primes d'assurance et de prendre automatiquement les décisions relatives aux indemnisations. Cette capacité revêt une importance particulière dans les branches de l'assurance de masse, telles que l'assurance automobile ou l'assurance maladie, où la rapidité du traitement influence directement la satisfaction des assurés.

Les modèles d'intelligence artificielle sont capables de prendre en compte des dizaines, voire des centaines de variables dans l'analyse des risques, notamment des données comportementales, géospatiales et biométriques. Ils permettent ainsi de mettre en œuvre une politique tarifaire plus équitable et plus différenciée. Ils rendent également possible la conception de solutions d'assurance personnalisées reposant sur l'analyse des besoins spécifiques de chaque assuré.

Grâce à la rapidité du traitement des demandes, à la transparence des algorithmes et à la disponibilité permanente des services — notamment des agents conversationnels (*chatbots*) —, l'expérience des assurés s'améliore sensiblement. Cette évolution contribue à renforcer durablement leur fidélité tout en consolidant l'image de marque des compagnies d'assurance.

L'intelligence artificielle favorise également le développement de la micro-assurance et des services d'assurance à distance. Elle permet ainsi d'accéder à des marchés auparavant difficilement accessibles, tels que les zones rurales, les populations à faibles revenus ou encore les pays où la pénétration des services financiers traditionnels demeure limitée.

Si, à long terme, l'intelligence artificielle permet de réduire les coûts, son déploiement nécessite, dans un premier temps, des investissements importants. Ceux-ci concernent non seulement l'acquisition des logiciels, mais également leur intégration aux systèmes d'information existants, la formation du personnel, le développement des modèles ainsi que le calibrage des algorithmes.

Les performances des systèmes d'intelligence artificielle dépendent directement de la qualité des données d'entraînement. Lorsque les jeux de données sont incomplets, biaisés ou peu représentatifs, les modèles peuvent produire des décisions inexactes ou discriminatoires. De telles défaillances sont susceptibles d'entraîner une mauvaise évaluation des primes d'assurance ou des refus injustifiés d'indemnisation.

L'utilisation de l'intelligence artificielle exige également un cadre réglementaire clairement défini, notamment en ce qui concerne la responsabilité des décisions automatisées et le respect des exigences de transparence des algorithmes. L'absence de normes juridiques suffisamment précises entretient une incertitude quant au règlement des litiges susceptibles d'opposer les compagnies d'assurance à leurs assurés.

Les systèmes d'intelligence artificielle traitent des données à caractère personnel ainsi que des données sensibles, notamment des informations médicales et financières. Lorsque les dispositifs de sécurité sont insuffisants, des fuites de données, des intrusions informatiques ou des compromissions d'informations confidentielles peuvent survenir. De tels incidents sont susceptibles d'éroder la confiance des assurés et d'engager la responsabilité juridique des compagnies d'assurance.

L'intégration de l'intelligence artificielle requiert non seulement des compétences techniques, mais également une connaissance approfondie des spécificités du secteur de l'assurance. Le manque de professionnels capables de concevoir, de déployer et d'assurer la maintenance des systèmes d'intelligence artificielle ralentit la transformation numérique et en limite l'efficacité.

L'analyse du tableau 3.7 confirme que l'intégration de l'intelligence artificielle dans le secteur de l'assurance présente un caractère ambivalent. D'une part, ces technologies offrent d'importantes possibilités d'amélioration de l'efficacité opérationnelle, de la qualité des services et de l'accès à de nouveaux marchés. D'autre part, elles s'accompagnent de nombreux risques technologiques, juridiques et éthiques, qui nécessitent une gestion rigoureuse et responsable.

L'analyse du tableau 3.8 montre que l'intégration de l'intelligence artificielle dans le secteur de l'assurance progresse activement dans plusieurs pays développés, notamment les États-Unis, le Royaume-Uni, l'Allemagne, le Japon et la Corée du Sud. Ces pays utilisent l'intelligence artificielle afin d'améliorer l'efficacité opérationnelle, de renforcer la qualité des services aux assurés et de lutter plus efficacement contre la fraude à l'assurance.

Tableau 3.8. Exemples d'application de l'intelligence artificielle dans les principaux pays afin d'améliorer l'efficacité du secteur de l'assurance

Pays	Technologie d'intelligence artificielle	Principale application	Résultats
États-Unis	Analyse prédictive fondée sur les mégadonnées (*Big Data Analytics*), traitement automatique du langage naturel (NLP)	Analyse des données relatives aux assurés, accélération du traitement des demandes	Amélioration de la rapidité des services et réduction des cas de fraude.
Royaume-Uni	Apprentissage automatique, analyse du comportement des assurés	Personnalisation des offres d'assurance, prévision des besoins des assurés	Amélioration de l'expérience des assurés et augmentation des ventes.
Allemagne	Analyse des mégadonnées (*Big Data Analytics*),	Souscription (*underwriting*) automatisée,	Réduction des coûts d'exploitation et amélioration de

	réseaux de neurones	gestion des risques	la précision de la tarification.
Japon	Vision par ordinateur, apprentissage automatique	Évaluation des dommages, traitement des déclarations d'accidents de la circulation	Réduction des délais de règlement des sinistres et amélioration de la satisfaction des assurés.

Aux États-Unis et au Royaume-Uni, l'analyse prédictive et l'apprentissage automatique jouent notamment un rôle essentiel dans la personnalisation des produits d'assurance et l'anticipation des besoins des assurés. En Allemagne et au Japon, les réseaux de neurones et l'analyse des mégadonnées (*Big Data Analytics*) sont largement utilisés afin d'améliorer les processus de souscription (*underwriting*) et d'évaluation des risques. Ces approches pourraient également être adaptées au contexte ouzbek, sous réserve de tenir compte des spécificités d'un marché de l'assurance en développement.

Le tableau 3.9 présente les principales étapes de l'intégration de l'intelligence artificielle au sein d'une compagnie d'assurance. Cette démarche débute par une évaluation des besoins et des objectifs, ainsi que par le choix des technologies et des fournisseurs, afin de permettre aux assureurs d'identifier avec précision les solutions d'intelligence artificielle les plus adaptées à leurs besoins et les plus susceptibles de générer des bénéfices.

La deuxième étape consiste en l'intégration des nouvelles solutions et à la formation du personnel. Elle comprend la mise en place des systèmes d'intelligence artificielle, leur paramétrage ainsi que la formation des collaborateurs appelés à les utiliser. Il est essentiel, à ce stade, que les équipes soient pleinement préparées à travailler avec ces nouveaux outils et modèles.

Viennent ensuite les phases de test et d'optimisation, au cours desquelles les performances des nouveaux systèmes sont évaluées et les ajustements nécessaires sont réalisés. Enfin, la mise en exploitation constitue l'étape finale du processus : les systèmes d'intelligence artificielle sont alors déployés à pleine échelle, tout en faisant l'objet d'un suivi continu de leur qualité et de leur stabilité de fonctionnement.

Chacune de ces étapes requiert des ressources humaines, financières et techniques importantes, ce qui doit être pris en considération dès la phase de planification de la transformation numérique.

Tableau 3.9. Principales étapes de l'intégration de l'intelligence artificielle au sein d'une compagnie d'assurance

Étape	Description	Ressources et préparation
Évaluation des besoins et définition des objectifs	Définition des objectifs et des besoins liés à l'intégration de l'intelligence artificielle au sein de la compagnie d'assurance.	Élaboration d'un plan stratégique, allocation d'un budget et constitution d'une équipe de projet.
Choix des technologies et des fournisseurs	Sélection des technologies d'intelligence artificielle, des prestataires et des solutions les plus adaptés.	Étude et analyse du marché des technologies, organisation d'un appel d'offres.
Intégration et formation	Intégration des solutions d'intelligence artificielle dans les systèmes existants et formation des collaborateurs.	Formation du personnel et adaptation des systèmes aux processus opérationnels existants.
Tests et optimisation	Test des algorithmes et des modèles, optimisation des processus opérationnels.	Suivi des indicateurs de performance et ajustement des algorithmes.
Mise en exploitation	Déploiement complet des solutions d'intelligence artificielle et généralisation de leur utilisation à l'ensemble de la compagnie.	Contrôle de la qualité des systèmes et ajustements destinés à garantir leur fonctionnement stable.

L'intégration de l'intelligence artificielle dans le secteur de l'assurance contribue non seulement à l'amélioration de l'efficacité opérationnelle, mais également à la création d'un écosystème plus inclusif et plus compétitif. Malgré certains défis, tels que les coûts élevés de déploiement et la nécessité de disposer de données de qualité, les avantages qu'offre l'intelligence artificielle l'emportent largement sur ces contraintes. L'adoption des technologies les plus avancées permet aux compagnies d'assurance d'évaluer les risques avec une plus grande précision, d'anticiper les besoins des assurés et de lutter plus efficacement contre la fraude, renforçant ainsi la confiance dans le secteur et favorisant son développement à long terme.

L'intelligence artificielle (IA) s'impose aujourd'hui comme un facteur structurant de la transformation numérique du secteur de l'assurance en Ouzbékistan. Elle favorise le passage d'un modèle traditionnel, fondé sur l'expertise et l'intuition, à un écosystème d'assurance hautement technologique, centré sur les assurés et capable de s'adapter en permanence à l'évolution de son environnement. Son intégration contribue à l'automatisation des principaux processus opérationnels — notamment la souscription (*underwriting*), l'évaluation des risques, le règlement des sinistres et la détection de la fraude —, ce qui améliore la précision des décisions, réduit les coûts et accélère les opérations.

Le déploiement de l'intelligence artificielle revêt une importance particulière dans le contexte d'un marché de l'assurance en cours de structuration, tel que celui de l'Ouzbékistan. Ces technologies permettent d'élargir la couverture assurantielle de la population, de développer la micro-assurance et d'adapter les produits d'assurance aux caractéristiques comportementales et socio-économiques des assurés. Dans son ensemble, l'intelligence artificielle transforme progressivement l'assurance en Ouzbékistan, qui évolue d'un simple service financier vers une plateforme numérique intelligente répondant aux exigences des assurés contemporains ainsi qu'aux standards internationaux de durabilité, de transparence et d'inclusion.

§ 3.2. Expérience internationale de l'utilisation de l'intelligence artificielle dans la transformation du secteur de l'assurance

L'expérience internationale en matière d'intégration de l'intelligence artificielle (IA) dans le secteur de l'assurance constitue l'un des exemples les plus marquants de la transformation numérique d'une activité traditionnellement considérée comme conservatrice. Les progrès réalisés dans les domaines de l'apprentissage automatique (*machine learning*, ML), du traitement automatique du langage naturel (*natural language processing*, NLP) et de l'analyse des mégadonnées (*Big Data Analytics*) ont permis aux compagnies d'assurance non seulement d'améliorer leur efficacité opérationnelle, mais également de mettre en place de nouvelles formes d'interaction avec leurs assurés. Selon les estimations de McKinsey & Company, le recours à l'intelligence artificielle dans le secteur de l'assurance est susceptible de réduire les coûts opérationnels de 30 à 40 %, tout en améliorant la précision de l'évaluation des risques et la rapidité de la prise de décision. Dans un contexte marqué par l'intensification de la concurrence internationale et par l'évolution des attentes des assurés, ces avantages constituent un facteur déterminant de compétitivité et de développement durable des compagnies d'assurance.

Les principales compagnies d'assurance des États-Unis, d'Europe et de la région Asie-Pacifique intègrent désormais l'intelligence artificielle dans l'ensemble de leurs processus opérationnels, depuis l'automatisation de la souscription (*underwriting*) jusqu'à l'assistance intelligente aux assurés et à la tarification dynamique. Une attention particulière est accordée à l'intégration de l'analyse prédictive et des modèles de réseaux de neurones dans les systèmes d'évaluation des risques, ainsi qu'au recours à des agents conversationnels (*chatbots*) et à des assistants virtuels fondés sur les technologies de traitement automatique du langage naturel (NLP) afin d'offrir un service personnalisé aux assurés. Ces pratiques permettent d'améliorer sensiblement la précision, la fiabilité et la rapidité des décisions, tant au niveau des activités opérationnelles qu'à celui de la gestion stratégique.

L'étude de l'expérience internationale dans le cadre du présent chapitre répond à la nécessité d'identifier les orientations les plus pertinentes pour accompagner la transformation numérique du secteur de l'assurance en Ouzbékistan. La comparaison des pratiques étrangères avec la situation actuelle du marché national de l'assurance permet de mettre en évidence le potentiel d'intégration de l'intelligence artificielle, tout en identifiant les principaux obstacles institutionnels, technologiques et réglementaires susceptibles d'en freiner le développement. L'analyse des meilleures pratiques internationales constitue ainsi non seulement une source de solutions concrètes, mais également un cadre de référence stratégique pour l'élaboration d'une politique de numérisation à long terme du secteur de l'assurance en République d'Ouzbékistan.

Les technologies contemporaines d'intelligence artificielle (IA), notamment l'apprentissage automatique (*machine learning*, ML), le traitement automatique du langage naturel (*natural language processing*, NLP) et l'intelligence artificielle générative (*generative AI*, GenAI), sont devenues des composantes essentielles de la transformation numérique du secteur mondial de l'assurance. Leur intégration dans les processus opérationnels et stratégiques permet aux compagnies d'assurance et de réassurance d'atteindre un niveau inédit d'automatisation, de capacité de montée en charge (*scalabilité*) et de précision dans la prise de décision. Selon les estimations des principaux cabinets internationaux de conseil, les technologies d'intelligence artificielle sont déjà mobilisées dans plus de 70 % des initiatives de transformation numérique mises en œuvre par les principaux assureurs mondiaux.[49]

L'un des principaux domaines d'application de l'intelligence artificielle dans le secteur de l'assurance est l'amélioration des processus d'évaluation des risques et de souscription (*underwriting*). Les algorithmes d'apprentissage automatique et les modèles de réseaux de neurones profonds permettent d'analyser aussi bien des données structurées — telles que les états financiers, les antécédents médicaux ou les archives des compagnies d'assurance — que des sources d'information non structurées, notamment les publications sur les réseaux sociaux, les flux d'actualité et les images satellitaires. Des compagnies telles qu'Allianz utilisent activement des réseaux bayésiens et des réseaux de neurones convolutifs (*Convolutional Neural Networks*, CNN) afin d'intégrer les données provenant des objets connectés (*Internet of Things*, IoT) et des technologies de télédétection de la Terre. Ces outils permettent non seulement d'établir un profil de risque beaucoup plus précis pour chaque objet assuré, mais également d'adapter les conditions de couverture en temps réel.[50]

L'intelligence artificielle démontre également une grande efficacité dans l'automatisation du traitement des déclarations de sinistre et dans la lutte contre la fraude à l'assurance. Le recours à la vision par ordinateur (*computer vision*) et aux technologies de traitement automatique du langage naturel (*natural language processing*, NLP) permet de traiter automatiquement les images des dommages — par exemple à la suite d'un accident de la circulation — et de les confronter aux circonstances déclarées par l'assuré. À titre d'exemple, la compagnie AXA a déployé des systèmes fondés sur l'intelligence artificielle générative (*Generative*

---

49 Deloitte. 2023 Insurance Technology Trends [ressource en ligne] // Deloitte US. – 2023. – Disponible à l'adresse : https://www2.deloitte.com/us/en/pages/consulting/ articles/insurance-technology-trends-2023.html

50 Allianz SE. Artificial Intelligence in Property Risk Underwriting // Allianz Global Corporate & Specialty. – Munich, 2022. – 24 p.

AI, GenAI) afin d'automatiser l'analyse des déclarations de sinistre. Cette innovation a permis de réduire d'environ 30 % le délai moyen de traitement des dossiers, sans compromettre la précision de l'évaluation des dommages.[51]

En outre, des algorithmes d'apprentissage automatique, tels que les forêts d'isolement (*Isolation Forests*) et les arbres de décision, sont largement utilisés pour détecter les schémas transactionnels atypiques susceptibles de révéler des comportements frauduleux. Selon les données de l'Association internationale des contrôleurs d'assurance (*International Association of Insurance Supervisors*, IAIS), ces technologies permettent de réduire de 8 à 10 % le montant des indemnisations injustifiées[52].

L'intelligence artificielle transforme profondément les modalités d'interaction entre les compagnies d'assurance et leurs assurés grâce au déploiement d'agents conversationnels (*chatbots*), d'assistants vocaux et de systèmes de personnalisation dynamique. Selon les résultats de l'étude *IBM Insurance Survey*,[53] plus de 68 % des principales compagnies d'assurance ont intégré des solutions fondées sur le traitement automatique du langage naturel (NLP) dans leurs canaux de relation avec les assurés. À titre d'exemple, la société d'*insurtech* Lemonade utilise des agents conversationnels reposant sur les technologies de traitement automatique du langage naturel afin d'accompagner les assurés tout au long de leur parcours, depuis le choix d'un produit d'assurance jusqu'au règlement des sinistres. Cette approche a permis d'augmenter le taux de fidélisation des assurés de 40 %,

---

51 AXA Group. Annual Digital Transformation Report / AXA Innovation Lab. – Paris : AXA, 2023. – 30 p.

52 International Association of Insurance Supervisors (IAIS). Global Insurance Market Report 2024 https://www.iais.org/2024/12/iais-global-insurance-market-report-2024-highlights-key-risks-and-trends-facing-the-global-insurance-sector/

53 IBM Institute for Business Value (IBV). Generative AI in the Insurance Industry: You Can't Win if You Don't Play – 2023.
https://www.ibm.com/thought-leadership/institute-business-value/en-us/report/insurance-generative-ai

grâce à un niveau plus élevé de personnalisation des services et à une plus grande réactivité dans les échanges avec les clients.

En outre, les modèles d'intelligence artificielle générative (*Generative AI*, GenAI) permettent d'élaborer des offres d'assurance adaptées aux caractéristiques individuelles et au profil comportemental de chaque assuré. Ces modèles sont entraînés à partir des vecteurs multidimensionnels des préférences des utilisateurs, ce qui contribue à améliorer le taux de conversion commerciale ainsi que le niveau de satisfaction des assurés.

L'intelligence artificielle devient également un outil incontournable de la planification stratégique et du marketing dans le secteur de l'assurance. Les modèles d'analyse prédictive permettent d'estimer la probabilité de survenance des sinistres et de prévoir la demande pour certains produits d'assurance en fonction de la conjoncture macroéconomique, des variations saisonnières, du comportement des assurés et de l'évolution de l'environnement économique. À titre d'exemple, en Russie, l'une des principales compagnies d'assurance utilise des modèles de régression et de classification fondés sur l'apprentissage automatique (*machine learning*, ML) afin de prédire la probabilité de survenance des sinistres, ce qui lui a permis d'améliorer de 15 % la précision de sa politique tarifaire. Sur des marchés plus matures, tels que ceux du Royaume-Uni et de l'Allemagne, le recours à l'intelligence artificielle a permis de réduire d'environ 20 % le nombre d'erreurs commises lors des opérations de souscription (*underwriting*)[54].

L'intégration de l'intelligence artificielle dans le secteur de l'assurance varie selon les régions du monde en fonction des cadres réglementaires, du niveau de développement des infrastructures technologiques, du degré de numérisation et des spécificités culturelles (tableau 3.10).

---

[54] PricewaterhouseCoopers (PwC). AI in Insurance Underwriting: Predictive Models and Market Outcomes. – London : PwC UK, 2023. – 18 p.

Tableau 3.10. Expérience internationale de l'utilisation de l'intelligence artificielle dans le secteur de l'assurance : domaines d'application, technologies et résultats.[55]

Pays	Compagnie	Domaine d'application de l'IA	Technologies utilisées	Résultats et effets de l'intégration
Allemagne	Allianz	Évaluation des risques commerciaux et des risques liés aux biens	Réseaux bayésiens, Internet des objets (IoT), imagerie satellitaire	Amélioration de la précision de l'évaluation des risques ; réduction des coûts de souscription (*underwriting*) pouvant atteindre 25 %.[56]
France	AXA	Traitement des déclarations de sinistre et lutte contre la fraude	Intelligence artificielle générative (GenAI), vision par ordinateur (*computer vision*), traitement automatique du langage naturel (NLP), détection d'anomalies	Réduction de 30 % du temps de traitement des déclarations ; diminution des pertes liées à la fraude pouvant atteindre 10 %.[57]

---

[55] Source : élaboré par l'auteur à partir de données analytiques et de données d'entreprise accessibles au public (voir les notes).

[56] Allianz SE. Artificial Intelligence in Property Risk Underwriting // Allianz Global Corporate & Specialty. – Munich, 2022. – 24 p

[57] AXA Group. Annual Digital Transformation Report / AXA Innovation Lab. – Paris : AXA, 2023. – 30 p.

États-Unis	Lemonade	Personnalisation des services et relation avec les assurés	Agents conversationnels (*chatbots*) fondés sur le NLP, modélisation comportementale	Augmentation de 40 % du taux de fidélisation des assurés ; automatisation de près de 90 % des opérations.
Royaume-Uni	Aviva	Tarification dynamique	Apprentissage automatique (régression, XGBoost), analyse prédictive	Réduction de 18 % des erreurs de souscription (*underwriting*) ; amélioration de la précision du calcul des primes.[58]
Japon	Sompo Holdings	Automatisation de la souscription (*underwriting*) et de l'analyse des risques	Réseaux de neurones profonds (DNN), NLP, mégadonnées médicales (*medical Big Data*)	Réduction de 60 % du temps nécessaire à la conclusion des contrats d'assurance[59]
Australie	TAL Life Insurance	Amélioration de la productivité des collaborateurs	Microsoft Copilot, intelligence artificielle générative (GenAI)	Gain de temps pouvant atteindre six heures par semaine et par collaborateur.[60]

58 PricewaterhouseCoopers (PwC). AI in Insurance Underwriting: Predictive Models and Market Outcomes. – London : PwC UK, 2023. – 18 p.

59 Sompo Holdings. Integrated Report : Digital & Health Insurance Strategy. – Tokyo : Sompo Holdings, 2022. – 42 p.

60 Microsoft AI dans le secteur de l'assurance : l'exemple de TAL Life Insurance // *The Australian*. – 2024. – https://www.theaustralian.com.au/business/technology/microsofts-ai-saves-staff-at-life-insurer-tal-almost-a-day-a-week/news-story/eac560ca438b199bd8c60e01476ade7c (consulté le 18 avril 2025).

Chine	Ping An	Micro-assurance et assurance en milieu rural	Mégadonnées (*Big Data*), apprentissage automatique (ML), NLP	Personnalisation des services pour plus de 200 millions d'utilisateurs ; déploiement à grande échelle de l'assurance fondée sur l'usage (*Usage-Based Insurance*, UBI).
Amérique latine	Porto Seguro, GNP Seguros	Automatisation du traitement des sinistres et relation avec les assurés	Apprentissage automatique (ML), agents conversationnels (*chatbots*)	Réduction de 8 % des pertes liées à la fraude ; renforcement de l'engagement des assurés.
Inde et Asie du Sud-Est	PolicyBazaar et autres	Simplification de la commercialisation des produits d'assurance et développement auprès des populations faiblement assurées	Agents conversationnels (*chatbots*), analyse prédictive	Augmentation de 35 % des ventes ; déploiement limité par l'insuffisance des infrastructures numériques.

Les assureurs européens figurent parmi les pionniers de l'intégration de l'intelligence artificielle, grâce notamment à un cadre rigoureux de protection des données à caractère personnel, fondé sur le Règlement général sur la protection des données (RGPD), ainsi qu'à une infrastructure numérique particulièrement développée. Des compagnies telles que Zurich Insurance utilisent l'intelligence artificielle pour mettre en œuvre une tarification dynamique, automatiser le traitement des sinistres et optimiser la gestion des portefeuilles de risques. À titre d'exemple, Zurich Insurance recourt à des algorithmes d'apprentissage automatique afin d'analyser les données relatives aux risques climatiques, ce qui permet d'évaluer avec une plus grande précision les risques assurantiels pesant sur les biens immobiliers situés dans des zones particulièrement exposées aux inondations[61]. L'Autorité européenne des assurances et des pensions professionnelles (*European Insurance and Occupational Pensions Authority*, EIOPA) a élaboré des recommandations invitant les assureurs à garantir la transparence, l'explicabilité et l'équité des décisions fondées sur l'intelligence artificielle, afin de limiter les risques de discrimination à l'égard des assurés. Toutefois, le coût élevé de la mise en conformité avec les exigences réglementaires ainsi que la nécessité de moderniser des systèmes d'information souvent obsolètes demeurent des obstacles importants à l'intégration de ces technologies. En Allemagne, par exemple, la compagnie d'assurance HDI a déployé des solutions d'intelligence artificielle afin d'automatiser le traitement des sinistres automobiles. Cette innovation a permis de ramener le délai de traitement des déclarations de cinq jours à seulement deux heures, tout en nécessitant des investissements importants pour l'intégration et l'harmonisation des données[62]. La figure 3.1 présente les principaux résultats de l'intégration de

---

[61] Zurich Insurance. (2023). *AI for Climate Risk Assessment.* Zurich Insurance Group. Disponible à l'adresse :
https://www.zurich.com/en/sustainability/climate-risk-ai

[62] HDI Global. (2024). *AI in Claims Automation : A German Perspective.* HDI Global SE. Disponible à l'adresse :
https://www.hdi.global/en/insights/ai-claims-automation

l'intelligence artificielle dans le secteur de l'assurance selon les différentes régions du monde.

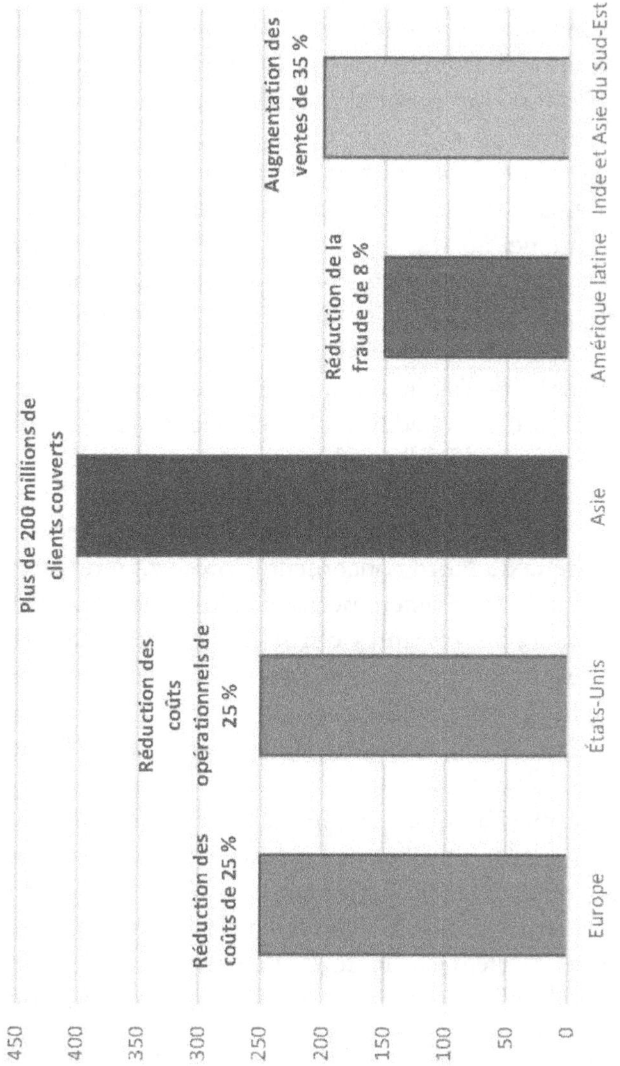

Figure 3.1. Principaux résultats de l'intégration de l'intelligence artificielle dans le secteur de l'assurance selon les différentes régions du monde[63]

---

[63] Élaboré par l'auteur

Aux États-Unis et au Canada, le marché de l'assurance recourt largement à l'intelligence artificielle afin de personnaliser les produits d'assurance et d'améliorer l'efficacité opérationnelle. Des entreprises d'*insurtech* telles que Root Insurance et Metromile utilisent la télématique et l'intelligence artificielle pour proposer des contrats d'assurance fondés sur l'usage (*Usage-Based Insurance*, UBI), permettant aux conducteurs présentant un faible niveau de risque de bénéficier d'une réduction des primes pouvant atteindre 25 %[64]. Par exemple, Root Insurance analyse les données issues des appareils mobiles de ses assurés — notamment la vitesse, les freinages et les horaires de conduite — afin d'établir des profils de risque individualisés, ce qui a renforcé la compétitivité de l'entreprise sur le marché de l'assurance automobile. Dans le même temps, de grands assureurs traditionnels, tels que Progressive, intègrent l'intelligence artificielle afin d'optimiser leurs processus opérationnels et la gestion des sinistres, ce qui a permis de réduire leurs coûts opérationnels de 12 %[65]. Les principaux défis en Amérique du Nord concernent la protection de la vie privée et des données à caractère personnel, les assurés exprimant des préoccupations croissantes quant à la collecte d'informations personnelles au moyen des objets connectés (Internet of Things, IoT) et des applications mobiles. Par ailleurs, l'absence d'un cadre fédéral unifié de réglementation de l'intelligence artificielle aux États-Unis entraîne une fragmentation des normes applicables, ce qui complique le déploiement à grande échelle des solutions d'intelligence artificielle d'un État à l'autre.

La région Asie-Pacifique connaît une croissance particulièrement rapide de l'intégration de l'intelligence artificielle, portée par la forte pénétration des technologies mobiles, l'accélération de la transformation numérique et le

---

[64] Root Insurance. (2024). *Telematics and AI: Redefining Auto Insurance.* Root Insurance Press Release. Disponible à l'adresse : https://www.joinroot.com/press/telematics-ai-insurance

[65]Progressive. (2023). *AI for Operational Efficiency.* Progressive Corporation Annual Report. Disponible à l'adresse : https://investors.progressive.com/annual-report-2023

soutien actif des pouvoirs publics. En Chine, la compagnie d'assurance Ping An utilise l'intelligence artificielle et les mégadonnées (*Big Data*) pour proposer des produits de micro-assurance, notamment en matière d'assurance santé et d'assurance de biens, à des millions de clients vivant dans les zones rurales. Sa plateforme fondée sur l'intelligence artificielle analyse des données issues des dossiers médicaux, des habitudes de consommation et des réseaux sociaux, ce qui permet de concevoir des produits d'assurance personnalisés couvrant plus de 200 millions d'utilisateurs[66]. Au Japon, Tokio Marine recourt à l'intelligence artificielle pour modéliser les risques liés aux catastrophes naturelles, notamment les séismes et les typhons. L'utilisation de ces technologies a permis d'améliorer de 18 % la précision de l'évaluation des dommages et de réduire sensiblement les délais d'indemnisation des sinistres[67]. En Inde, où le taux de pénétration de l'assurance demeure relativement faible, des entreprises telles que PolicyBazaar utilisent des agents conversationnels (*chatbots*) fondés sur l'intelligence artificielle ainsi que des outils d'analyse prédictive afin de simplifier la souscription des contrats d'assurance. Cette approche a permis d'augmenter les ventes de 35 % au cours des deux dernières années[68]. Toutefois, cette région est confrontée à plusieurs défis, notamment la fragmentation des cadres réglementaires et les écarts de maturité technologique entre les différents pays. Ainsi, en Asie du Sud-Est, notamment en Indonésie et en Malaisie, le déploiement de l'intelligence artificielle demeure limité en raison d'infrastructures numériques encore insuffisamment

---

[66] Ping An. (2023). *AI and Big Data in Micro-Insurance*. Ping An Insurance Group. Disponible à l'adresse : https://www.pingan.com/en/about/ai-micro-insurance

[67] Tokio Marine. (2023). *AI for Disaster Risk Modeling*. Tokio Marine Holdings. Disponible à l'adresse : https://www.tokiomarinehd.com/en/sustainability/ai-disaster-risk.html

[68] PolicyBazaar. (2024). *AI in Indian Insurance: Driving Sales Growth*. PolicyBazaar Insights. Disponible à l'adresse : https://www.policybazaar.com/insights/ai-insurance-india

développées et d'un faible niveau de sensibilisation des consommateurs aux services d'assurance numériques.

En Amérique latine, l'intégration de l'intelligence artificielle en est encore à un stade relativement précoce, mais elle présente un potentiel de développement considérable. Au Brésil, la compagnie d'assurance Porto Seguro utilise l'intelligence artificielle afin d'automatiser le traitement des sinistres et de détecter les fraudes, ce qui a permis de réduire de 8 % les pertes liées aux déclarations frauduleuses[69]. Au Mexique, des compagnies telles que GNP Seguros expérimentent l'utilisation d'agents conversationnels (*chatbots*) afin d'améliorer la qualité du service à la clientèle. Elles se heurtent toutefois à plusieurs obstacles, notamment un niveau de numérisation encore insuffisant et une pénurie de personnels hautement qualifiés. Plus largement, la région se caractérise également par des coûts élevés de déploiement des technologies d'intelligence artificielle, ce qui limite leur diffusion et leur adoption par les compagnies d'assurance de petite taille.

L'expérience internationale met en évidence les nombreux avantages qu'offre l'intégration de l'intelligence artificielle dans le secteur de l'assurance, tant sur le plan opérationnel que du point de vue de la relation avec les assurés et de la stratégie des entreprises :

– Efficacité opérationnelle : l'automatisation des tâches routinières, telles que la vérification des documents, la saisie des données et l'évaluation préliminaire des sinistres, permet de réduire les coûts opérationnels de 15 à 20 % en moyenne. À titre d'exemple, la compagnie d'assurance italienne Generali a intégré des solutions d'intelligence artificielle afin d'optimiser ses processus internes, ce qui lui a permis de réduire ses coûts administratifs de 25 % et de réaffecter une partie de ses

---

[69] Porto Seguro. (2023). *AI for Fraud Detection in Brazil.* Porto Seguro Annual Report. Disponible à l'adresse : https://www.portoseguro.com.br/en/investors/annual-report-2023

ressources au développement de nouveaux produits[70]. Au Royaume-Uni, la compagnie d'assurance Aviva utilise l'intelligence artificielle afin d'automatiser l'analyse des contrats d'assurance, ce qui a permis de ramener le délai de traitement des polices d'assurance commerciales les plus complexes de dix à trois jours[71]. Ces améliorations permettent non seulement de réduire les coûts, mais également d'accroître la rapidité de réponse aux demandes des assurés.

– Amélioration de la satisfaction des assurés : l'intelligence artificielle améliore considérablement l'expérience client en accélérant les processus et en proposant des solutions personnalisées. Les agents conversationnels (*chatbots*) fondés sur l'intelligence artificielle, tels que ceux utilisés par Lemonade, permettent de ramener le délai de réponse aux demandes des assurés de plusieurs heures à quelques minutes, ce qui constitue un avantage déterminant dans un contexte de forte concurrence. Selon un rapport de McKinsey, la personnalisation fondée sur l'intelligence artificielle accroît la fidélité des assurés de 10 à 15 % et peut, dans certains cas, entraîner une augmentation des ventes croisées (*cross-selling*) de l'ordre de 20 %. À titre d'exemple, la compagnie d'assurance allemande Allianz a déployé un assistant virtuel proposant aux assurés des produits d'assurance complémentaires en fonction de leur historique de souscription, ce qui a permis d'augmenter de 12 % les ventes de polices d'assurance complémentaires[72] ;

– Réduction des risques et amélioration de la précision : les capacités prédictives de l'intelligence artificielle permettent de limiter les risques liés à l'underwriting et à la fraude. Les

---

[70] Generali. (2023). *Operational Efficiency through AI: Generali's Transformation Journey*. Generali Group. Disponible à l'adresse : https://www.generali.com/investors/reports/ai-transformation-2023

[71] Aviva. (2023). *AI in Contract Analysis*. Aviva PLC. Disponible à l'adresse : https://www.aviva.com/investors/reports/ai-contract-analysis

[72] Allianz. (2024). *Virtual Assistants for Cross-Selling*. Allianz SE. Disponible à l'adresse : https://www.allianz.com/en/investors/reports/virtual-assistants

algorithmes d'apprentissage automatique utilisés pour détecter les anomalies permettent aux assureurs de réduire jusqu'à 10 % le montant des indemnisations versées en prévenant les fraudes. À titre d'exemple, la compagnie d'assurance américaine Travelers utilise l'intelligence artificielle pour analyser les données relatives aux déclarations de sinistres, ce qui lui a permis de réduire de 7 % les pertes liées à la fraude en 2023[73]. En outre, l'intelligence artificielle améliore la précision de l'underwriting grâce à l'analyse de vastes volumes de données, y compris de sources non conventionnelles telles que les images satellitaires et les données issues des objets connectés (*Internet of Things*, IoT). Cette approche a permis de réduire le ratio de sinistralité de 5 à 10 % sur les marchés les plus matures.

– Innovation dans les produits d'assurance : l'intelligence artificielle ouvre la voie au développement de nouveaux produits, tels que l'assurance à la demande (*on-demand insurance*) et l'assurance paramétrique. Cette dernière permet le versement automatique d'indemnités lorsque des paramètres prédéfinis sont atteints, par exemple des données météorologiques ou des indicateurs d'activité sismique. À titre d'exemple, le réassureur suisse Swiss Re a mis en place des solutions d'assurance paramétrique destinées à protéger les exploitations agricoles contre les épisodes de sécheresse, ce qui a permis de réduire le délai d'indemnisation de plusieurs mois à seulement quelques jours[74]. En Asie, des entreprises telles que ZhongAn proposent des produits de micro-assurance destinés à couvrir des événements de courte durée, par exemple l'annulation d'un vol. Ces solutions attirent une clientèle plus jeune et ont permis

---

[73] Travelers. (2023). *AI for Fraud Prevention.* Travelers Insurance. Disponible à l'adresse : https://www.travelers.com/about-travelers/ai-fraud-prevention

[74] Swiss Re. (2023). *Parametric Insurance for Natural Disasters.* Swiss Re Institute. Disponible à l'adresse : https://www.swissre.com/institute/research/parametric-insurance.html

d'augmenter de 15 % le taux de pénétration de l'assurance dans les zones urbaines [75];

– Flexibilité stratégique et compétitivité : l'intelligence artificielle permet aux compagnies d'assurance de s'adapter plus rapidement aux évolutions du marché et aux nouvelles exigences réglementaires. Par exemple, l'utilisation de l'intelligence artificielle pour analyser les évolutions de la réglementation au sein de l'Union européenne a permis à la compagnie AIG de réduire de 30 % le temps nécessaire à la mise en conformité de ses produits avec les nouvelles normes[76]. En outre, l'intelligence artificielle facilite l'élaboration de stratégies d'expansion vers de nouveaux marchés grâce à l'analyse des données démographiques et des préférences des consommateurs, ce qui est particulièrement important pour les économies en développement.

Malgré ses nombreux avantages, l'intégration de l'intelligence artificielle dans le secteur de l'assurance se heurte à plusieurs défis :

– Qualité des données et intégration : de nombreuses compagnies d'assurance utilisent encore des systèmes informatiques anciens, ce qui complique l'intégration des solutions fondées sur l'intelligence artificielle.

---

75 ZhongAn. (2023). *Micro-Insurance for Urban Markets.* ZhongAn Online. Disponible à l'adresse : https://www.zhongan.com/en/insights/micro-insurance

76 AIG. (2023). *AI for Regulatory Compliance.* AIG Annual Report. Disponible à l'adresse : https://www.aig.com/investors/annual-report-2023

Tableau 3.11. Analyse des facteurs favorisant et des obstacles à l'intégration de l'intelligence artificielle dans le secteur de l'assurance

Catégorie	Facteurs favorisant le développement	Obstacles à l'intégration
Technologique	Large disponibilité des plateformes cloud, développement de l'IA générative (GenAI) et de l'Internet des objets (IoT)	Systèmes informatiques obsolètes, bases de données fragmentées
Économique	Réduction des coûts de 20 à 40 %, amélioration de la rentabilité	Coût élevé de la modernisation et du déploiement
Réglementaire	Cadres réglementaires européens (RGPD, recommandations de l'EIOPA), protection des consommateurs	Cadres réglementaires relatifs à l'IA encore insuffisamment développés aux États-Unis et en Amérique latine
Organisationnelle	Essor des entreprises *insurtech* et développement des partenariats avec les start-up	Pénurie de professionnels qualifiés en intelligence artificielle (près de 70 % des entreprises signalent cette difficulté)
Socio-éthique	Renforcement de la fidélisation des clients, personnalisation des services	Risques éthiques (biais algorithmiques, manque de transparence des algorithmes)
Concurrentielle	Nécessité de s'adapter à l'évolution des besoins des clients	Conservatisme des compagnies d'assurance traditionnelles

La modernisation vers des architectures de données plus modernes exige des investissements importants, tant en ressources financières qu'en temps. Par ailleurs, près de 60 % des assureurs considèrent la fragmentation des données comme le principal obstacle à la transformation numérique ;

– Enjeux réglementaires et éthiques : le respect des législations relatives à la protection des données à caractère personnel, ainsi que la prise en compte des enjeux éthiques —

notamment les biais algorithmiques — constituent des conditions essentielles au déploiement de l'intelligence artificielle dans le secteur de l'assurance. Le règlement européen sur l'intelligence artificielle (*AI Act*) et les Recommandations de l'UNESCO sur l'éthique de l'intelligence artificielle soulignent l'importance de la transparence, de l'explicabilité et de l'équité des systèmes d'IA. Toutefois, l'harmonisation des cadres réglementaires à l'échelle internationale demeure un défi majeur.[77];

– Pénurie de personnel qualifié : l'intégration de l'intelligence artificielle nécessite des spécialistes hautement qualifiés, qui demeurent insuffisamment nombreux sur de nombreux marchés. Selon plusieurs enquêtes, près de 70 % des dirigeants de compagnies d'assurance déclarent rencontrer des difficultés à recruter des experts en intelligence artificielle, ce qui rend nécessaires des investissements dans la formation ainsi que le développement de partenariats avec des entreprises technologiques.

– Risques liés à une utilisation inadéquate de l'intelligence artificielle : certains phénomènes, tels que les « hallucinations » des modèles d'intelligence artificielle générative (*GenAI*), qui produisent des résultats erronés ou trompeurs, peuvent engendrer des risques dans les processus critiques. Les compagnies d'assurance doivent donc mettre en place des mécanismes robustes de validation et de contrôle afin de limiter ces erreurs.

Une analyse des facteurs favorisant le développement et des obstacles à l'intégration de l'intelligence artificielle dans le secteur de l'assurance à l'étranger est présentée dans le tableau 3.11.

Au regard des tendances mondiales et de l'expérience des pays les plus avancés dans ce domaine, l'Ouzbékistan est appelé à poursuivre activement la transformation numérique de son secteur de l'assurance, en perfectionnant ses processus et en

[77] UNESCO. (2021). *Recommendation on the Ethics of Artificial Intelligence.* United Nations Educational, Scientific and Cultural Organization. Disponible à l'adresse : https://unesdoc.unesco.org/ark:/48223/pf0000381137

s'inspirant des meilleures pratiques internationales. L'expérience acquise à l'étranger en matière de déploiement de l'intelligence artificielle dans le secteur de l'assurance met en évidence son rôle déterminant dans l'amélioration de l'efficacité opérationnelle, la personnalisation de l'expérience client, la gestion des risques et la conception de produits d'assurance innovants. Les pays disposant d'infrastructures numériques développées et d'un cadre réglementaire avancé, tels que l'Allemagne, les États-Unis, le Japon et la Chine, intègrent avec succès les technologies d'apprentissage automatique (*machine learning*), de traitement automatique du langage naturel (*Natural Language Processing*, NLP) et d'intelligence artificielle générative dans les principaux processus d'assurance, depuis la souscription (*underwriting*) et le règlement des sinistres jusqu'à la planification stratégique. Ces pratiques permettent non seulement de réduire les coûts et d'améliorer la précision de l'évaluation des risques, mais aussi d'élargir la couverture assurantielle grâce aux canaux numériques et à des solutions adaptatives. Dans le même temps, l'expérience internationale met également en évidence plusieurs obstacles structurels, notamment la fragmentation des données, la pénurie de spécialistes de l'intelligence artificielle, les contraintes réglementaires et les risques de biais algorithmiques. Pour l'Ouzbékistan, l'analyse de ces expériences présente un intérêt stratégique, dans la mesure où elle permet d'adapter les pratiques les plus efficaces au contexte national, de limiter les risques liés à leur mise en œuvre et d'accélérer la transition vers un modèle numérique du secteur de l'assurance.

§ 3.3. Analyse de l'état actuel du marché de l'assurance en Ouzbékistan

L'une des réalisations les plus importantes des transformations socio-économiques engagées en Ouzbékistan a été la création d'un marché moderne de l'assurance fondé sur les principes de l'économie de marché, ainsi que la suppression du monopole de l'État en matière d'assurance. Cette transformation institutionnelle a marqué le passage à un modèle de relations financières plus souple et plus ouvert, favorisant le développement de la concurrence, la diversification des produits d'assurance et une intégration plus approfondie du pays dans le système financier mondial.

À l'époque soviétique, l'assurance constituait un système strictement centralisé et placé sous le contrôle de l'État, fonctionnant comme un instrument auxiliaire de la régulation financière. L'absence de concurrence, l'uniformisation des produits d'assurance et un encadrement administratif rigide faisaient obstacle au développement d'un véritable secteur de l'assurance, limitant ainsi sa contribution à l'économie. Toutefois, avec le lancement des réformes économiques dans les années 1990, le secteur de l'assurance s'est progressivement transformé en une branche autonome et stratégiquement importante de l'économie, capable de jouer un rôle actif dans la gestion des risques, le processus d'investissement et la préservation de la stabilité financière des personnes physiques comme des personnes morales.

Cette transformation a constitué une étape importante dans le processus d'intégration du pays à l'économie mondiale ainsi que dans la mise en œuvre d'une orientation stratégique visant le développement des relations de marché et la libéralisation des marchés financiers. À l'époque soviétique, l'assurance représentait un secteur auxiliaire de l'économie, dans lequel l'État occupait une position dominante, tandis que les services d'assurance présentaient un caractère limité et fortement centralisé. Le monopole de l'État en matière d'assurance faisait obstacle au développement d'un environnement concurrentiel et ne favorisait pas la diversification des produits d'assurance, ce qui limitait les possibilités d'une utilisation efficace de ces derniers.

Au cours de la période post-soviétique, l'Ouzbékistan a connu de profondes transformations structurelles, et le secteur de l'assurance s'est développé de manière soutenue, passant du statut de branche auxiliaire à celui d'un des éléments stratégiques de l'infrastructure économique. Cette évolution résulte d'un ensemble de facteurs, parmi lesquels la politique volontariste menée par l'État en faveur du développement du marché de l'assurance occupe une place essentielle. L'un des principaux objectifs des réformes était la création d'un système d'assurance efficace et compétitif, capable d'assurer la protection des intérêts patrimoniaux et financiers des personnes physiques comme des personnes morales.

L'un des aspects essentiels de ce processus a été la reconnaissance de l'assurance comme l'un des principaux éléments de l'infrastructure de l'économie de marché, ce qui a, à son tour, donné une nouvelle impulsion au développement du secteur. À la suite de ces réformes, les compagnies d'assurance privées ont pu accéder au marché, tandis que des conditions favorables au renforcement de la concurrence et à l'élargissement de la gamme des produits et services proposés ont été créées. Ces mesures ont contribué au renforcement de la stabilité financière du pays.

Le soutien de l'État et l'attention accordée au développement du marché de l'assurance se sont également traduits par d'importantes réformes législatives et institutionnelles. Des textes législatifs et réglementaires ont été élaborés et adoptés afin de créer les conditions nécessaires au fonctionnement des entreprises d'assurance, d'encadrer leurs activités, de protéger les droits des souscripteurs et de garantir la transparence du marché de l'assurance. En particulier, les fondements d'un cadre juridique destiné à réglementer l'activité des assureurs et à protéger les intérêts des utilisateurs des services d'assurance ont été mis en place.

La création et le développement d'un marché de l'assurance en Ouzbékistan, parallèlement à la suppression du monopole de l'État, ont joué un rôle déterminant dans la transformation de la structure économique et financière du pays. Ce processus a constitué une composante essentielle de la mise en œuvre des objectifs stratégiques visant à diversifier l'économie, à renforcer la stabilité financière et à créer les conditions d'une croissance économique durable dans le contexte de la mondialisation.

Grâce aux réformes engagées à l'initiative du Président Chavkat Mirzioïev, le marché de l'assurance en Ouzbékistan connaît depuis plusieurs années une croissance particulièrement soutenue. L'analyse de l'évolution du volume brut des primes émises (VBPE) au cours de la période 2016-2024 (Figure 3.2) montre que celui-ci a été multiplié par plus de quatorze.

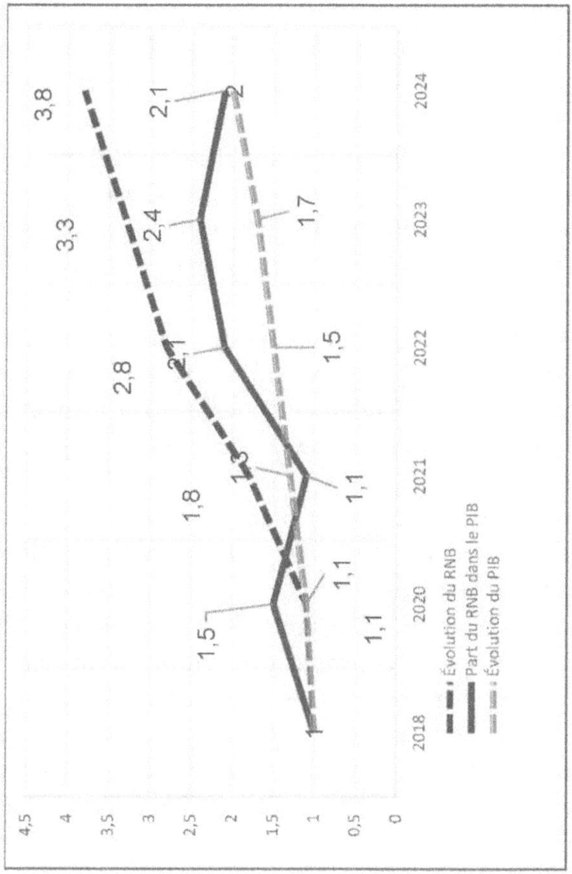

Figure 3.2. Évolution du PIB, du RNB et de la part du RNB dans le PIB (le niveau de 2018 est retenu comme base de référence = 1) pour la période 2018–2024.[78]

[78] Élaboré par l'auteur à partir des données du site de l'Agence nationale des projets prospectifs de la République d'Ouzbékistan (NAPP). https://napp.uz/ru#zero-515

L'un des principaux indicateurs macroéconomiques permettant d'évaluer l'importance du secteur de l'assurance est le rapport entre le montant total des primes d'assurance et le produit intérieur brut, également appelé taux de pénétration de l'assurance. Ce taux atteint ses niveaux les plus élevés à Taïwan, où les primes d'assurance représentent 19 % du PIB, à Hong Kong, avec 17 à 18 %, en Afrique du Sud, avec 14 %, en Corée du Sud, avec 13 %, et en Finlande, avec 12 %. Aux États-Unis et au Japon, cet indicateur s'établit entre 9,5 et 10 %, tandis qu'il atteint en moyenne 8 % dans l'Union européenne. Dans les pays d'Amérique latine, d'Europe de l'Est et d'Afrique, il varie généralement entre 2 et 3,5 %. En Ouzbékistan, ce taux a été multiplié par 2,1 entre 2018 et 2024 pour atteindre 0,7 % (Figure 1), son évolution étant corrélée à celle du PIB (Figure 3.3).

Un niveau aussi faible de pénétration de l'assurance montre que la plupart des compagnies d'assurance nationales répondent principalement à une demande générée par le secteur bancaire. L'importance économique de l'assurance peut également être appréciée à partir de la densité de l'assurance. En Ouzbékistan, à la fin de l'année 2024, le montant des primes d'assurance par habitant dépassait légèrement 21 dollars américains (Figure 3.3).

La situation observée en Ouzbékistan en matière de pénétration et de densité de l'assurance s'explique principalement par le niveau insuffisant de culture financière et assurantielle de la population et, par conséquent, par le manque de confiance des personnes physiques et morales à l'égard de l'assurance. Le niveau général des revenus de la population joue également un rôle important, celui-ci demeurant sensiblement inférieur en Ouzbékistan à celui des pays mentionnés précédemment.

L'un des enjeux majeurs de l'offre de services d'assurance réside dans l'optimisation de la répartition entre les assurances facultatives et les assurances obligatoires. Sur le marché ouzbek de l'assurance, une tendance durable à la diminution de la part des assurances obligatoires dans le montant total des primes est observée : celle-ci est passée de 29,9 % en 2016 à 7,3 % en 2024 (Figure 3.3).

Le marché de l'assurance en Ouzbékistan connaît actuellement une phase de transformation active, favorisée par les réformes publiques, la numérisation et l'augmentation de la demande de services d'assurance. L'évolution des principaux indicateurs financiers pour la période 2020-2024 est présentée dans le tableau 3.12.

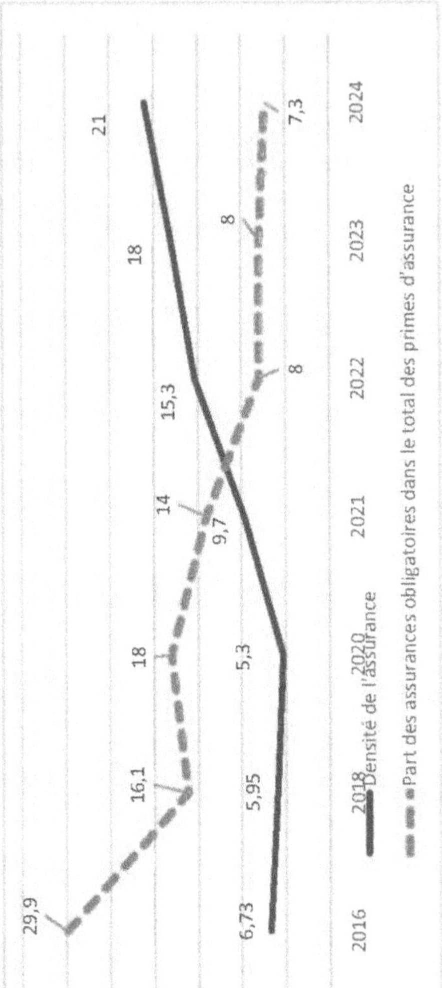

Figure 3.3. Évolution de la densité de l'assurance (en dollars des États-Unis, au taux de change officiel) et de la part des assurances obligatoires dans le total des primes d'assurance (en %), 2016–2024.[79]

[79] Élaboré par l'auteur à partir des données du site de l'Agence nationale des projets prospectifs de la République d'Ouzbékistan (NAPP). https://napp.uz/ru#zero-515

La structure du marché de l'assurance pour la période 2016–2024 est présentée dans le tableau 3.13. À la fin de l'année 2024, 33 compagnies d'assurance exerçaient leurs activités sur le marché ouzbek, dont cinq dans le secteur de l'assurance-vie. Toutes les compagnies nationales ne peuvent toutefois être considérées comme des acteurs véritablement actifs du marché : pour sept assureurs, la part de marché calculée sur la base des primes d'assurance demeure inférieure à 1 %.

L'état du secteur permet de qualifier le marché ouzbek de marché d'assurance dit « souple » (*soft market*), caractérisé par un nombre relativement élevé d'opérateurs et par un faible niveau des tarifs d'assurance. Au cours des dernières années, le niveau des tarifs appliqués aux services d'assurance a été déterminé exclusivement par les conditions du marché (Figure 3.3).

Le rôle effectif de l'assurance en tant qu'élément du système de gestion des risques des personnes morales et physiques peut notamment être apprécié à partir du ratio de sinistralité des primes d'assurance (Figure 3.3).

L'analyse de ce ratio — défini comme le rapport entre les indemnités versées et les primes encaissées — dans le secteur de l'assurance non-vie sur la période 2016–2024 met en évidence une évolution particulièrement irrégulière de cet indicateur, comprise entre 18,8 et 28,2 % (Figure 3.3).

À la fin de l'année 2024, la société par actions APEX INSURANCE occupait la première place en matière de part dans le montant total des primes d'assurance, avec plus de 29 %. Depuis plusieurs années, des compagnies à participation publique figurent également parmi les principaux acteurs du marché national, notamment la société par actions « O'ZBEKINVEST », avec une part de marché de 13,3 %, et la société par actions « O'ZAGROSUG'URTA », avec 4,4 %. La part cumulée des compagnies à participation publique dans le secteur de l'assurance non-vie a diminué de plus de moitié entre 2017 et 2024 (tableau 3.14).

Tableau 3.12. Indicateurs financiers du marché de l'assurance en Ouzbékistan (en milliards de soums)[80]

Indicateur	2020	2021	2022	2023	2024
Primes d'assurance encaissées	2313,9	2213,7	6231,7	8059,7	9770,1
Primes d'assurance non-vie	1727,5	1879,3	4707	7737,2	9483,7
Assurance obligatoire	298,1	338,0	491,3	632,4	664,7
Assurance facultative	1429,4	1541,3	4215,7	7104,8	8819,0
Primes d'assurance-vie	586,4	334,4	1524,7	322,5	286,4
Assurance obligatoire	15,2	22,9	26,8	35,6	48,2
Assurance facultative	571,2	311,5	1497,9	286,9	238,2
Indemnités d'assurance versées (total)	831,5	737,6	2596,9	2022,1	2204,5
Indemnités versées au titre de l'assurance non-vie	284,1	419,6	1098,8	1568,5	2073,1
Assurance obligatoire	90,2	128,0	232,8	236,7	358,6
Assurance facultative	193,9	291,6	866,0	1331,8	1714,5
Indemnités versées au titre de l'assurance-vie	529,4	318,0	1498,1	453,6	131,4
Assurance obligatoire	4,3	5,7	9,3	12,7	14,7
Assurance facultative	525,1	312,3	1488,8	440,9	116,7

[80] Élaboré par l'auteur à partir des données du site de l'Agence nationale des projets prospectifs de la République d'Ouzbékistan (NAPP). https://napp.uz/ru#zero-515

Du point de vue du degré de concentration, un marché de l'assurance est considéré comme concurrentiel lorsque la majeure partie du volume total des primes d'assurance est générée par dix compagnies concurrentes ou davantage. En outre, la part de marché du principal assureur ne doit pas dépasser 31 % du volume total des primes d'assurance, celle des deux premiers 44 %, celle des trois premiers 54 % et celle des quatre premiers 64 %[81]. À cet égard, le marché de l'assurance en Ouzbékistan répond aux critères susmentionnés (tableau 3.14).

Le marché de l'assurance en Ouzbékistan se caractérise par une très forte concentration géographique. Cette situation s'explique par le fait que, si les risques assurés sont répartis sur l'ensemble du territoire national, la quasi-totalité des flux financiers demeure concentrée dans la capitale. Plus de 68 % des primes d'assurance continuent ainsi d'être collectées dans la ville de Tachkent, ce qui témoigne de la place prépondérante de l'assurance des entreprises dans le portefeuille des assureurs ouzbeks.

---

[81] Kayumov R. Indicateurs d'évaluation du degré de monopolisation des marchés financiers et possibilités de leur utilisation en Ouzbékistan. Centre de recherche sur les problèmes de privatisation et de gestion des actifs de l'État, https://research-center.uz/publ/80/

Tableau 3.13. Structure du marché de l'assurance de la République d'Ouzbékistan pour la période 2016–2024[82]

Année	Nombre de compagnies d'assurance	Dont compagnies d'assurance-vie	Capital social cumulé des compagnies d'assurance (en millions de dollars des États-Unis)	Nombre de courtiers d'assurance	Nombre d'actuaires certifiés	Nombre d'agents d'assurance	Nombre d'experts en sinistres (*surveyors* et *adjusters*)	Nombre de sociétés d'assistance
2016	29	3	137,1	3	4	5800	12	6
2018	30	6	125,1	4	4	8700	18	6
2020	40	8	137,4	5	5	8870	18	6
2021	42	8	146,7	5	5	9581	18	6
2022	41	8	167,8	5	5	9155	18	6
2023	38	7	187,0	8	5	4736	18	6
2024	33	5	229,0	11	5	4804	18	6

La couverture des régions en services d'assurance est assurée grâce au vaste réseau de succursales et d'agences régionales des compagnies d'assurance, dont les sièges sont situés à Tachkent, ainsi qu'à la présence de sociétés d'assistance sur l'ensemble du territoire de la République.

À l'heure actuelle, le marché ouzbek de l'assurance demeure caractérisé par un niveau relativement modeste du capital social des compagnies d'assurance, tant dans le secteur de l'assurance

[82] Élaboré par l'auteur à partir des données du site de l'Agence nationale des projets prospectifs de la République d'Ouzbékistan (NAPP). https://napp.uz/ru#zero-515

non-vie que dans celui de l'assurance-vie. Au 1er janvier 2025, le montant cumulé du capital social des compagnies d'assurance ouzbèkes dépassait l'équivalent de 229 millions de dollars des États-Unis.

L'analyse de cet indicateur pour la période 2016–2024 (tableau 3.13) met en évidence une tendance soutenue à la hausse. À la fin de l'année 2024, le capital social cumulé des compagnies d'assurance nationales était supérieur de plus de 67 % à son niveau de 2016.

Dans une économie de marché, l'assurance joue un rôle essentiel dans le maintien de la stabilité financière, la protection des intérêts patrimoniaux et le renforcement de l'attractivité du pays pour les investissements. Le marché de l'assurance en Ouzbékistan affiche une évolution positive de ses indicateurs financiers ainsi que de son activité d'investissement. L'évolution du portefeuille d'investissement des compagnies d'assurance nationales au cours de la période 2020–2024 est présentée dans le tableau 3.15.

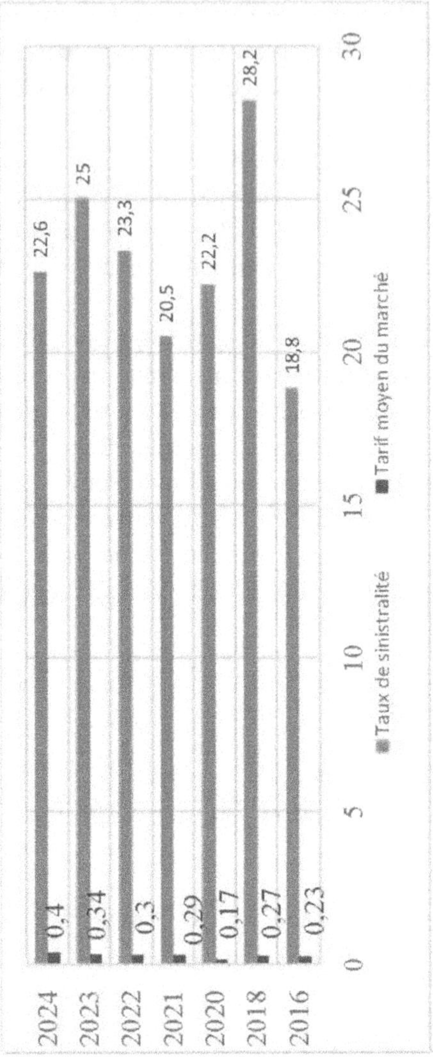

Figure 3.4. Évolution du tarif moyen du marché (rapport entre le montant total des primes d'assurance et le montant total des engagements d'assurance) et du taux de sinistralité des primes dans le secteur de l'assurance non-vie, 2016–2024 (en %).[83]

[83] Élaboré par l'auteur à partir des données du site de l'Agence nationale des projets prospectifs de la République d'Ouzbékistan (NAPP). https://napp.uz/ru#zero-515

La numérisation du secteur de l'assurance en Ouzbékistan ne constitue pas seulement une tendance de fond, mais représente également une étape essentielle de la modernisation du secteur, contribuant à la croissance économique et à l'amélioration de la qualité de vie de la population. Ce processus requiert une participation active des compagnies d'assurance et des pouvoirs publics, ainsi qu'un effort continu de formation et de renforcement de la culture assurantielle de la population. La mise en œuvre réussie de ces initiatives devrait permettre la création d'un système d'assurance plus résilient et plus innovant, favorisant ainsi le développement global des services financiers dans le pays.

La numérisation du secteur de l'assurance en Ouzbékistan a débuté en 1991, à la suite de l'accession du pays à l'indépendance. Au cours de la première phase, qui s'est étendue jusqu'en 2010, l'accent a principalement été mis sur l'informatisation des activités, permettant le passage d'une gestion documentaire sur support papier à une gestion numérique. Le déploiement de systèmes de gestion électronique des documents (*Electronic Document Management* – EDM) a considérablement simplifié les procédures documentaires, tandis que la mise en place de bases de données centralisées a amélioré l'accessibilité et la gestion des informations relatives aux clients et aux produits d'assurance.

Tableau 3.14. Principales compagnies d'assurance du secteur de l'assurance non-vie par part de marché (2017–2024)[84]

Compagnie d'assurance	Part de marché (%)							
	2017	2018	2019	2020	2021	2022	2023	2024
1. Apex Insurance LLC	-	-	2,3	6,4	8,1	16,4	26,0	29,1
2. Uzbekinvest JSC	14,1	14,1	16,5	14,0	13,4	16,0	15,9	13,4
3. Kafolat JSC	8,7	8,7	8,7	8,0	7,7	7,2	9,1	7,8
4. Gross inshurans JSC	8,8	8,8	12,8	13,4	8,6	6,1	5,8	6,6
5. My Insurance JSC	-	-	2,3	5,4	8,1	5,5	4,4	4,5
6. Uzagrosugurta JSC	14,5	14,4	14,6	9,5	6,2	7,8	5,1	4,4
7. Kapital Sug'urta JSC	2,7	3,0	2,7	2,6	4,4	3,6	3,9	3,9
8. Kafil Sug'urta JSC	1,4	1,3	2,3	2,7	4,2	3,0	5,1	3,0
9. Alfa Invest Sug'urta Kompaniyasi JSC	5,0	5,0	5,5	5,2	5,2	6,5	3,0	2,8
10. Alskom JSC	4,2	4,2	2,8	2,3	1,7	2,0	1,9	2,1

Cette transition a constitué le fondement du développement ultérieur du secteur, en permettant d'améliorer la qualité des services offerts aux clients et d'accroître l'efficacité opérationnelle des compagnies d'assurance. Progressivement, de nouvelles technologies, telles que les services en ligne et les applications mobiles, ont été introduites dans le secteur, renforçant encore les interactions entre les assureurs et leurs clients.

[84] Élaboré par l'auteur à partir des données du site de l'Agence nationale des projets prospectifs de la République d'Ouzbékistan (NAPP). https://napp.uz/ru#zero-515

Tableau 3.15. Portefeuille d'investissement des compagnies d'assurance en Ouzbékistan pour la période 2020–2024
(en milliards de soums)[85]

Indicateur	2020	2021	2022	2023	2024
Total des investissements, dont :	3382,6	3746,7	4751,7	6150,0	6542,6
Dépôts bancaires	1818,9	2208,6	2896,6	4037,4	4583,8
Valeurs mobilières	958,6	1096	1287,9	1357,5	1303,7
Prêts	42,0	47,5	60,8	46,9	95,4
Immobilier	285,3	247,3	358,9	539,5	452,7
Participations au capital social d'entreprises	272,1	142,2	118,2	134,7	98,6
Autres investissements	5,7	5,1	29,3	34,0	8,4

À partir de 2010, le secteur de l'assurance est entré dans une nouvelle phase de transition vers l'environnement numérique, marquée par une véritable numérisation des activités d'assurance, articulée autour de plusieurs axes majeurs :

– services en ligne : le développement et le déploiement de portails web et d'applications mobiles ont considérablement amélioré les interactions entre les assurés et les compagnies d'assurance. Les clients ont désormais la possibilité de souscrire eux-mêmes leurs contrats d'assurance, de suivre l'état d'avancement de leurs demandes et d'obtenir des conseils en temps réel. Cette évolution a non seulement accru la commodité des services, mais également réduit les délais de traitement des formalités administratives ;

[85] Élaboré par l'auteur à partir des données du site de l'Agence nationale des projets prospectifs de la République d'Ouzbékistan (NAPP). https://napp.uz/ru#zero-515

– Big Data et analytique des données : l'exploitation des mégadonnées a permis aux assureurs d'analyser le comportement des clients et de proposer des produits davantage personnalisés. Cette approche a renforcé l'efficacité de la gestion des risques en permettant une évaluation plus précise des profils de risque et une adaptation des offres aux besoins spécifiques des preneurs d'assurance et des assurés ;

– intégration avec les systèmes d'information publics : l'interconnexion avec les systèmes d'information de l'administration a permis d'automatiser la vérification des informations relatives aux clients. Cette intégration a réduit les délais de traitement des demandes, amélioré la fiabilité des données et, par conséquent, renforcé la qualité des services fournis ;

– cybersécurité : dans un contexte de multiplication des cybermenaces, les compagnies d'assurance ont accru leurs investissements dans la protection des données personnelles des clients ainsi que des informations relatives aux contrats d'assurance. Cette démarche comprend notamment le recours à des technologies modernes de chiffrement ainsi que la réalisation d'audits réguliers des systèmes de sécurité, afin de réduire les risques de fuite de données ;

– intelligence artificielle et automatisation : le déploiement de chatbots et de systèmes automatisés destinés au traitement des demandes et au règlement des sinistres a considérablement réduit la charge de travail des collaborateurs tout en accélérant les délais de traitement. Ces technologies permettent aux assureurs de répondre plus efficacement aux demandes des clients et d'améliorer la qualité globale des services.

Selon les participants à l'étude, les initiatives les plus porteuses de valeur pour le secteur de l'assurance sont la création et le développement d'écosystèmes de services destinés aux clients ainsi que la personnalisation des produits d'assurance. Parmi les technologies appelées à jouer un rôle déterminant dans la transformation numérique à moyen terme figurent l'intelligence artificielle, l'automatisation et la robotisation des processus, ainsi que les technologies de gestion des mégadonnées. Les principales priorités stratégiques des compagnies d'assurance concerneront la gouvernance des données, l'optimisation du règlement des sinistres — notamment par l'accélération des procédures et l'automatisation de la prise de décision — ainsi que la simplification et l'amélioration de l'expérience client.

À l'heure actuelle, le marché de l'assurance en Ouzbékistan affiche une croissance soutenue. Malgré cette évolution favorable, le taux de pénétration de l'assurance demeure faible : la part des primes d'assurance dans le produit intérieur brut n'excède pas 0,8 %, un niveau très inférieur à celui observé dans les économies développées, où il atteint généralement entre 8 et 12 %. L'essentiel des primes provient de l'assurance imposée par la réglementation, en particulier dans les domaines de l'assurance des biens et de l'assurance automobile, tandis que le segment de l'assurance-vie reste insuffisamment développé. Les compagnies à participation publique, telles qu'Uzbekinvest et Uzagrosugurta, cèdent progressivement des parts de marché aux assureurs privés, ce qui témoigne d'un renforcement de la concurrence au sein du secteur.

Malgré cette dynamique positive, le marché demeure confronté à plusieurs difficultés structurelles qui freinent son développement :

– un cadre réglementaire devenu insuffisamment adapté. Le principal texte régissant les activités d'assurance en Ouzbékistan est la loi « Sur les activités d'assurance », adoptée en 2021, qui nécessite aujourd'hui d'importantes révisions. Les évolutions récentes du marché, notamment la numérisation ainsi que l'apparition de nouvelles formes d'assurance, telles que la cyberassurance ou la micro-assurance, ne sont pas suffisamment prises en compte par la législation. Ce manque de flexibilité constitue un obstacle à l'introduction de nouveaux produits et de nouvelles technologies ;

– un niveau insuffisant de culture assurantielle. L'un des principaux facteurs limitant la demande de produits d'assurance réside dans la faible culture assurantielle de la population. Pour une grande partie des citoyens, notamment dans les zones rurales, l'assurance demeure perçue comme un service secondaire, voire superflu. La méconnaissance des mécanismes de fonctionnement des produits d'assurance et de leurs avantages limite le développement d'une demande de masse ;

– des ressources financières limitées. Malgré l'augmentation du nombre de compagnies d'assurance, nombre d'entre elles restent confrontées à des difficultés liées à l'insuffisance de leurs fonds propres et à une solidité financière encore limitée ;

– une numérisation encore insuffisante du secteur. Dans un contexte marqué par l'essor rapide des technologies numériques et des plateformes digitales, le marché ouzbek de l'assurance conserve une organisation largement traditionnelle. Le recours encore limité aux technologies de l'information dans les processus de souscription des contrats, de règlement des sinistres et de relation avec la clientèle réduit la compétitivité des compagnies et freine le développement de nouveaux services.

Afin d'évaluer les perspectives de développement du marché de l'assurance en Ouzbékistan, nous avons eu recours à une modélisation économétrique fondée sur un modèle de régression élargi intégrant le produit intérieur brut, le revenu par habitant ainsi que le niveau de culture assurantielle (ou de littératie financière).

La variable dépendante retenue est le volume des primes d'assurance encaissées (en milliards de soums). Les variables explicatives sélectionnées sont les suivantes : GDP — produit intérieur brut ; I — revenu par habitant ; FLI — indice de littératie financière (évaluation d'experts sur une échelle de 0 à 100 points) ; If — taux d'inflation ; IR — taux d'intérêt des dépôts.

La justification du choix de ces variables est présentée dans le tableau 3.16. L'analyse repose sur un modèle de régression linéaire multiple de la forme suivante :

$V_t = \beta_0 + \beta_1 \cdot GDP_t + \beta_2 \cdot I_t + \beta_3 \cdot FLI_t + \beta_4 \cdot If_t + \beta_5 \cdot IR_t + \epsilon_t$,
où :
V_t — volume des primes d'assurance au cours de l'année t ;
β_0 — constante (niveau de base des primes d'assurance lorsque toutes les variables explicatives sont égales à zéro) ;
GDP_t — produit intérieur brut au cours de l'année t ;
β_1— coefficient mesurant l'effet d'une variation du PIB sur le volume des primes d'assurance ;
I_t — revenu par habitant au cours de l'année t ;
β_2— coefficient mesurant l'effet d'une variation du revenu par habitant sur le volume des primes d'assurance ;
FLI_t— indice de culture assurantielle et de littératie financière au cours de l'année t (indicateur composite reflétant le niveau de connaissances, les attitudes et les comportements de la population en matière de finances personnelles et d'assurance) ;
β_3— coefficient associé au niveau de culture assurantielle et de littératie financière ;
If_t— taux d'inflation au cours de l'année t ;
β_4— coefficient associé au taux d'inflation ;
IR_t — taux d'intérêt des dépôts au cours de l'année t ;
β_5 — coefficient mesurant l'effet d'une variation du taux d'intérêt des dépôts ;
ϵ_t — terme d'erreur du modèle, représentant l'influence des facteurs non pris en compte dans la régression.

Les données couvrant la période 2018–2024, utilisées pour l'estimation du modèle de régression, sont présentées dans le tableau 3.17. Les coefficients du modèle de régression, estimés par la méthode des moindres carrés ordinaires (*Ordinary Least Squares*, OLS), sont présentés dans le tableau 3.18.

Tableau 3.16. Justification du choix des variables[86]

N°	Variable	Justification du choix
1.	Produit intérieur brut (PIB)	Indicateur de l'activité économique. Le développement du marché de l'assurance est étroitement lié à la croissance de l'activité économique et des revenus.
2.	Revenu par habitant	Reflète le pouvoir d'achat de la population et sa capacité à souscrire des produits d'assurance.
3.	Culture assurantielle et niveau de littératie financière	L'un des principaux déterminants d'un recours éclairé aux produits d'assurance.
4.	Taux d'inflation	Influence le revenu réel des ménages et, par conséquent, l'activité sur le marché de l'assurance.
5.	Taux d'intérêt	Détermine l'attractivité des placements financiers des compagnies d'assurance.

Le coefficient de détermination (R^2) s'établit à 0,963, ce qui indique un pouvoir explicatif élevé du modèle. L'analyse de la régression montre que les principaux facteurs de croissance du marché de l'assurance sont :

– la croissance du produit intérieur brut (PIB) ;

– l'amélioration du niveau de vie, mesurée par le revenu par habitant ;

– le renforcement de la culture assurantielle et de la littératie financière.

[86] Élaboré par l'auteur

Tableau 3.17. Données initiales utilisées dans le modèle de régression[87]

Année	PIB (en milliers de milliards de	Revenu par habitant (en millions de	FLI*	Taux d'inflation (%)	Taux d'intérêt sur les dépôts	Primes d'assurance (en milliers de milliards
2018	407,5	9,1	15	14,3	15,0	
2019	511,8	10,9	18	15,2	14,5	2,13
2020	668,0	12,1	20	12,25	14,0	2,31
2021	820,5	14,9	25	9,98	13,0	2,21
2022	955,6	17,8	29	12,25	13,2	6,23
2023	1204,5	20,0	33	8,77	12,5	8,06
2024	1457,6	24,1	38	9,8	12,0	9,97

* Établi sur la base d'une évaluation d'experts sur une échelle de 1 à 100.

Afin que le marché de l'assurance en Ouzbékistan puisse poursuivre son développement et renforcer sa compétitivité sur la scène internationale, il est nécessaire de lever les obstacles existants et de mettre en œuvre plusieurs orientations stratégiques :

– amélioration du cadre législatif et réglementaire. L'une des conditions essentielles au développement du secteur réside dans l'actualisation de la législation. Celle-ci doit tenir compte des réalités contemporaines, notamment de la numérisation, de l'émergence de nouveaux risques et de l'évolution des normes internationales.

– L'introduction de nouveaux produits, tels que la cyberassurance ou la micro-assurance, suppose une adaptation du cadre juridique afin d'en favoriser le développement. Il est également nécessaire de renforcer la protection des consommateurs et d'assurer une plus grande transparence des tarifs et des conditions contractuelles ;

[87]Élaboré par l'auteur à partir des données du Comité national de statistique de la République d'Ouzbékistan et de l'Agence nationale des projets prospectifs de la République d'Ouzbékistan.

– Le renforcement de la culture assurantielle de la population.

– L'amélioration de la culture assurantielle constitue l'un des principaux leviers de stimulation de la demande de produits d'assurance. À cette fin, il convient d'intensifier les campagnes d'information et de sensibilisation destinées à l'ensemble de la population, y compris aux habitants des zones rurales. L'intégration de modules d'éducation financière dans les programmes scolaires, la création de ressources pédagogiques en ligne accessibles ainsi que l'organisation de séminaires et de webinaires animés par des experts permettront de mieux faire comprendre le rôle de l'assurance dans la sécurité économique ;

– Le renforcement de la capitalisation des compagnies d'assurance. Afin d'améliorer leur solidité financière et leur fiabilité, les compagnies d'assurance doivent renforcer leur structure financière. L'une des solutions envisageables consiste à attirer des investisseurs stratégiques, ce qui contribuerait à accroître leur capitalisation et à réduire les risques. Il importe également de mettre en place des mécanismes de protection contre les chocs financiers, notamment par la création de pools d'assurance destinés à mutualiser les risques ;

– La numérisation et le déploiement de technologies innovantes. L'introduction de nouvelles technologies, telles que l'intelligence artificielle et la blockchain, ainsi que le développement de plateformes numériques dédiées à la souscription des contrats et au règlement des sinistres, constitueront une étape importante de la modernisation du marché. L'exploitation des données et des outils analytiques pour anticiper les risques, optimiser la tarification et améliorer la relation avec les clients renforcera la compétitivité des compagnies d'assurance tant sur le marché national qu'à l'international. Les principales initiatives de numérisation du marché de l'assurance en Ouzbékistan sont présentées dans le tableau 5 ;

– Le développement de nouveaux produits, services et canaux de distribution. Afin de stimuler la demande d'assurance, il est nécessaire de développer de nouveaux produits répondant aux besoins spécifiques de la population. Il peut notamment s'agir de produits de micro-assurance destinés aux ménages à faibles revenus, d'assurances agricoles à destination des exploitants, ainsi que de couvertures spécialisées contre les risques climatiques, les cyberrisques et d'autres risques émergents. Le développement de ces produits permettra d'élargir le marché et d'attirer de nouvelles catégories de clients.

Tableau 3.18. Valeurs estimées des coefficients du modèle de régression[88]

N°	Variable	Coefficient (β)	Valeur p	Interprétation
1.	Constante (β_0)	-1 239	0,082	Non significative au seuil de 5 %
2.	Produit intérieur brut (PIB)	6,87	0,003	Effet positif statistiquement significatif
3.	Revenu par habitant (I)	19,24	0,014	Influence significative
4.	Culture assurantielle et littératie financière (FLI)	42,11	0,001	Très forte significativité, effet marqué
5.	Taux d'inflation (If)	-58,73	0,021	Effet négatif statistiquement significatif
6.	Taux d'intérêt sur les dépôts (IR)	36,50	0,045	Effet positif modéré

[88] Élaboré par l'auteur à partir des données du Comité national de statistique de la République d'Ouzbékistan et de l'Agence nationale des projets prospectifs de la République d'Ouzbékistan.

Le marché de l'assurance en Ouzbékistan demeure à un stade de développement et de consolidation. Malgré les progrès déjà accomplis, son potentiel reste encore largement sous-exploité. Les principaux facteurs qui freinent une croissance plus rapide du secteur sont un cadre législatif et réglementaire insuffisamment adapté, un faible niveau de culture assurantielle au sein de la population, une capitalisation encore limitée des compagnies d'assurance et un recours insuffisant aux technologies numériques. Ces contraintes empêchent le secteur d'atteindre un niveau de maturité et d'intégration conforme aux standards internationaux. Néanmoins, grâce à une stratégie cohérente et à des réformes systémiques, l'Ouzbékistan dispose de tous les atouts nécessaires pour mettre en place un système d'assurance performant et compétitif.

En premier lieu, la modernisation du cadre législatif constitue une condition essentielle à la transformation du marché. Les évolutions récentes, notamment le développement des technologies numériques, l'apparition de nouveaux risques liés au changement climatique et à la montée des cybermenaces, exigent la mise en place d'un environnement juridique plus souple et plus dynamique. Une nouvelle législation relative aux activités d'assurance devrait favoriser le développement de produits innovants, tels que la cyberassurance, la micro-assurance et les produits d'assurance proposés sous des formats numériques. L'harmonisation de la réglementation avec les standards internationaux contribuerait également à attirer les investisseurs étrangers et à renforcer la confiance dans le secteur.

Le renforcement de la culture assurantielle de la population constitue une priorité tout aussi importante. Sans une meilleure compréhension des avantages de l'assurance, les citoyens resteront peu enclins à recourir aux services assurantiels. La mise en œuvre de programmes d'éducation financière à tous les niveaux de formation, depuis l'enseignement scolaire jusqu'à la formation professionnelle, ainsi que l'organisation de vastes campagnes d'information par l'intermédiaire des médias et des plateformes numériques, permettront d'améliorer la connaissance du rôle de l'assurance dans la sécurité économique des ménages. Cette évolution favorisera à son tour une augmentation de la demande de produits d'assurance, créant ainsi un moteur durable de croissance pour le secteur.

Le renforcement de la solidité financière des compagnies d'assurance nécessite une attention particulière aux questions de capitalisation et de gouvernance d'entreprise. L'arrivée d'investisseurs étrangers et l'adoption de nouvelles formes d'organisation, notamment à travers la mise en place de pools d'assurance, permettront d'accroître la stabilité financière des assureurs tout en réduisant leur exposition aux chocs économiques externes. Ces évolutions favoriseront également l'innovation et l'élargissement de la gamme de produits proposés.

La numérisation et le déploiement de nouvelles technologies constitueront un puissant levier de modernisation de l'ensemble du secteur. Le recours à l'intelligence artificielle pour l'évaluation des risques et la tarification, à la blockchain pour renforcer la transparence et la confiance, ainsi qu'aux plateformes numériques pour la souscription et la gestion des contrats, permettra d'améliorer sensiblement l'efficacité des compagnies d'assurance. Il importe que des pays tels que l'Ouzbékistan suivent les évolutions technologiques mondiales et accélèrent l'adoption de ces innovations, qui ouvriront de nouvelles perspectives tant pour la relation avec les assurés que pour l'expansion du marché.

Le développement de nouveaux produits d'assurance adaptés aux besoins de la population constituera également un facteur essentiel de croissance. La micro-assurance, l'assurance santé, l'assurance agricole, ainsi que les produits spécialisés couvrant les risques climatiques, les cyberrisques et d'autres risques émergents devraient connaître une demande croissante, notamment dans un contexte d'instabilité économique et de mutations globales. Le développement de ces produits permettra d'élargir la couverture assurantielle et d'accroître le nombre d'assurés.

Les perspectives de développement du marché de l'assurance en Ouzbékistan sont directement liées à sa capacité d'adaptation aux mutations économiques, technologiques et sociales. Le système d'assurance doit devenir non seulement un instrument de couverture des risques, mais également une composante essentielle de l'infrastructure économique favorisant une croissance durable. Dans un contexte de transformations mondiales et d'incertitudes croissantes, l'assurance est appelée à jouer un rôle majeur dans le renforcement de la sécurité économique des ménages et des entreprises, contribuant ainsi à la stabilité et au développement de l'économie nationale.

En définitive, la pleine réalisation du potentiel du marché de l'assurance en Ouzbékistan suppose une approche globale des difficultés auxquelles le secteur demeure confronté. La modernisation du cadre réglementaire, le développement de la culture assurantielle, le renforcement de la capitalisation des compagnies, l'accélération de la transformation numérique ainsi que la conception de nouveaux produits répondant aux besoins de la population constituent les principaux leviers de cette évolution. À terme, ces mesures permettront non seulement d'accélérer le développement du secteur, mais également de le hisser à un niveau conforme aux standards internationaux.

L'état actuel du marché de l'assurance en Ouzbékistan reflète les profondes transformations institutionnelles et structurelles engagées dans l'économie nationale depuis le début des réformes de marché. L'émergence d'un environnement concurrentiel, la disparition du monopole de l'État et la participation croissante des compagnies privées à la prestation de services d'assurance témoignent des progrès accomplis dans la construction d'un secteur financièrement solide et orienté vers les mécanismes du marché. La multiplication par plus de quatorze du montant brut des primes d'assurance émises entre 2016 et 2024, ainsi que la progression du portefeuille d'investissement des assureurs, illustrent le dynamisme du secteur.

Dans le même temps, le taux de pénétration de l'assurance dans le PIB (0,7-0,8 %) et la densité d'assurance (environ 21 dollars des États-Unis par habitant) demeurent sensiblement inférieurs aux standards internationaux. Cette situation s'explique notamment par la faiblesse de la culture assurantielle, un niveau encore limité de numérisation des services, le développement insuffisant du segment de l'assurance-vie et la forte concentration géographique de l'activité d'assurance dans la ville de Tachkent.

La modélisation économétrique réalisée confirme que les principaux moteurs de croissance du marché de l'assurance sont l'augmentation du produit intérieur brut, la progression du revenu des ménages et l'amélioration du niveau de littératie financière. Les évolutions positives observées dans la structure du marché se traduisent également par une diminution de la part de l'assurance obligatoire et par le renforcement des positions concurrentielles des assureurs privés, favorisant ainsi la libéralisation du secteur.

Dans le contexte du développement des technologies numériques et de la transformation mondiale du secteur de l'assurance, de nouvelles perspectives s'ouvrent pour l'Ouzbékistan à l'intersection de l'assurance agricole, de l'intelligence artificielle et des technologies de traitement des mégadonnées. Les principales orientations concernent l'intégration des données issues de l'assurance agricole avec les modèles climatiques grâce aux observations satellitaires et aux infrastructures de capteurs reposant sur l'Internet des objets, ainsi que la constitution de lacs de données (*data lakes*) régionaux alimentés par les registres publics, notamment les bases de données médicales, cadastrales et démographiques. Une telle infrastructure pourrait constituer le socle d'un système intelligent de prévision des risques et de développement de produits d'assurance à haute précision. Les principales technologies d'intelligence artificielle appliquées au marché de l'assurance en Ouzbékistan sont présentées à la figure 3.5.

L'intelligence artificielle, notamment à travers les technologies de traitement automatique du langage naturel (NLP), de modélisation comportementale et d'interfaces adaptatives, transforme en profondeur les modalités de la relation entre les assureurs et leurs clients. Les contrats d'assurance standardisés cèdent progressivement la place à des solutions dynamiques et personnalisées, proposées en temps réel. L'expérience d'entreprises telles que Lemonade et Ping An montre que la combinaison de l'automatisation et de la personnalisation permet non seulement d'augmenter le taux de fidélisation de la clientèle de 30 à 40 %, mais également de développer de manière significative les possibilités de ventes croisées (*cross-selling*).

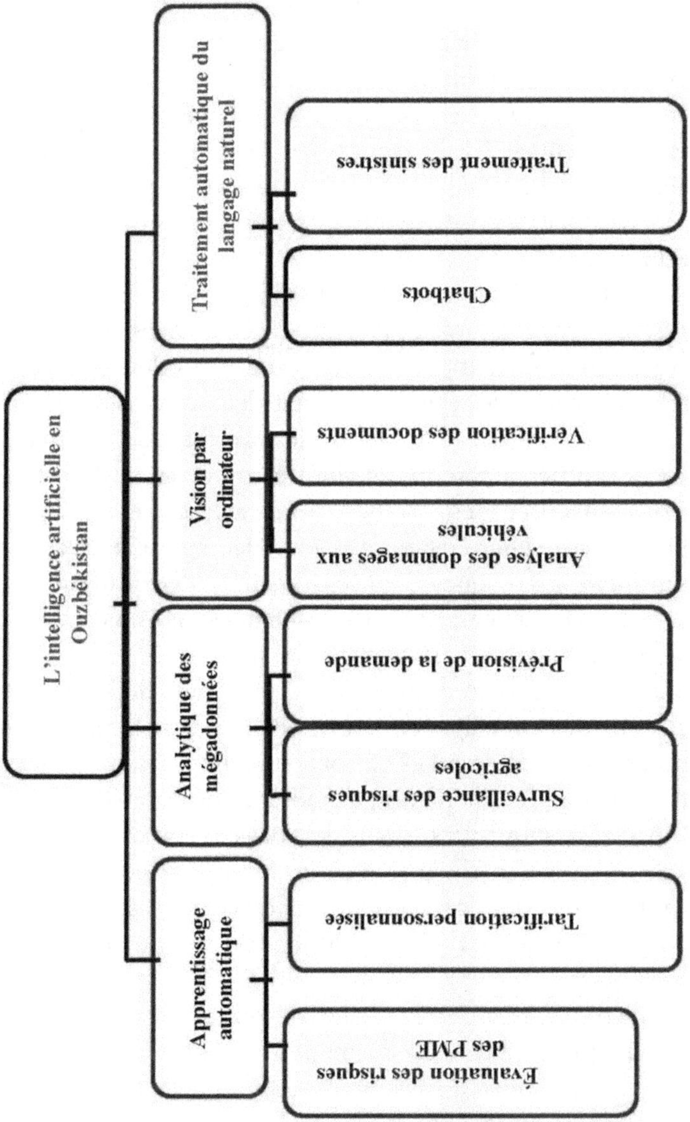

Figure 3.5. Principales technologies de l'intelligence artificielle sur le marché de l'assurance en Ouzbékistan[89]

[89] Élaboré par l'auteur.

Dans le contexte ouzbek, il paraît opportun de développer une plateforme mobile d'« assurance intelligente », permettant d'adapter les conditions d'assurance aux caractéristiques propres à chaque utilisateur sur la base d'une analyse comportementale. Le recours à l'intelligence artificielle générative permettrait de modéliser différents parcours clients et de formuler des offres adaptées à des profils de risque spécifiques.

Toutefois, le déploiement de l'intelligence artificielle suppose non seulement des capacités technologiques, mais également un cadre institutionnel approprié. L'Ouzbékistan devrait mettre en place un bac à sable réglementaire unifié consacré à l'utilisation de l'IA dans l'assurance, fondé sur les principes de transparence des algorithmes, d'interprétabilité des modèles et de primauté de la protection des données à caractère personnel. Une attention particulière devra être accordée aux enjeux éthiques, notamment aux risques de discrimination algorithmique et de biais, en particulier dans des domaines sensibles tels que l'assurance maladie et l'assurance sociale.

Par ailleurs, même dans les économies développées, la diffusion de l'intelligence artificielle se heurte à plusieurs contraintes structurelles : obsolescence des systèmes d'information, fragmentation des sources de données et pénurie de spécialistes qualifiés. Dans les pays d'Amérique latine et d'Asie du Sud-Est, l'insuffisance des compétences numériques et la faiblesse des infrastructures constituent également des obstacles majeurs. Ces difficultés concernent aussi l'Ouzbékistan.

Le dépassement de ces obstacles suppose la mise en œuvre de vastes programmes de formation consacrés à l'intelligence artificielle appliquée à l'assurance, associant les universités, les centres de recherche et le secteur privé. Parallèlement, des investissements dans la modernisation technologique sont indispensables : migration vers des plateformes d'informatique en nuage, création de bases de données centralisées et mise en place d'interfaces de programmation d'applications (API) normalisées entre les compagnies d'assurance et les organismes publics.

L'expérience internationale montre qu'une transformation numérique efficace du secteur de l'assurance ne peut être menée sans une approche systémique et globale, reposant sur l'intégration approfondie de l'intelligence artificielle dans les principaux processus opérationnels, commerciaux et stratégiques. Les pays les plus avancés obtiennent des résultats durables en matière d'efficacité opérationnelle, de précision de l'évaluation des risques, de flexibilité des produits d'assurance et de fidélisation de la clientèle grâce à la combinaison de solutions technologiques, d'outils analytiques avancés, d'un soutien réglementaire et d'investissements dans le capital humain.

Pour l'Ouzbékistan, cela implique de passer d'initiatives pilotes ponctuelles à des programmes stratégiques de long terme consacrés à la numérisation de l'assurance. Les principales mesures à mettre en œuvre dans cette perspective devraient être les suivantes :

– élaboration d'une feuille de route nationale pour le déploiement de l'intelligence artificielle dans le secteur de l'assurance ;

– institutionnalisation des partenariats public-privé dans le domaine de l'insurtech ;

– création de plateformes sectorielles d'intelligence artificielle dédiées aux principales branches de l'assurance ;

– promotion d'une plus grande inclusion assurantielle grâce au développement de produits d'assurance numériques, notamment la micro-assurance et l'assurance paramétrique.

L'Ouzbékistan dispose aujourd'hui d'une véritable opportunité de passer d'un modèle de développement fondé sur l'inertie à la construction d'un système d'assurance de nouvelle génération, à la fois flexible, technologiquement avancé et répondant aux besoins de la société. Une telle transformation ne saurait reposer sur des initiatives ponctuelles ; elle exige la mise en place d'une architecture cohérente de transformation numérique, fondée sur l'intelligence artificielle, l'intégration des données, la coordination institutionnelle et le développement du capital humain. Seule une approche stratégique de la numérisation, s'appuyant sur des pratiques éprouvées à l'échelle internationale, permettra de bâtir un écosystème assurantiel compétitif, capable non seulement de s'adapter aux mutations mondiales, mais également de définir sa propre trajectoire de développement dans le nouvel environnement technologique.

Malgré les progrès déjà accomplis, le développement futur du marché de l'assurance en Ouzbékistan suppose la mise en œuvre de réformes structurelles : modernisation du cadre juridique afin de tenir compte de la transformation numérique, renforcement de la culture assurantielle et de la littératie financière de la population, consolidation de la capitalisation des organismes d'assurance et encouragement de l'adoption des technologies innovantes. Ce n'est qu'au prix d'une approche globale de ces enjeux que le marché de l'assurance pourra pleinement réaliser son potentiel en tant qu'institution stratégique au service de la sécurité économique, de la stabilité des investissements et de la protection sociale.

Conclusions du troisième chapitre

L'intelligence artificielle (IA) s'impose comme un facteur structurant de la transformation numérique du secteur de l'assurance en Ouzbékistan, en favorisant le passage d'un modèle traditionnel fondé sur l'expertise et l'intuition à un écosystème assurantiel de haute technologie, centré sur le client et capable de s'adapter en permanence. L'intégration de l'IA contribue à l'automatisation des principaux processus métier — souscription des risques (*underwriting*), évaluation des risques, règlement des sinistres et détection des fraudes — ce qui améliore la précision des décisions, réduit les coûts et accélère le traitement des opérations. Son déploiement revêt une importance particulière dans le contexte d'un marché de l'assurance en phase de développement : ces technologies permettent d'élargir la couverture assurantielle de la population, de développer la micro-assurance et d'adapter les produits aux caractéristiques comportementales et socio-économiques des assurés. Dans son ensemble, l'intelligence artificielle transforme progressivement l'assurance en Ouzbékistan, faisant évoluer une activité de services traditionnelle vers une plateforme numérique intelligente répondant aux exigences des consommateurs contemporains ainsi qu'aux standards internationaux en matière de durabilité, de transparence et d'inclusion.

L'expérience internationale en matière de déploiement de l'intelligence artificielle dans le secteur de l'assurance met en évidence son rôle déterminant dans l'amélioration de l'efficacité opérationnelle, la personnalisation de la relation client, la gestion des risques et le développement de produits d'assurance innovants. Les pays disposant d'infrastructures numériques avancées et d'un cadre réglementaire favorable, tels que l'Allemagne, les États-Unis, le Japon et la Chine, intègrent avec succès les technologies d'apprentissage automatique, de traitement automatique du langage naturel (NLP) et d'intelligence artificielle générative dans l'ensemble des processus assurantiels, depuis la souscription des risques et le règlement des sinistres jusqu'à la planification stratégique. Ces pratiques permettent non seulement de réduire les coûts et d'améliorer la précision de l'évaluation des risques, mais également d'élargir la couverture assurantielle grâce aux canaux numériques et à des solutions personnalisées. Dans le même temps, l'expérience internationale met en lumière plusieurs contraintes structurelles, notamment la fragmentation des données, la pénurie de spécialistes en intelligence artificielle, les limites du cadre réglementaire et les risques de biais algorithmiques. Pour l'Ouzbékistan, l'analyse de ces expériences présente une importance stratégique, dans la mesure où elle permet d'adapter les meilleures pratiques internationales au contexte national, tout en limitant les risques et en accélérant la transition vers un modèle numérique du secteur de l'assurance.

Le marché de l'assurance en Ouzbékistan connaît une croissance soutenue dans un contexte de profondes transformations institutionnelles. La disparition progressive du monopole de l'État, le renforcement de la concurrence et les progrès de la numérisation redessinent progressivement les contours du secteur. L'augmentation des primes d'assurance, le développement des activités d'investissement et la diversification des produits témoignent d'une évolution favorable. Toutefois, plusieurs contraintes structurelles subsistent, notamment un faible taux de pénétration de l'assurance, une culture assurantielle encore insuffisamment développée et une forte concentration géographique de l'activité à Tachkent. Le développement du marché demeure ainsi limité par le caractère encore fragmentaire des réformes engagées. Le passage à un modèle de développement durable suppose la mise en œuvre de mesures coordonnées : modernisation du cadre réglementaire afin de tenir compte des réalités de la transformation numérique, renforcement de la culture assurantielle et de la littératie financière, élargissement de la gamme de produits, consolidation institutionnelle et renforcement de la capitalisation des compagnies d'assurance. L'Ouzbékistan est désormais appelé à opérer un véritable changement stratégique, en substituant à des initiatives isolées une transformation numérique globale fondée sur l'intelligence artificielle, l'intégration des données, la coordination institutionnelle et l'investissement dans le capital humain. L'expérience internationale démontre qu'une telle approche systémique permet non seulement de s'adapter aux évolutions en cours, mais également de favoriser un développement anticipatif. À défaut de profondes réformes structurelles, le secteur de l'assurance ne pourra pleinement jouer son rôle d'institution stratégique au service de la stabilité économique, de l'intermédiation financière et de la protection sociale.

CHAPITRE IV.

Perspectives et stratégies de déploiement de l'intelligence artificielle dans le secteur de l'assurance en Ouzbékistan

§ 4.1. Stratégies de transformation numérique des compagnies d'assurance en Ouzbékistan

La transformation numérique des compagnies d'assurance en Ouzbékistan ne se limite pas à une simple modernisation technologique ; elle constitue un processus systémique et stratégique de redéfinition du rôle et de l'organisation du secteur de l'assurance dans le contexte de l'essor de l'économie numérique mondiale. À une époque où les technologies numériques s'imposent comme une composante essentielle de la vie économique et sociale, la transformation du secteur de l'assurance revêt une importance stratégique, puisqu'elle détermine non seulement le fonctionnement actuel des entreprises, mais également leur résilience à long terme et leur capacité d'innovation.

Cette évolution dépasse largement la simple automatisation des processus opérationnels. Elle implique une reconfiguration profonde des modèles organisationnels et économiques, fondée sur le développement des canaux numériques de relation avec la clientèle, l'exploitation intelligente des données et l'adoption d'approches plus souples en matière de gestion des risques. La transformation numérique couvre un large éventail de domaines, allant de l'intégration de systèmes d'intelligence artificielle dans les processus de souscription des risques (*underwriting*) et de tarification personnalisée jusqu'à l'optimisation du règlement des sinistres et au renforcement des capacités d'analyse prédictive.

Parallèlement, cette transformation favorise l'émergence de nouvelles formes d'expérience client fondées sur l'accessibilité, la transparence et l'interactivité des services d'assurance. La participation croissante des assurés à l'environnement numérique conduit les compagnies d'assurance à repenser leurs modes traditionnels d'interaction avec la clientèle, à mettre en œuvre des stratégies omnicanales et à développer des solutions répondant aux besoins spécifiques de chaque client. Ainsi, la transformation numérique apparaît non seulement comme un levier d'amélioration de l'efficacité opérationnelle, mais également comme un instrument de renouvellement stratégique, permettant aux entreprises de renforcer leur capacité d'adaptation face à l'évolution des marchés et des attentes des consommateurs.

L'activité de la compagnie nationale d'assurance à l'exportation et à l'importation Uzbekinvest constitue une illustration de cette transformation. L'entreprise met progressivement en œuvre des solutions numériques à l'ensemble des niveaux de son organisation. Elle développe activement des services en ligne, notamment la souscription à distance de contrats d'assurance, une plateforme numérique destinée à la fourniture de conseils et au règlement rapide des sinistres, ainsi que l'intégration avec les systèmes d'information des administrations publiques et des établissements bancaires. Une attention particulière est accordée à la cybersécurité, au traitement intelligent des données et au développement de services proactifs destinés aux clients. Cette stratégie permet à Uzbekinvest non seulement de consolider sa position sur le marché, mais également de jouer un rôle moteur dans la transformation numérique de l'ensemble du secteur.

Ainsi, l'exemple de sociétés telles qu'Uzbekinvest montre que la transformation numérique du secteur de l'assurance en Ouzbékistan ne se traduit pas seulement par des évolutions quantitatives, mais surtout par une mutation qualitative de la logique de fonctionnement des entreprises, rendue nécessaire par les exigences de l'économie numérique et par l'évolution des attentes du consommateur numérique.

Tableau 4.1. Principaux moteurs technologiques de la transformation numérique du secteur de l'assurance en Ouzbékistan

Technologie	Brève description	Impact sur le secteur de l'assurance	Exemples d'application
Intelligence artificielle (IA)	Automatisation de l'analyse de grands volumes de données et prévision des risques	Amélioration de la précision de la souscription des risques (*underwriting*) et réduction des erreurs	Prévision de la probabilité de survenance des sinistres ; détection des fraudes
Mégadonnées (*Big Data*)	Analyse de grands volumes de données structurées et non structurées	Personnalisation des produits d'assurance et modélisation du comportement des clients	Conception de produits d'assurance segmentés
Internet des objets (IoT)	Dispositifs permettant le suivi en temps réel des biens assurés	Développement d'une assurance proactive et réduction des sinistres	Surveillance des véhicules, des habitations intelligentes et de l'état de santé
Blockchain	Registre distribué garantissant la sécurité et la transparence des données	Automatisation des contrats (contrats intelligents) et réduction des fraudes	Gestion des sinistres et administration des contrats
Informatique en nuage (*cloud computing*)	Technologies assurant l'évolutivité et la flexibilité des services numériques	Amélioration de l'accessibilité des services et réduction des coûts de transaction	Souscription en ligne ; applications mobiles

Le recours à des technologies numériques innovantes, telles que l'intelligence artificielle (IA), les mégadonnées (*Big Data*), l'Internet des objets (IoT), la blockchain et l'informatique en nuage (*cloud computing*), constitue un vecteur fondamental du développement du secteur de l'assurance. Ces technologies transforment en profondeur les processus opérationnels en permettant d'optimiser les coûts, d'améliorer la précision des modèles d'analyse et de prévision, ainsi que de renforcer sensiblement la qualité des services offerts aux assurés. Le tableau 4.1 présente les principaux moteurs technologiques de la transformation numérique du marché de l'assurance en Ouzbékistan, ainsi qu'une description de leurs fonctions et de leur impact sur les activités d'assurance.

Une analyse détaillée montre que le déploiement de l'intelligence artificielle améliore la qualité de la souscription des risques (*underwriting*) grâce à l'automatisation de procédures de calcul complexes et à une plus grande précision des prévisions. L'exploitation des mégadonnées (*Big Data*) permet, quant à elle, de prendre en compte la diversité des facteurs influençant le comportement des assurés, ouvrant ainsi la voie à une personnalisation accrue des produits d'assurance et à une amélioration de l'expérience client.

Le recours à l'Internet des objets (*Internet of Things*, IoT) transforme le paradigme de la gestion des risques en permettant une surveillance continue des risques assurés et une réaction rapide face aux menaces émergentes. De son côté, la technologie de la blockchain, fondée sur des registres décentralisés et sécurisés, réduit considérablement les risques opérationnels et simplifie les échanges entre les souscripteurs et les entreprises d'assurance. Quant à l'informatique en nuage (*cloud computing*), elle accroît les capacités des infrastructures numériques en garantissant leur évolutivité et l'accessibilité des services numériques, ce qui constitue un facteur déterminant de compétitivité dans le contexte de l'économie numérique.

Le déploiement conjoint de ces leviers technologiques crée les conditions d'une transformation profonde de la structure et des mécanismes de fonctionnement du secteur de l'assurance en Ouzbékistan, se traduisant par un renforcement de son efficacité et de sa capacité d'adaptation. Le recours à l'intelligence artificielle (IA) et aux méthodes d'apprentissage automatique transforme en profondeur les processus d'évaluation des risques, en améliorant sensiblement la précision et l'adaptabilité des modèles analytiques. Grâce à leur capacité à traiter de vastes ensembles de données non structurées, notamment des flux d'informations textuelles, audio et vidéo, les algorithmes d'intelligence artificielle de dernière génération sont en mesure d'identifier des corrélations complexes et des tendances que les méthodes d'analyse traditionnelles ne permettent pas de détecter. Il devient ainsi possible d'élaborer des évaluations des risques plus dynamiques et davantage contextualisées, favorisant l'optimisation des processus de souscription (*underwriting*) et la réduction du risque d'erreur, ce qui revêt une importance particulière dans un contexte de forte volatilité des marchés de l'assurance.

La technologie des mégadonnées (*Big Data*) ouvre de nouvelles perspectives en matière de personnalisation des produits d'assurance grâce à une compréhension approfondie des comportements et des préférences individuelles des assurés. L'analyse de données multidimensionnelles, couvrant un large éventail de paramètres — des caractéristiques démographiques et sociales aux spécificités des comportements de consommation —, constitue le fondement de la conception de solutions d'assurance ciblées, adaptées aux besoins des différents segments de clientèle. Cette évolution revêt une importance particulière dans un contexte de demande croissante de produits personnalisés, favorisant l'émergence de nouveaux modèles économiques et le renforcement de la fidélisation des assurés.

L'Internet des objets (*Internet of Things*, IoT) permet un suivi continu de l'état des objets assurés, tels que les véhicules, les biens immobiliers ou encore l'état de santé des assurés. Le recours aux dispositifs connectés favorise le passage d'un modèle d'assurance traditionnel, centré sur l'indemnisation des sinistres, à une approche proactive fondée sur la détection précoce et la prévention des risques. Cette transformation contribue à réduire le niveau global des sinistres, à améliorer l'efficacité des entreprises d'assurance et à enrichir l'expérience client par la mise à disposition de services supplémentaires.

La technologie blockchain garantit un niveau élevé de transparence, de sécurité et d'intégrité des données, ce qui revêt une importance fondamentale tant lors de la conclusion des contrats d'assurance que dans le cadre du règlement des sinistres. En raison de son architecture décentralisée, la blockchain réduit considérablement les risques de fraude et instaure un climat de confiance entre l'ensemble des parties à la relation d'assurance. En outre, le recours aux contrats intelligents (*smart contracts*) permet d'automatiser les principaux processus métier, en accélérant le traitement des demandes et en réduisant les coûts opérationnels.

Dans le contexte du développement du marché de l'assurance en Ouzbékistan, actuellement engagé dans une phase de consolidation institutionnelle et de transformations structurelles, l'élaboration d'une stratégie de transformation numérique claire et cohérente constitue une condition essentielle à l'intégration réussie des technologies innovantes. Les réformes économiques visant à libéraliser et à moderniser le secteur financier favorisent l'émergence d'un environnement concurrentiel dynamique, dans lequel les compétences numériques deviennent un facteur déterminant de compétitivité et de croissance des entreprises. Par ailleurs, la transformation numérique du secteur de l'assurance s'inscrit dans un ensemble plus large d'initiatives publiques, notamment la stratégie nationale « Ouzbékistan numérique 2030 », qui offre un cadre institutionnel et réglementaire propice au déploiement des technologies de pointe. Cette synergie entre les politiques publiques et les innovations sectorielles ouvre des perspectives favorables à un développement durable et au renforcement de la compétitivité du marché de l'assurance à long terme.

Dans le cadre de la présente recherche, la stratégie de transformation numérique des entreprises d'assurance en Ouzbékistan est définie comme un ensemble cohérent de décisions managériales, technologiques et organisationnelles visant à intégrer les technologies numériques dans les principaux processus métier des entreprises d'assurance. Cette stratégie a pour objectif d'améliorer l'efficacité opérationnelle, de renforcer la qualité de l'expérience client et de créer de nouvelles sources d'avantage concurrentiel dans un environnement économique et technologique en constante évolution. Elle repose sur une approche globale associant l'adaptation des modèles économiques, la révision des procédures internes et le développement des compétences numériques, tout en tenant compte des spécificités du contexte institutionnel et économique de l'Ouzbékistan. Elle permet également d'aligner les objectifs stratégiques des entreprises sur les priorités nationales en matière de développement numérique, telles qu'elles sont définies dans des initiatives publiques comme la stratégie « Ouzbékistan numérique 2030 », créant ainsi les conditions d'une croissance innovante et durable du secteur de l'assurance.

Les dimensions socioculturelles de la transformation numérique doivent également être prises en considération. L'amélioration de la culture numérique de la population, conjuguée à la diffusion croissante d'Internet et des communications mobiles, suscite une demande accrue de nouveaux modes de prestation des services d'assurance, tels que la souscription de contrats en ligne, le règlement à distance des sinistres ou encore la gestion des produits d'assurance au moyen d'applications mobiles. Les entreprises incapables de s'adapter rapidement à ces nouvelles attentes risquent de perdre leur compétitivité face à des concurrents plus agiles et mieux dotés sur le plan technologique.

La transformation numérique ouvre de nouvelles perspectives pour l'amélioration de l'efficacité et de la compétitivité des entreprises d'assurance grâce à une refonte profonde des processus internes, de l'architecture de gestion et des modalités d'interaction avec les assurés. L'un des principaux axes de cette transformation réside dans l'automatisation de fonctions traditionnellement caractérisées par une forte intensité de travail manuel et une propension élevée aux erreurs, telles que la souscription (*underwriting*) et le règlement des sinistres. L'intégration d'algorithmes d'intelligence artificielle dans ces processus permet d'en accroître considérablement la performance opérationnelle en assurant une prise de décision rapide et fiable fondée sur des critères objectifs et sur l'analyse de données historiques. Le recours à l'analyse prédictive fondée sur l'apprentissage automatique améliore également la précision de l'évaluation de la probabilité de survenance d'un sinistre, contribuant ainsi à une tarification plus pertinente et à une réduction de la fraude à l'assurance.

L'exploitation des mégadonnées (*Big Data*) joue également un rôle déterminant dans la transformation des activités d'assurance. La collecte, l'agrégation et l'analyse de vastes volumes d'informations provenant de sources variées — depuis les bases de données publiques jusqu'aux traces numériques laissées par les assurés — offrent de nouvelles possibilités d'analyse comportementale et de ciblage de la clientèle. Cette approche analytique permet de substituer aux produits d'assurance standardisés des solutions personnalisées, adaptées aux besoins de segments démographiques, professionnels ou comportementaux spécifiques. Dans un contexte marqué par l'accroissement de la maturité numérique de la population et par l'évolution des préférences des consommateurs, la personnalisation ne constitue plus seulement un avantage concurrentiel : elle devient une condition de pérennité sur le marché.

Les technologies numériques assurent en outre une intégration complète des services et des plateformes, permettant aux assurés d'accéder à l'ensemble du parcours d'assurance en temps réel, depuis la première consultation jusqu'à la souscription du contrat et au règlement du sinistre, sans qu'il soit nécessaire de se rendre en agence. Cette évolution réduit non seulement les coûts de transaction, mais améliore également de manière significative la satisfaction des assurés, ce qui revêt une importance stratégique dans un contexte de concurrence accrue et d'exigences croissantes des utilisateurs.

L'intégration de la technologie blockchain dans le secteur de l'assurance constitue une avancée majeure en matière de transparence, de fiabilité et de sécurité des opérations. Grâce à son architecture décentralisée, la blockchain garantit l'intégrité et la vérifiabilité des données, ce qui revêt une importance particulière lors de la conclusion des contrats d'assurance, de l'enregistrement des sinistres et du règlement des sinistres. Elle réduit ainsi les risques de manipulation, simplifie les procédures d'audit et renforce la confiance tant des assurés que des autorités de régulation. En outre, le recours aux contrats intelligents (*smart contracts*) permet d'automatiser l'exécution des obligations contractuelles dès la survenance d'un sinistre, réduisant ainsi les délais de traitement et les coûts administratifs.

Parallèlement, un écosystème numérique de l'assurance se développe et s'étend, intégrant une multiplicité de canaux de distribution, notamment des applications mobiles, des plateformes en ligne, des places de marché (*marketplaces*) et des interfaces avec les technologies financières (*fintech*). Ces solutions transforment profondément les modalités d'interaction avec les assurés : les services d'assurance deviennent non seulement plus accessibles, mais aussi plus intuitifs, plus simples d'utilisation et davantage personnalisés. L'élargissement de la couverture géographique constitue également un enjeu majeur : grâce aux canaux numériques, les produits d'assurance peuvent désormais être proposés aux habitants de régions éloignées ou jusqu'alors insuffisamment desservies, où le réseau traditionnel d'agents est peu développé, voire totalement absent.

Toutefois, la mise en œuvre de ces stratégies se heurte à plusieurs défis systémiques qui limitent l'ampleur et le rythme de la transformation numérique (tableau 4.2).

En premier lieu, elle suppose des investissements considérables dans la mise en place d'infrastructures technologiques modernes, comprenant notamment des solutions d'informatique en nuage (cloud computing), des centres de données ainsi que des plateformes robustes de cybersécurité. Pour de nombreuses entreprises d'assurance, en particulier les petites et moyennes structures, de tels investissements demeurent difficiles à financer et nécessitent fréquemment le recours à des financements externes ou la participation à des partenariats stratégiques. À cela s'ajoute une pénurie de professionnels disposant des compétences numériques et analytiques requises, notamment dans des domaines aussi essentiels que le développement logiciel, la gestion des données, l'intelligence artificielle et la cybersécurité. Cette difficulté est particulièrement marquée dans les économies émergentes, où les systèmes de formation peinent à suivre l'évolution des besoins du marché, tandis que la fuite des talents vers des économies plus avancées sur le plan numérique accentue encore les déséquilibres.

Tableau 4.2. Principaux défis et obstacles à la transformation numérique du secteur de l'assurance en Ouzbékistan[90]

Catégorie	Problèmes	Conséquences	Solutions envisageables
Financière	Coûts d'investissement élevés liés au déploiement des technologies	Ralentissement de la transformation numérique, limitation de l'innovation	Mobilisation d'investissements, subventions publiques
Ressources humaines	Pénurie de spécialistes qualifiés	Perte de compétitivité, retard par rapport au marché	Développement de formations spécialisées, coopération internationale
Réglementaire	Cadre réglementaire insuffisamment adapté aux	Risques juridiques, ralentissement de l'innovation	Mise en place de « bacs à sable réglementaires »,

[90] Élaboré par l'auteur.

	nouvelles technologies		modernisation de la législation
Technique	Cybersécurité, intégration des nouveaux systèmes	Risques de fuite de données, dysfonctionnements des systèmes	Investissements dans la protection des données, normalisation des processus
Socioculturelle	Faible niveau de culture numérique d'une partie de la population	Demande limitée de services numériques	Programmes de formation et de sensibilisation

Une attention particulière doit être accordée à l'adaptation du cadre juridique et réglementaire. La législation en vigueur ne couvre pas toujours les spécificités des nouvelles solutions technologiques, ce qui engendre une insécurité juridique et freine les initiatives d'innovation. Une révision globale des approches réglementaires s'impose, notamment par l'introduction du principe de neutralité technologique, la mise en place de « bacs à sable réglementaires » (*regulatory sandboxes*) et l'adoption de mécanismes permettant une adaptation souple à l'évolution des technologies.

La transformation numérique du secteur de l'assurance en Ouzbékistan ne se limite pas à la modernisation de certains aspects de l'activité des entreprises ; elle constitue une profonde recomposition institutionnelle et technologique de l'ensemble du secteur, qui concerne tous les niveaux d'organisation, depuis les mécanismes microéconomiques de fonctionnement des entreprises jusqu'aux indicateurs macroéconomiques du développement du système financier national. Ce processus exige une approche systémique et stratégiquement cohérente, reposant non seulement sur des investissements dans les technologies innovantes, mais également sur la réforme des mécanismes de gouvernance, du cadre juridique et du système de formation, afin d'assurer le développement durable du secteur.

La mise en place d'un modèle durable de coopération intersectorielle revêt également une importance particulière. Les pouvoirs publics, les entreprises d'assurance, les jeunes entreprises technologiques (*start-up*), les établissements d'enseignement supérieur et les organismes de recherche doivent agir dans une logique de coordination étroite. Une telle coopération permet non seulement d'intégrer les technologies numériques les plus avancées, mais aussi d'élaborer des normes réglementaires et éthiques adaptées aux nouvelles réalités de l'économie numérique. Dans cette perspective, la puissance publique joue un rôle de catalyseur : la création d'un cadre juridique et réglementaire favorable, l'accès aux financements, le soutien aux initiatives en faveur de l'inclusion numérique et la formation de professionnels qualifiés constituent autant de conditions essentielles au déploiement et à la diffusion des innovations dans le secteur de l'assurance.

D'un point de vue pratique, la mise en œuvre des stratégies numériques est susceptible de favoriser l'extension de la couverture assurantielle à l'ensemble des catégories de la population, y compris les groupes vulnérables ou socialement défavorisés, ainsi que les habitants des régions éloignées. Elle ouvre ainsi la voie à un renforcement de l'inclusion financière, indicateur majeur du développement socio-économique, qui reflète l'accès de la population aux instruments financiers modernes. L'élargissement de la couverture assurantielle contribue à réduire la vulnérabilité des ménages et des entreprises face aux chocs extérieurs, renforçant ainsi la stabilité macroéconomique et la résilience du système financier.

En outre, le développement des solutions numériques dans le secteur de l'assurance peut stimuler la croissance de secteurs connexes, tels que les technologies financières (*fintech*), les télécommunications, la logistique et le commerce électronique, en générant des effets de synergie et en contribuant à l'approfondissement de l'économie numérique du pays. À plus long terme, cette évolution crée des conditions favorables à l'accès des entreprises d'assurance ouzbèkes aux marchés internationaux, au renforcement de leur attractivité auprès des investisseurs et à leur intégration dans les chaînes de valeur mondiales des technologies financières.

La transformation numérique du secteur de l'assurance en Ouzbékistan doit être envisagée comme une composante de la stratégie nationale de modernisation de l'économie, fondée sur l'innovation, la résilience et l'inclusion. Sa réussite dépend de nombreux facteurs et suppose une approche globale conciliant développement technologique, soutien institutionnel et prise en compte des besoins des entreprises comme de ceux de la société dans son ensemble.

La transformation numérique du secteur de l'assurance de la République d'Ouzbékistan constitue un processus multidimensionnel et stratégiquement déterminant, visant à moderniser en profondeur les principaux aspects des activités des entreprises d'assurance grâce au recours aux technologies numériques de pointe. Dans un contexte marqué par le développement rapide de l'économie numérique, l'évolution des attentes des assurés et l'intensification de la concurrence, les entreprises d'assurance ne peuvent plus se limiter à l'adoption ponctuelle de solutions informatiques ; elles sont désormais appelées à transformer en profondeur leur organisation, leurs processus métier et leur culture de gouvernance.

Les défis actuels imposent au secteur de l'assurance de passer d'un modèle de fonctionnement traditionnel à un écosystème souple, centré sur les assurés et fondé sur les technologies les plus avancées, capable de s'adapter rapidement aux évolutions de son environnement (Figure 4.1).

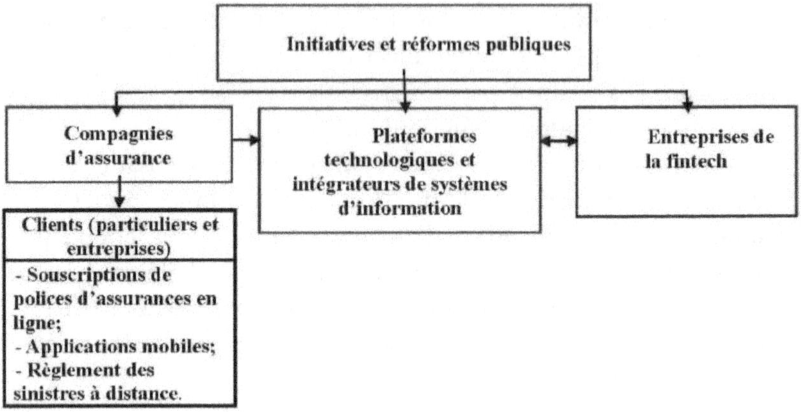

Figure 4.1. Écosystème de l'assurance numérique en Ouzbékistan

En réponse à ces défis, une stratégie progressive de transformation numérique des compagnies d'assurance en Ouzbékistan a été élaborée. Elle comprend cinq étapes interdépendantes, allant de la mise en place des fondements technologiques et du développement du capital humain à l'intégration de systèmes analytiques intelligents et à la construction d'un écosystème numérique pleinement opérationnel (Figure 4.2).

La première étape, intitulée « Mise en place des fondements technologiques et développement du capital humain », vise à jeter les bases de la transformation numérique en garantissant une infrastructure informatique fiable, en renforçant les compétences numériques du personnel et en modernisant le cadre législatif et réglementaire conformément aux exigences de l'ère numérique.

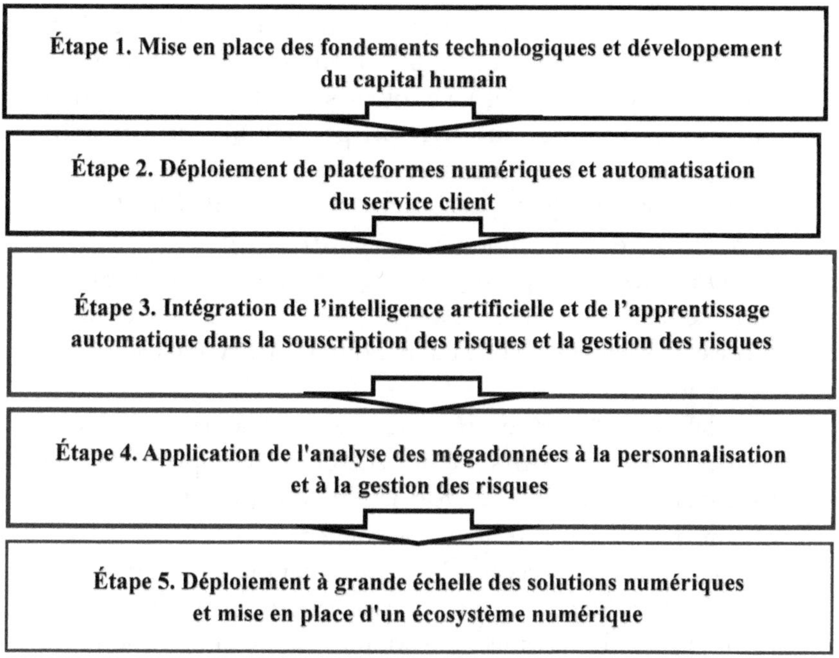

Figure 4.2. Stratégie progressive de transformation numérique des compagnies d'assurance en Ouzbékistan

Les principaux axes de mise en œuvre de la première étape sont les suivants :

– réaliser un audit complet des systèmes d'information existants afin d'identifier les vulnérabilités, les redondances dans les processus et les axes d'amélioration ;

– déployer des solutions d'informatique en nuage (*cloud computing*) reposant sur les modèles IaaS et PaaS, ainsi que mettre en place des entrepôts de données évolutifs garantissant la flexibilité et la sécurité du stockage des informations ;

– assurer une connexion Internet stable et à haut débit dans l'ensemble des unités des compagnies d'assurance, y compris dans les agences régionales ;

– élaborer et mettre en œuvre des mécanismes de sauvegarde des données ainsi que des protocoles de reprise après sinistre ;

– développer des partenariats avec les établissements d'enseignement supérieur, les plateformes de formation et les entreprises du secteur des technologies de l'information afin de concevoir et de mettre en œuvre des programmes de formation continue destinés aux collaborateurs dans des domaines tels que les mégadonnées (*Big Data*), l'intelligence artificielle (IA) et l'apprentissage automatique (*machine learning*, ML) ;

– créer des communautés internes d'experts, des centres de compétences numériques et des dispositifs de mentorat afin de favoriser l'émergence d'une culture durable de la transformation numérique ;

– élaborer et mettre en œuvre des politiques globales de sécurité des systèmes d'information, comprenant une surveillance continue, la formation du personnel et des mécanismes de réponse aux cybermenaces ;

– actualiser le cadre législatif national relatif à la numérisation des processus d'assurance, notamment par l'élaboration de normes encadrant l'utilisation éthique de l'intelligence artificielle et le traitement des données à caractère personnel.

Cette étape constitue le socle de l'ensemble de la stratégie de transformation numérique, en créant les conditions nécessaires à la mise en œuvre réussie des étapes suivantes. En l'absence d'une infrastructure technologique fiable, de ressources humaines qualifiées et d'un cadre juridique moderne, le développement des initiatives numériques ne saurait être pleinement assuré.

La deuxième étape, intitulée « Déploiement de plateformes numériques et automatisation du service client », vise à améliorer l'accessibilité des produits d'assurance et la qualité du service à la clientèle grâce à la numérisation des canaux d'interaction et à l'optimisation des processus opérationnels internes.

Les principaux axes de mise en œuvre de cette étape sont les suivants :

– développer des applications mobiles et des portails en ligne riches en fonctionnalités, permettant aux clients de souscrire des contrats d'assurance, de déclarer des sinistres, de suivre l'état d'avancement de leurs dossiers et d'obtenir des conseils en temps réel ;

– déployer des plateformes omnicanales intégrant les canaux numériques et physiques au sein d'un parcours client unifié, en s'appuyant sur des chatbots intelligents et des assistants vocaux ;

– automatiser les processus de souscription des risques (*underwriting*), de règlement des sinistres et de traitement des demandes d'indemnisation grâce à l'intelligence artificielle et aux technologies de reconnaissance optique de caractères (OCR) ;

– généraliser la gestion électronique des documents et mettre en œuvre des systèmes de gestion des processus métier (*Business Process Management*, BPM), afin de garantir la transparence, la maîtrise et l'évolutivité des opérations ;

– intégrer des systèmes de gestion de la relation client (CRM) et utiliser des outils de *Business Intelligence* (BI) afin d'analyser les données clients, d'identifier leurs préférences et d'accroître le niveau de personnalisation des produits d'assurance ;

– renforcer la sécurité des systèmes d'information grâce au recours à des méthodes modernes de chiffrement, à la gestion des droits d'accès et à la réalisation régulière d'audits informatiques ;

– mener des campagnes d'information et de sensibilisation destinées à développer les compétences numériques des clients et à promouvoir les services numériques au moyen de programmes de fidélisation et d'incitation.

Cette étape vise à améliorer l'efficacité, la rapidité et la qualité du service, tout en favorisant une perception positive de l'assurance numérique par les clients et en renforçant leur confiance dans les nouveaux modes d'interaction.

La troisième étape, intitulée « Intégration de l'intelligence artificielle et de l'apprentissage automatique dans la souscription des risques et la gestion des risques », marque le passage d'une approche traditionnelle et réactive de la gestion des risques à des modèles proactifs et prédictifs fondés sur l'intelligence artificielle et l'apprentissage automatique.

Les principales initiatives de cette étape sont les suivantes :

– développer et mettre en œuvre des algorithmes permettant d'évaluer la probabilité de survenance des sinistres, ainsi que des modèles de tarification dynamique tenant compte des profils individuels des assurés ;

– utiliser l'intelligence artificielle pour détecter les anomalies et prévenir les fraudes, tout en développant des modèles prédictifs destinés à estimer la fréquence et la gravité des risques ;

– constituer des équipes pluridisciplinaires réunissant analystes et spécialistes de la science des données, ainsi que créer des laboratoires internes consacrés à l'intelligence artificielle afin de stimuler l'innovation ;

– intégrer les modules d'intelligence artificielle aux systèmes existants de gestion des données clients, tout en garantissant l'interprétabilité et la transparence des décisions algorithmiques ;

– mettre les pratiques d'utilisation de l'intelligence artificielle en conformité avec la législation en vigueur, tout en élaborant et en mettant en œuvre des normes internes relatives à une utilisation éthique de l'intelligence artificielle.

Cette étape marque un changement qualitatif dans le domaine de la souscription des risques, en permettant d'améliorer sensiblement la précision de la prise de décision, de réduire les risques et de diminuer les coûts opérationnels.

La quatrième étape, intitulée « Application de l'analyse des mégadonnées à la personnalisation et à la gestion des risques », est consacrée au développement de produits d'assurance personnalisés et à la mise en œuvre d'une gestion efficace des risques fondée sur l'analyse des mégadonnées.

Les principaux axes de cette étape sont les suivants :

– mettre en place une infrastructure analytique moderne, comprenant des entrepôts de données évolutifs (*Data Lakes* et

Data Warehouses), ainsi que l'intégration de sources de données externes (données bancaires, administratives, météorologiques, télématiques, etc.) ;

– élaborer des offres personnalisées fondées sur l'analyse comportementale, l'analyse prédictive et la segmentation de la clientèle ;

– renforcer les ressources humaines en constituant des équipes spécialisées en science des données (*data science*) et en développant des partenariats avec les établissements d'enseignement supérieur et les organismes de recherche ;

– déployer des systèmes de visualisation des données (tableaux de bord) et automatiser la production des rapports analytiques afin de faciliter la prise de décision managériale ;

– mettre en œuvre les principes de l'éthique numérique, notamment en garantissant la protection des données à caractère personnel, la transparence des algorithmes et la prévention de toute forme de discrimination.

À ce stade, l'analyse des mégadonnées (*Big Data*) confère un avantage stratégique en favorisant le développement de produits d'assurance flexibles et centrés sur les besoins des clients, tout en renforçant la résilience du secteur de l'assurance.

La cinquième étape, intitulée « Déploiement à grande échelle des solutions numériques et mise en place d'un écosystème numérique », a pour objectif d'intégrer l'ensemble des initiatives numériques au sein d'un écosystème unifié et de mettre en place un nouveau modèle économique fondé sur le numérique.

Les axes prioritaires sont les suivants :

– développer des plateformes numériques intégrées, accessibles sur plusieurs types de supports, offrant un parcours client complet, depuis la souscription du contrat jusqu'au règlement du sinistre ;

– automatiser intégralement les opérations de routine, optimiser les coûts et réallouer les ressources vers des activités à forte valeur technologique ;

– mettre en place des outils de suivi en temps réel du comportement des clients, ainsi que des mécanismes de retour d'information instantané et des déclencheurs numériques (*digital triggers*) ;

– renforcer les dispositifs de cybersécurité et garantir la conformité avec l'ensemble des exigences réglementaires en vigueur en matière de protection des données et de sécurité de l'information ;

– mettre en œuvre des programmes de formation visant à renforcer l'inclusion numérique, en particulier au bénéfice des populations vulnérables et défavorisées.

Cette dernière étape permet aux compagnies d'assurance d'achever leur transition vers un modèle numérique durable, caractérisé par un niveau élevé de fidélisation de la clientèle, d'efficacité opérationnelle et de capacité d'innovation.

La mise en œuvre de la stratégie proposée de transformation numérique du secteur de l'assurance en Ouzbékistan suppose une action coordonnée de l'ensemble des acteurs du marché de l'assurance, notamment les autorités de régulation, les partenaires technologiques, les établissements d'enseignement supérieur et de recherche, ainsi que les organisations professionnelles.

Les principaux avantages attendus de la mise en œuvre de cette stratégie de transformation numérique sont les suivants :

– amélioration de l'efficacité opérationnelle et réduction des coûts de transaction ;

– amélioration significative de l'expérience client et renforcement de la confiance des consommateurs ;

– élargissement de l'accès de la population aux produits d'assurance et amélioration du niveau global de culture financière ;

– renforcement de la compétitivité internationale et intégration du secteur de l'assurance ouzbek dans l'économie numérique mondiale.

La transformation numérique doit être considérée non comme un projet facultatif, mais comme une condition indispensable au développement durable, inclusif et axé sur l'innovation du secteur de l'assurance à long terme. Les effets socio-économiques de la transformation numérique du secteur de l'assurance sont présentés dans le tableau 4.3.

La transformation numérique du secteur de l'assurance en Ouzbékistan constitue un processus stratégique et multidimensionnel visant à mettre en place un modèle d'activité assurantielle durable, centré sur le client et technologiquement avancé. Elle dépasse la simple automatisation d'opérations isolées et suppose une profonde restructuration institutionnelle, technologique et culturelle des activités des compagnies d'assurance, fondée sur le recours à des solutions numériques de pointe, allant de l'intelligence artificielle et de l'analyse des mégadonnées à l'Internet des objets, à la blockchain et à l'informatique en nuage.

Tableau 4.3. Effets socio-économiques de la transformation numérique du secteur de l'assurance[91]

Effet	Description	Impact sur l'économie et la société
Inclusion financière	Élargissement de l'accès aux services d'assurance pour les groupes vulnérables, les habitants des régions et les petites et moyennes entreprises.	Renforcement de la résilience des ménages et réduction de leur vulnérabilité sociale.
Stabilité économique	Consolidation du système financier grâce à la réduction des risques et à l'amélioration de la transparence.	Atténuation des chocs macroéconomiques et renforcement de la confiance dans le secteur financier.
Développement des secteurs connexes	Stimulation des secteurs de la fintech, des télécommunications, de la logistique et du commerce électronique.	Effet de synergie, croissance du PIB et création de nouveaux emplois.
Intégration aux marchés mondiaux	Renforcement de la compétitivité des compagnies nationales sur les marchés internationaux.	Attraction d'investissements étrangers, développement des exportations de services d'assurance et renforcement de la réputation internationale.

91 *Élaboré par l'auteur.*

La stratégie de transformation numérique proposée dans le cadre de la présente recherche s'articule autour de cinq étapes interdépendantes, allant de la mise en place d'une infrastructure informatique moderne et du développement du capital humain à la création d'un écosystème numérique intégré. Ce modèle vise à améliorer l'efficacité opérationnelle, à adapter les produits d'assurance aux besoins spécifiques des assurés, à renforcer les dispositifs de cybersécurité et à assurer l'interopérabilité avec les plateformes numériques externes et les systèmes d'information publics.

La mise en œuvre de cette approche trouve une illustration concrète dans les pratiques de certaines entreprises d'assurance. À cet égard, la société par actions Uzbekinvest, l'un des principaux acteurs du marché de l'assurance en Ouzbékistan, constitue un exemple particulièrement représentatif d'intégration progressive des technologies numériques. L'entreprise développe activement ses canaux de services en ligne, déploie des solutions de gestion électronique des documents, utilise des systèmes de gestion de la relation client (*Customer Relationship Management*, CRM) pour l'analyse des demandes des assurés et participe à plusieurs initiatives d'intégration numérique avec les plateformes de services publics, notamment avec le Système national unifié d'identification et les archives électroniques des contrats.

Par ailleurs, dans le cadre de sa transformation interne, Uzbekinvest accorde une attention particulière au développement des compétences numériques de ses collaborateurs et renforce sa coopération avec les entreprises du secteur des technologies de l'information ainsi qu'avec les établissements d'enseignement supérieur afin de former une nouvelle génération de spécialistes. L'entreprise jette ainsi les bases institutionnelles et technologiques d'un modèle d'assurance fondé sur les données et l'automatisation, en parfaite adéquation avec les objectifs de la stratégie nationale de transformation numérique du secteur.

La stratégie graduelle de transformation numérique élaborée dans le cadre de cette recherche illustre une démarche cohérente et progressive de modernisation du secteur de l'assurance face aux défis technologiques et institutionnels contemporains. Les cinq étapes qui la composent — de la mise en place des infrastructures technologiques et du développement du capital humain jusqu'à l'intégration de systèmes intelligents d'analyse et à la création d'un écosystème numérique complet — constituent un ensemble cohérent de mesures destinées à assurer une modernisation systémique et durable du secteur.

La première étape établit les fondements indispensables aux transformations ultérieures en garantissant la stabilité des infrastructures, le renforcement du cadre réglementaire et le développement des compétences professionnelles. La deuxième est consacrée à la numérisation de la relation avec les assurés et à l'optimisation des processus métier, afin d'améliorer l'accessibilité et la qualité des services d'assurance. Les troisième et quatrième étapes privilégient le déploiement des technologies de pointe, notamment l'intelligence artificielle et l'analyse des mégadonnées (*Big Data*), ouvrant la voie à des modèles proactifs de gestion des risques et à une personnalisation accrue des produits. Enfin, la cinquième étape intègre l'ensemble des initiatives numériques au sein d'une plateforme unifiée, favorisant l'émergence d'un nouveau modèle économique et d'un écosystème numérique pérenne.

La réussite de cette stratégie suppose une coopération étroite entre les pouvoirs publics, les entreprises du secteur, les établissements d'enseignement supérieur, les organismes de recherche et les partenaires technologiques. Dans cette perspective, la transformation numérique ne se limite pas à l'adoption de nouvelles technologies : elle devient un levier stratégique d'amélioration de l'efficacité opérationnelle, d'élargissement de la clientèle, de renforcement de la confiance et d'accroissement de la compétitivité internationale du secteur.

Cette stratégie traduit ainsi la nécessité d'un engagement durable en faveur de l'innovation dans le secteur de l'assurance, afin de promouvoir un développement à la fois durable et inclusif et de favoriser l'intégration du marché national de l'assurance dans l'économie numérique mondiale.

§ 4.2. Le rôle des initiatives publiques et privées dans l'accélération de la numérisation du secteur de l'assurance

La numérisation du secteur de l'assurance en Ouzbékistan constitue une composante essentielle de la stratégie nationale de développement d'une économie numérique moderne et, dans le même temps, un levier stratégique du développement institutionnel du pays. Ce phénomène dépasse largement le simple déploiement de technologies numériques : il s'agit d'une transformation profonde et multidimensionnelle qui touche le cadre juridique, l'architecture organisationnelle, les processus opérationnels ainsi que la nature même des interactions entre les acteurs du marché de l'assurance.

Dans un contexte marqué par une complexité technologique croissante et l'émergence de nouveaux risques, la transformation numérique du secteur de l'assurance revêt le caractère d'un processus systémique, impliquant l'adaptation des institutions existantes, la modernisation des infrastructures, l'amélioration des mécanismes de régulation et le développement de la culture numérique. En tant qu'activité économique étroitement liée à la gestion des risques, l'assurance nécessite le déploiement de solutions technologiques avancées capables de garantir une évaluation précise, rapide et personnalisée des risques assurantiels, une automatisation des processus décisionnels et une plus grande transparence des opérations.

Dans ce contexte, la mise en place d'un écosystème numérique durable et inclusif revêt une importance fondamentale. Au sein de celui-ci, la coopération entre l'État, les entreprises et les établissements d'enseignement supérieur et de recherche doit revêtir un caractère stratégique et complémentaire. En tant qu'architecte du cadre réglementaire, l'État est appelé à garantir un équilibre entre le développement de l'innovation et le respect des exigences de sécurité, de transparence et de protection des consommateurs. L'élaboration et la mise en œuvre d'un cadre législatif et réglementaire encadrant l'utilisation de l'intelligence artificielle, le traitement des données à caractère personnel et le fonctionnement des plateformes numériques doivent s'appuyer sur les normes internationales et les meilleures pratiques.

Parallèlement, le secteur privé — compagnies d'assurance, entreprises de la fintech et start-up de l'insurtech — joue un rôle déterminant en tant que moteur de l'innovation technologique. Ce sont les entreprises qui définissent les applications concrètes de la transformation numérique en investissant dans le développement et l'expérimentation de nouveaux produits, ainsi que dans l'optimisation des processus grâce aux plateformes analytiques, aux algorithmes d'apprentissage automatique et aux interfaces numériques destinées aux clients. L'intégration de solutions numériques dans la souscription des risques (*underwriting*), le règlement des sinistres, le marketing et la relation client améliore non seulement l'efficacité opérationnelle, mais contribue également à l'émergence d'un modèle d'assurance centré sur les besoins des assurés.

La communauté scientifique et universitaire constitue un autre acteur essentiel de la transformation numérique. Elle élabore les fondements méthodologiques de l'innovation, assure la formation de spécialistes dotés des compétences numériques nécessaires et mène des travaux de recherche consacrés à l'adaptation des technologies aux réalités nationales. La création de centres de recherche, le lancement de programmes de formation dans les domaines de la finance numérique et de l'intelligence artificielle, ainsi que la constitution de consortiums réunissant les milieux académiques et les acteurs professionnels permettent de bâtir les bases intellectuelles d'un développement durable du marché de l'assurance.

La numérisation du secteur de l'assurance en Ouzbékistan constitue ainsi un processus global associant transformations institutionnelles, développement des infrastructures technologiques et mise en place de nouvelles formes de coopération entre l'État, les entreprises et le monde académique. Son succès ne pourra être assuré qu'à travers une coopération intersectorielle, soutenue par une politique publique efficace, des investissements durables et une vision stratégique de l'avenir numérique du pays.

L'État joue un rôle fondamental et multidimensionnel dans l'élaboration du cadre législatif et réglementaire nécessaire à une intégration sûre, éthique et efficace des technologies d'intelligence artificielle (IA) dans le secteur de l'assurance. Face au développement rapide des technologies numériques et à l'augmentation constante des volumes de données traitées, la régulation publique devient un élément essentiel pour garantir la sécurité juridique et la protection de l'ensemble des acteurs du marché. La mise en place d'un cadre réglementaire cohérent vise à créer les conditions permettant l'intégration des solutions innovantes fondées sur l'intelligence artificielle dans les activités d'assurance, sans porter atteinte aux droits des consommateurs, à la confidentialité des informations ni à la stabilité du système.

L'un des axes centraux de cette politique réglementaire concerne la protection des données à caractère personnel, enjeu particulièrement sensible dans le contexte du traitement de vastes ensembles de données utilisés pour élaborer des modèles d'évaluation des risques et soutenir la prise de décision. L'État doit mettre en place des normes strictes en matière de confidentialité, couvrant la collecte, le stockage, le traitement et la transmission des données, ainsi que des mécanismes de contrôle destinés à garantir leur respect. La législation doit non seulement refléter les normes internationales les plus récentes en matière de protection des données, mais également tenir compte des spécificités du secteur de l'assurance et des infrastructures numériques nationales.

Par ailleurs, la régulation de la transparence et de la responsabilité des algorithmes d'intelligence artificielle constitue un autre volet essentiel. L'introduction d'exigences relatives à l'interprétabilité des décisions prises par les systèmes d'intelligence artificielle implique que les compagnies d'assurance soient en mesure d'expliquer le fonctionnement des algorithmes et de justifier les décisions qu'ils produisent. Cette exigence est indispensable pour renforcer la confiance des assurés et des autorités de régulation, tout en limitant les risques d'erreurs, de biais et de discrimination dans les processus automatisés. Les algorithmes doivent également respecter le principe de non-discrimination, afin que le recours à l'intelligence artificielle ne conduise pas à des traitements injustifiés fondés sur le sexe, l'âge, la nationalité ou tout autre critère susceptible de porter atteinte aux droits de certaines catégories de clients.

Une attention particulière doit être accordée à l'élaboration et à la mise en œuvre de normes en matière de cybersécurité, destinées à protéger les infrastructures numériques des entreprises d'assurance contre les risques d'accès non autorisés, les cyberattaques et les manipulations des algorithmes. Les autorités de régulation sont appelées à favoriser la mise en place de mécanismes de détection et de prévention des incidents de sécurité, à définir des exigences en matière de résilience des systèmes d'information et à promouvoir le partage d'informations sur les cybermenaces au sein du secteur. La réduction des vulnérabilités des infrastructures contribue non seulement à la protection des intérêts des assurés, mais également à la préservation de la stabilité de l'ensemble du marché de l'assurance.

La politique publique en matière de régulation de l'intelligence artificielle appliquée au secteur de l'assurance doit reposer sur l'intégration des principes de sécurité juridique, d'éthique, de sécurité des données et de transparence technologique. La mise en place d'un tel cadre juridique et réglementaire global crée les conditions d'un développement durable des innovations numériques, renforce la confiance des utilisateurs et favorise le déploiement à grande échelle de solutions technologiques avancées dans le secteur de l'assurance. À terme, elle contribue ainsi à renforcer la compétitivité et la résilience du secteur national de l'assurance.

Le secteur privé, qui regroupe les compagnies d'assurance, les fournisseurs de technologies et les start-up de l'insurtech, constitue le principal moteur de l'innovation technologique dans le secteur de l'assurance. Ce sont les acteurs de ce secteur qui conçoivent et mettent en œuvre un large éventail de solutions innovantes destinées à améliorer l'efficacité, la précision et l'orientation client des services d'assurance. Le recours à l'intelligence artificielle (IA) permet notamment d'automatiser des processus critiques tels que la souscription des risques (*underwriting*), l'évaluation et l'acceptation des risques, la prévision de la probabilité de survenance des sinistres, la personnalisation des produits d'assurance, ainsi que l'amélioration de l'assistance à la clientèle et du règlement des sinistres. Ces innovations reposent sur des algorithmes avancés d'apprentissage automatique (*machine learning*), sur les technologies de vision par ordinateur (*computer vision*) ainsi que sur les méthodes d'analyse des mégadonnées (*Big Data*), ce qui permet d'améliorer sensiblement la qualité des décisions prises et de réduire les coûts opérationnels.

Les entreprises de l'insurtech occupent une place particulière dans la transformation numérique du secteur de l'assurance en raison de leur grande capacité d'adaptation, de leur approche innovante et de leur rapidité à déployer de nouvelles technologies. Elles évoluent souvent en dehors des cadres bureaucratiques traditionnels, ce qui leur permet de réagir rapidement aux évolutions du marché et de proposer des solutions originales répondant aux besoins spécifiques des clients. Les start-up de l'insurtech jouent ainsi un rôle de catalyseur dans l'évolution des modèles économiques et le développement de nouveaux services, tels que la télématique, la micro-assurance, les plateformes numériques d'assurance *peer-to-peer* et bien d'autres encore.

Il convient de souligner que la dynamique d'innovation des entreprises de l'insurtech devance souvent l'évolution des mécanismes réglementaires existants, créant ainsi une interaction permanente entre le secteur privé et les pouvoirs publics. Les solutions innovantes développées par ces start-up nécessitent une adaptation du cadre législatif et réglementaire, ce qui incite les autorités publiques à élaborer des approches réglementaires plus souples et plus innovantes, favorisant non seulement la sécurité et la transparence, mais également le progrès technologique. Cette dynamique contribue à son tour à créer un environnement propice au développement durable de l'économie numérique et de l'écosystème d'innovation du marché de l'assurance.

S'appuyant sur les possibilités offertes par l'intelligence artificielle et les technologies numériques de pointe, le secteur privé joue un rôle central dans la transformation de l'industrie de l'assurance, en tant que principal moteur de l'innovation et de l'adaptation aux évolutions rapides des technologies et des marchés. Sa coopération active avec les institutions publiques et le monde académique crée les conditions nécessaires à la mise en place d'un écosystème numérique intégré et durable, capable de renforcer la compétitivité et l'efficacité du secteur national de l'assurance dans le contexte de l'économie numérique mondiale.

L'un des instruments les plus importants et les plus efficaces de l'institutionnalisation de la coopération entre l'État et le secteur privé dans le contexte de la transformation numérique de l'économie, et plus particulièrement du secteur de l'assurance, est le partenariat public-privé (PPP). Dans le cadre de la numérisation du secteur de l'assurance, le PPP revêt une importance particulière, car il permet de mobiliser les ressources, les compétences et les capacités de gestion des deux parties afin de mener à bien des projets technologiquement complexes et fortement capitalistiques, notamment ceux reposant sur l'intelligence artificielle (IA).

Le partenariat public-privé ne se limite pas au partage des investissements et des coûts d'exploitation entre les acteurs publics et privés ; il constitue également un véritable instrument de développement stratégique, offrant un cadre propice à l'élaboration et à l'expérimentation conjointes d'approches innovantes en matière de gestion des risques, d'optimisation des processus opérationnels et de conception de produits d'assurance personnalisés. Cette fonction est particulièrement importante dans le contexte du développement rapide du secteur de l'insurtech, où le degré élevé d'incertitude technologique et le manque d'expertise sectorielle rendent indispensables un accompagnement institutionnel et une coordination à long terme.

Le partenariat public-privé offre non seulement une base financière solide, mais contribue également à réduire les risques réglementaires, économiques et technologiques grâce à un modèle de coopération flexible, capable de s'adapter aux évolutions du cadre juridique, économique et technologique. Dans le cadre de ces partenariats, les pouvoirs publics exercent les fonctions de coordinateur stratégique, de régulateur et de garant de l'intérêt général, tandis que le secteur privé apporte l'esprit d'entreprise, des solutions technologiques innovantes et une expertise opérationnelle.

La réussite des partenariats public-privé dans la transformation numérique du secteur de l'assurance repose sur un ensemble de principes fondamentaux qui garantissent la solidité institutionnelle et l'efficacité de cette coopération :

– une répartition transparente des responsabilités, garantissant une délimitation claire des compétences et des obligations de chaque partie, afin de réduire les risques de conflits et d'éviter les chevauchements de fonctions ;

– un engagement commun en faveur de l'atteinte des objectifs, créant les conditions d'une participation active de l'ensemble des parties prenantes à toutes les étapes du cycle de vie du projet ;

– une répartition équitable des risques et des bénéfices, selon laquelle chaque participant assume la part de responsabilité correspondant à ses compétences, à ses ressources et à ses intérêts ;

– une gestion professionnelle du projet, reposant sur la mise en œuvre d'outils modernes de management stratégique et opérationnel, l'utilisation d'indicateurs clés de performance (*Key Performance Indicators*, KPI) et d'un dispositif de pilotage de projet ;

– la prise en compte des intérêts de l'ensemble des parties prenantes, y compris ceux des utilisateurs finaux des services, et pas uniquement des partenaires du projet, afin de renforcer la légitimité sociale des solutions mises en œuvre ;

– la flexibilité et la capacité d'adaptation, permettant de réagir rapidement aux évolutions de l'environnement, aux défis technologiques et aux modifications du cadre réglementaire ;

– la mise en place d'un système de suivi, d'évaluation et de retour d'expérience, garantissant la transparence de la mise en œuvre du projet, permettant d'identifier rapidement les difficultés rencontrées et de prendre les mesures correctives nécessaires.

Ces principes constituent non seulement le fondement opérationnel du partenariat, mais également un mécanisme de renforcement de la confiance entre les acteurs publics et privés. Or, cette confiance représente une condition essentielle d'un développement technologique durable, en particulier dans un contexte de transformation numérique où la rapidité et la complexité des évolutions sont susceptibles de générer des incertitudes et des risques institutionnels.

Le partenariat public-privé dans le secteur de l'assurance doit être envisagé comme un instrument à plusieurs niveaux permettant de mettre en œuvre des initiatives numériques destinées à renforcer la compétitivité technologique, la stabilité financière et l'inclusion sociale du secteur. C'est précisément grâce au partenariat public-privé qu'il devient possible de déployer à grande échelle les technologies d'intelligence artificielle, de les expérimenter dans un environnement contrôlé, puis de les intégrer progressivement dans les pratiques du marché, dans le respect des exigences réglementaires, éthiques et économiques de la société contemporaine.

La mise en œuvre de projets de partenariat public-privé (PPP) dans le domaine de la transformation numérique du secteur de l'assurance constitue un processus complexe et multidimensionnel, qui suppose la réunion d'un certain nombre de conditions préalables essentielles garantissant non seulement leur faisabilité technique et économique, mais également leur solidité institutionnelle et leur acceptabilité sociale.

En premier lieu, le soutien politique et l'existence d'une vision stratégique de la part des pouvoirs publics constituent un facteur déterminant. Ce soutien crée les conditions nécessaires à l'instauration d'un environnement institutionnel favorable à l'élaboration et à la mise en œuvre de programmes de transformation numérique à long terme. En l'absence d'une orientation stratégique claire et cohérente, les efforts de numérisation risquent de demeurer fragmentés et insuffisamment coordonnés, ce qui réduit l'efficacité du partenariat public-privé en tant qu'instrument de modernisation du secteur de l'assurance.

En deuxième lieu, la pérennité des projets suppose un financement adéquat, couvrant non seulement les investissements initiaux, mais également les dépenses supplémentaires susceptibles d'intervenir au cours de leur mise en œuvre. La planification financière doit prendre en compte aussi bien les coûts directs liés au déploiement des technologies d'intelligence artificielle que les coûts indirects associés à l'adaptation des processus organisationnels, à la formation des ressources humaines et à la sécurité des systèmes d'information.

Le troisième élément essentiel réside dans la solidité du cadre juridique du projet, qui doit couvrir les questions relatives aux licences, à la protection de la propriété intellectuelle ainsi qu'à la définition précise des obligations contractuelles et des responsabilités des parties. Il est particulièrement important de disposer d'un cadre juridique capable de s'adapter à l'évolution rapide des technologies tout en garantissant une protection efficace des données commerciales et des données à caractère personnel, enjeu particulièrement sensible dans le secteur de l'assurance.

Le quatrième aspect concerne la gestion des risques liés aux évolutions de l'environnement économique, technologique et politique. Les projets de partenariat public-privé doivent intégrer une approche systématique de l'identification, de l'évaluation et de la maîtrise de ces risques, notamment par l'élaboration de scénarios de réponse aux évolutions défavorables, afin de renforcer la capacité d'adaptation et la résilience des initiatives mises en œuvre.

Le cinquième élément est la responsabilité sociale, qui implique de limiter autant que possible les effets négatifs des projets sur la société et sur l'environnement. Dans le contexte de la transformation numérique du secteur de l'assurance, cela suppose notamment de garantir la protection des droits des consommateurs, la transparence du traitement des données, ainsi qu'une prise en compte des dimensions environnementales et sociales des technologies déployées.

Enfin, la disponibilité de ressources humaines qualifiées et d'un système performant de gestion de projet constitue un facteur déterminant pour la réussite des partenariats public-privé. Celui-ci doit réunir des compétences dans les domaines des technologies numériques, de la réglementation juridique, du management financier et du développement organisationnel. Un niveau élevé de professionnalisme des différents acteurs garantit la qualité des décisions prises, la coordination des actions et la résolution rapide des difficultés susceptibles de survenir.

La réussite des projets de partenariat public-privé dans la transformation numérique du secteur de l'assurance suppose ainsi l'existence d'une stratégie globale et cohérente associant coordination institutionnelle, coopération intersectorielle et haut niveau de compétence de l'ensemble des parties prenantes.

Ce n'est qu'à ces conditions que le partenariat public-privé pourra constituer un instrument efficace, non seulement de modernisation technologique du secteur, mais également de développement durable de l'économie nationale dans le contexte de l'ère numérique.

Les avantages du partenariat public-privé (PPP) dans le secteur de l'assurance reflètent, pour chacun des partenaires, un ensemble d'effets complémentaires qui contribuent non seulement à accélérer le développement du secteur, mais aussi à renforcer la durabilité et l'efficacité des projets mis en œuvre. Le tableau 4.4 présente une synthèse des principaux avantages dont bénéficient les secteurs public et privé dans le cadre de ces partenariats.

Comme le montre ce tableau, le partenariat public-privé constitue un instrument efficace de mise en commun des ressources, des compétences et des risques, favorisant ainsi le développement durable du secteur de l'assurance. Ce modèle de coopération permet à l'État de conserver la maîtrise des principaux processus économiques tout en mobilisant les capacités d'innovation et les ressources financières du secteur privé.

Toutefois, la mise en œuvre de partenariats public-privé implique également de prendre en considération un certain nombre de contraintes et de défis. En premier lieu, les objectifs et les intérêts des partenaires publics et privés peuvent diverger, ce qui rend indispensable la mise en place de mécanismes clairs de concertation et de règlement des différends. En outre, les divergences d'ordre juridique et réglementaire peuvent compliquer la réalisation des projets et réduire leur attractivité pour les investisseurs. Enfin, les risques liés à l'instabilité économique, aux évolutions du contexte politique et aux mutations technologiques demeurent importants et nécessitent une gestion globale ainsi qu'un suivi permanent.

La réussite des partenariats public-privé dans le secteur de l'assurance suppose donc une approche équilibrée, fondée sur une analyse approfondie des conditions de mise en œuvre et sur le développement de mécanismes garantissant l'équilibre des intérêts ainsi que la réduction des risques pour l'ensemble des partenaires. Malgré leurs nombreux avantages, les partenariats public-privé (PPP) dans le domaine de la transformation numérique du secteur de l'assurance demeurent confrontés à un ensemble de défis et de risques complexes, qui doivent être soigneusement pris en compte lors de la planification, de la conception et de la mise en œuvre des projets numériques conjoints.

Tableau 4.4. Avantages du partenariat public-privé dans le secteur de l'assurance[92]

Secteur public	Secteur privé
Mise en œuvre accélérée de projets d'intérêt public et d'infrastructures, contribuant à améliorer la qualité et l'accessibilité des services d'assurance.	Obtention d'un soutien politico-administratif facilitant les relations avec les autorités de régulation et réduisant les obstacles bureaucratiques.
Mobilisation de capitaux privés, permettant d'accroître les capacités de financement de l'État sans alourdir la charge budgétaire.	Partage des risques avec l'État, réduisant les pertes potentielles et renforçant la résilience des entreprises.
Transfert aux investisseurs d'une partie des responsabilités liées à la gestion des risques et aux activités opérationnelles, permettant à l'État de se concentrer sur ses fonctions de régulation et de supervision.	Garanties publiques de rentabilité minimale et de remboursement des investissements, renforçant l'attractivité des projets.
Rémunération des prestations fournies par le secteur privé sur la base de l'exécution effective des obligations contractuelles, favorisant l'amélioration de la qualité et de l'efficacité.	Possibilité d'obtenir des financements par emprunt à des conditions plus avantageuses grâce aux garanties de l'État.
Valorisation des compétences managériales et du potentiel d'innovation des entreprises privées,	Investissement d'une part déterminée de fonds propres, favorisant un engagement et

92 *Élaboré par l'auteur.*

favorisant l'innovation et la professionnalisation du secteur.	une responsabilisation accrus des partenaires privés.
Réduction de la charge budgétaire grâce au transfert d'une partie des fonctions d'exploitation et de maintenance des infrastructures du secteur de l'assurance.	Maintien d'un contrôle stratégique sur les actifs créés grâce aux mécanismes de gouvernance et de supervision mis en place.

Ces défis présentent un caractère multidimensionnel et concernent les sphères politique et institutionnelle, juridique, financière, technologique, managériale, sociale et éthique. Afin de les systématiser et d'en offrir une présentation synthétique, le tableau 4.5 présente les principales catégories de défis auxquels sont confrontés les partenariats public-privé dans le cadre de la transformation numérique du secteur de l'assurance.

La résolution de ces défis exige une approche globale et systémique, articulée autour des principaux axes suivants :

– élaborer et perfectionner le cadre législatif et réglementaire afin de garantir un environnement juridique clair, prévisible et suffisamment souple pour encadrer les technologies numériques, en tenant compte des spécificités du secteur de l'assurance et des applications de l'intelligence artificielle ;

– renforcer la culture numérique et les compétences de l'ensemble des acteurs du marché ainsi que de la population, afin de favoriser une utilisation plus éclairée et plus sûre des services d'assurance numériques ;

– encourager les investissements à long terme et assurer la viabilité financière des projets, notamment par la mise en place de mécanismes de soutien aux petites et moyennes entreprises, le développement de programmes publics de cofinancement et d'instruments de garantie ;

– renforcer les capacités en matière de gestion de projet et les capacités institutionnelles afin d'assurer une gestion, une coordination et un suivi efficaces des projets de partenariat public-privé, notamment par la formation de spécialistes qualifiés, la mise en place de procédures transparentes et de mécanismes de retour d'expérience.

Tableau 4.5. Principaux défis et risques des partenariats public-privé dans le domaine de la transformation numérique du secteur de l'assurance.[93]

Catégorie de risque	Description
Risques politiques et institutionnels	Absence de stratégie publique de long terme en matière de transformation numérique du secteur de l'assurance ; soutien institutionnel insuffisant et manque de coordination entre les parties prenantes ; évolution des priorités politiques susceptible d'affecter la pérennité des projets.
Obstacles juridiques et réglementaires	Caractère incomplet et fragmenté du cadre législatif et réglementaire applicable à l'intelligence artificielle et à la protection des données à caractère personnel ; insécurité juridique compliquant la mise en œuvre de solutions numériques innovantes et générant des risques de responsabilité juridique.
Contraintes financières	Insuffisance des investissements dédiés aux projets numériques de grande envergure ; coût élevé du déploiement des technologies de pointe ; accès limité des petites et moyennes entreprises aux financements et aux ressources de crédit ; incertitude quant au retour sur investissement.
Incertitude technologique	Évolution rapide des technologies et transformations permanentes de l'environnement technologique, rendant plus complexes la planification et l'intégration de nouvelles solutions ; difficultés techniques liées à l'intégration des solutions d'intelligence artificielle dans des systèmes et infrastructures d'assurance obsolètes.
Problèmes de gouvernance	Difficultés de coordination et de coopération entre les nombreux acteurs concernés — autorités publiques, compagnies d'assurance et partenaires technologiques ; manque d'expérience et de compétences dans la gestion de projets numériques complexes ; insuffisance de la transparence et des mécanismes de contrôle.
Risques sociaux et éthiques	Faible niveau de confiance des clients envers les plateformes numériques d'assurance ; enjeux liés à la transparence et à l'explicabilité des algorithmes

93 *Élaboré par l'auteur.*

	d'intelligence artificielle ; risques de discrimination ou de décisions inéquitables dans les processus automatisés ; nécessité de respecter les principes éthiques et la responsabilité sociale.
Risques liés à la mise en œuvre	Retards éventuels dans l'exécution des projets ; utilisation inefficace des ressources allouées ; écart entre les résultats obtenus et les objectifs fixés ainsi que les attentes des parties prenantes ; absence de mécanismes permettant de réagir rapidement aux difficultés rencontrées.

La réussite des partenariats public-privé dans le domaine de la transformation numérique du secteur de l'assurance suppose une approche globale intégrant les dimensions juridique, financière, technologique, managériale ainsi que les aspects sociaux et éthiques. Une telle approche permettra non seulement de limiter les risques, mais également d'assurer le développement durable du marché de l'assurance dans le contexte de la transformation numérique.

Dans le prolongement de l'analyse des mécanismes permettant de surmonter les défis et les risques liés aux partenariats public-privé (PPP) dans le domaine de la transformation numérique du secteur de l'assurance, il convient de souligner l'importance de l'intégration d'instruments financiers et institutionnels destinés à stimuler l'innovation et à réduire les obstacles au déploiement de nouvelles technologies. Dans cette perspective, les programmes publics de subventions et les investissements privés dans les projets d'insurtech constituent de puissants catalyseurs, générant un effet de synergie qui renforce considérablement le potentiel de transformation numérique du secteur de l'assurance.

Les subventions publiques jouent un rôle essentiel dans la réduction des risques d'innovation propres aux premières phases du développement et du déploiement des solutions technologiques. En finançant des projets de recherche et des expérimentations pilotes, l'État apporte le soutien indispensable au développement du potentiel scientifique et technologique ainsi qu'à la création des premiers produits numériques. Ce soutien favorise l'émergence d'un environnement propice à l'innovation et réduit les obstacles financiers auxquels sont confrontées les petites et moyennes compagnies d'assurance, qui disposent souvent de ressources limitées pour développer de manière autonome des solutions technologiques avancées.

Parallèlement, les capitaux privés investis dans les start-up de l'insurtech et les entreprises technologiques assurent la validation des innovations par le marché, favorisent leur commercialisation et accélèrent le déploiement à grande échelle des solutions les plus prometteuses. Les investissements du secteur privé sont orientés vers le développement de produits compétitifs répondant aux attentes des clients et aux évolutions du marché, ce qui constitue un facteur essentiel de renforcement de l'efficacité et de la pérennité de la transformation numérique.

En outre, les programmes d'accélération, les incubateurs de start-up, les pôles de recherche et les plateformes pilotes remplissent une fonction essentielle d'expérimentation, de test et d'adaptation des innovations aux réalités du marché national de l'assurance. Ils créent des conditions privilégiées de coopération entre les développeurs, les compagnies d'assurance, les autorités de régulation et la communauté scientifique, favorisant ainsi le partage des connaissances, l'accélération du déploiement des technologies ainsi que l'élaboration de normes et de pratiques communes. Ces instruments contribuent à la mise en place d'un écosystème numérique orienté vers l'innovation, tenant compte des spécificités du contexte socio-économique et juridique de l'Ouzbékistan, condition indispensable au développement durable du secteur de l'assurance dans l'économie numérique.

La combinaison des mécanismes publics de financement par subventions et des investissements privés, soutenue par les infrastructures d'accélération et de mise en réseau (*clusters*), constitue un ensemble de mesures stratégiques permettant de surmonter les risques et les défis précédemment identifiés dans le cadre des partenariats public-privé. Cette approche intégrée renforce non seulement le potentiel d'innovation du secteur de l'assurance, mais consolide également les fondements institutionnels de sa transformation numérique, garantissant ainsi sa compétitivité et sa pérennité à long terme à l'ère du numérique.

La transformation numérique du secteur de l'assurance en Ouzbékistan constitue un processus multidimensionnel et stratégique qui exige une coopération coordonnée et ciblée de l'ensemble des principaux acteurs du marché et des institutions concernées. Dans ce contexte, l'État joue le rôle d'architecte du cadre législatif et réglementaire en créant un environnement juridique garantissant la sécurité juridique, la protection des données, la normalisation des pratiques et le soutien à l'innovation. Les institutions publiques mettent également en place des mécanismes institutionnels d'appui, comprenant des instruments financiers et des dispositifs de réduction des risques, destinés à favoriser le développement de l'économie numérique et la croissance durable du secteur de l'assurance.

Le secteur privé, qui regroupe les compagnies d'assurance, les fournisseurs de technologies et les start-up de l'insurtech, constitue le principal moteur de la modernisation technologique et de l'émergence de modèles économiques innovants. Grâce au recours aux technologies numériques de pointe et à l'intelligence artificielle, les entreprises privées optimisent les processus de souscription des risques (*underwriting*), de gestion des risques, de relation client et de règlement des sinistres, renforçant ainsi l'efficacité et la compétitivité du secteur de l'assurance sur les marchés national et international.

La communauté scientifique et universitaire joue un rôle déterminant en apportant un soutien méthodologique, en développant des approches innovantes et en formant les spécialistes qualifiés indispensables au développement durable des infrastructures numériques et à la gestion de systèmes numériques complexes. L'intégration des activités de recherche et des programmes de formation aux besoins concrets du secteur favorise l'acquisition de compétences capables de s'adapter à l'évolution rapide des technologies et des marchés.

La mise en œuvre efficace des mécanismes de partenariat public-privé (PPP), qui constituent un puissant catalyseur de la synergie entre la régulation publique et les investissements privés, revêt une importance particulière. Les partenariats public-privé offrent un cadre institutionnel et financier propice à la réalisation de projets numériques de grande envergure, tout en réduisant les risques liés aux investissements et en accélérant la commercialisation des innovations. Associées au soutien actif de l'intelligence artificielle et au développement des initiatives dans le domaine de l'insurtech, ces mesures créent les conditions d'un développement durable, inclusif et technologiquement avancé du secteur de l'assurance en Ouzbékistan dans le contexte de la transformation numérique mondiale.

Une approche globale reposant sur l'action concertée de l'État, des entreprises et de la communauté scientifique, ainsi que sur le développement de nouvelles formes de coopération et l'adoption de technologies innovantes, constitue un facteur déterminant pour garantir la compétitivité, la stabilité financière et la croissance durable du secteur de l'assurance à l'ère du numérique.

La transformation numérique du secteur de l'assurance en Ouzbékistan ne se résume pas à une simple modernisation technologique ; elle constitue une profonde transformation institutionnelle qui touche les dimensions juridique, organisationnelle, technologique et sociale de l'activité assurantielle. La réussite de cette transformation suppose des efforts coordonnés de l'ensemble des principaux acteurs : l'État, le secteur privé et la communauté scientifique et universitaire.

L'État est le principal architecte du cadre réglementaire, en élaborant les fondements juridiques et institutionnels nécessaires au déploiement des technologies numériques, y compris de l'intelligence artificielle, tout en garantissant la protection des données, la sécurité et la transparence des algorithmes. Le secteur privé est le moteur de l'innovation technologique : il développe et met en œuvre des solutions numériques destinées à accroître l'efficacité opérationnelle et à mieux répondre aux attentes des consommateurs. La communauté scientifique et universitaire assure quant à elle le soutien méthodologique et la formation de spécialistes capables d'évoluer efficacement dans l'économie numérique.

Le partenariat public-privé (PPP) revêt une importance particulière, car il permet de mutualiser les ressources et les compétences des différents acteurs afin de réaliser des projets numériques complexes. Au-delà de la réduction des contraintes financières et réglementaires, il instaure un modèle de coopération durable, capable de s'adapter aux évolutions de l'environnement économique, technologique et institutionnel.

Toutefois, la mise en œuvre de la transformation numérique par le biais des partenariats public-privé demeure confrontée à de nombreux défis, qu'ils soient institutionnels, juridiques, technologiques ou éthiques. Leur dépassement suppose une approche globale reposant sur la mise en place d'un cadre réglementaire souple, le développement des capacités de gestion de projet, la mobilisation des investissements, le renforcement de la culture numérique et la promotion de la responsabilité sociale.

La transformation numérique du secteur de l'assurance en Ouzbékistan exige ainsi une approche stratégique et intersectorielle fondée sur une coopération étroite entre l'État, les entreprises et la communauté scientifique. Ce n'est qu'à cette condition qu'il sera possible de mettre en place un écosystème numérique de l'assurance compétitif, inclusif et durable, répondant aux exigences de l'économie contemporaine.

§ 4.3. Problèmes et perspectives de l'intégration de l'intelligence artificielle dans le secteur de l'assurance en Ouzbékistan

La transformation numérique du secteur de l'assurance constitue aujourd'hui une composante essentielle de la tendance mondiale à l'intégration de l'intelligence artificielle (IA) dans les services financiers. Ce processus couvre un large éventail d'applications, allant de l'automatisation des opérations courantes et de la numérisation de la relation client au déploiement de systèmes intelligents de prévision des risques et de détection des fraudes. Les marchés les plus développés présentent déjà de nombreux exemples d'utilisation de l'intelligence artificielle dans le secteur de l'assurance (*insurtech*), notamment à travers le recours à l'apprentissage automatique pour la souscription des risques (*underwriting*), aux agents conversationnels fondés sur le traitement automatique du langage naturel (*Natural Language Processing*, NLP), ainsi qu'à l'intégration de l'Internet des objets (IoT) et de la télématique pour la tarification dynamique des contrats d'assurance.

Dans les économies en développement, telles que la République d'Ouzbékistan, la transformation numérique du secteur de l'assurance se heurte toutefois à un ensemble de défis spécifiques, qui tiennent non seulement au niveau de développement des infrastructures technologiques, mais également au degré de maturité institutionnelle du système financier et assurantiel. Les principaux obstacles résident dans le caractère fragmentaire des solutions numériques existantes, le faible niveau d'intégration entre les acteurs du marché ainsi que l'insuffisante adaptation du cadre réglementaire aux nouveaux modèles d'innovation. De nombreuses compagnies d'assurance continuent de s'appuyer sur des modes de fonctionnement traditionnels, caractérisés par la prédominance des documents papier, l'absence d'analyse intégrée des données et une faible automatisation des processus.

Parallèlement, l'Ouzbékistan met progressivement en place un cadre stratégique et institutionnel destiné à soutenir la transformation numérique. Le programme « Ouzbékistan numérique – 2030 » prévoit notamment le développement des infrastructures de stockage et de traitement des données, l'intégration des plateformes électroniques ainsi que la formation de spécialistes hautement qualifiés dans les domaines des technologies de l'information et du numérique. Dans la pratique, cependant, l'intégration de l'intelligence artificielle dans le secteur de l'assurance demeure fragmentaire et ponctuelle : la majorité des projets se limitent à des expérimentations pilotes portant sur des modules isolés, tels que les calculateurs de *scoring* ou les agents conversationnels destinés à l'assistance clientèle. Cette situation s'explique tant par un niveau encore insuffisant de préparation technologique des organisations que par le caractère relativement conservateur du secteur, marqué par une forte pression réglementaire et un niveau limité de concurrence.

L'accès limité à des données de qualité, structurées et représentatives, indispensables à l'entraînement des modèles d'intelligence artificielle, constitue un autre facteur de blocage majeur. En l'absence d'un écosystème numérique unifié et de mécanismes d'échange de données entre les différentes administrations et institutions, même les technologies les plus prometteuses ne peuvent être déployées à grande échelle ni exploitées dans toute leur capacité. Par ailleurs, le niveau de culture numérique demeure relativement faible, tant parmi la population que parmi les collaborateurs des compagnies d'assurance, ce qui freine l'adoption des solutions innovantes et leur appropriation par les utilisateurs.

À ce jour, l'utilisation concrète de l'intelligence artificielle dans le secteur de l'assurance en Ouzbékistan reste limitée et irrégulière. Le passage d'une numérisation essentiellement déclarative à une véritable transformation fondée sur l'intelligence artificielle suppose la mise en place d'un écosystème coordonné couvrant l'ensemble des composantes essentielles du secteur, depuis le cadre législatif et le développement institutionnel jusqu'à la modernisation technologique et à la formation des ressources humaines. Seule une approche globale permettra de surmonter les obstacles structurels et d'exploiter pleinement le potentiel de l'intelligence artificielle comme levier d'amélioration de l'efficacité, de la transparence et de l'orientation client du secteur de l'assurance.

L'un des principaux obstacles au déploiement des technologies d'intelligence artificielle dans le secteur de l'assurance en Ouzbékistan réside dans l'insuffisance des infrastructures numériques, aussi bien au niveau des compagnies d'assurance que de l'ensemble du secteur. Dans ce contexte, les infrastructures numériques désignent l'ensemble des composantes techniques, logicielles, réseaux et dispositifs organisationnels assurant la collecte, le stockage, le traitement et l'interprétation des grands volumes de données nécessaires au fonctionnement des systèmes d'intelligence artificielle.

À l'heure actuelle, la majorité des compagnies d'assurance ouzbèkes, en particulier celles implantées dans les régions, fonctionnent à partir de systèmes d'information vieillissants, principalement conçus pour la comptabilité et la gestion opérationnelle, mais peu adaptés aux exigences de l'analyse intelligente des données. L'absence de plateformes modernes de gestion des données (*Data Management Platforms*), le faible niveau d'automatisation et la fragmentation des solutions logicielles compliquent considérablement l'intégration de l'apprentissage automatique, notamment dans des fonctions essentielles telles que la souscription des risques, la gestion des sinistres et la détection des fraudes à l'assurance.

Cette situation est particulièrement préoccupante dans les compagnies opérant en région, où la vitesse des connexions Internet, la disponibilité de serveurs sécurisés et l'accès aux infrastructures d'informatique en nuage demeurent limités. Il devient alors difficile, voire impossible, de mettre en œuvre des modèles d'intelligence artificielle exigeant une puissance de calcul élevée, un accès permanent à des serveurs performants, une architecture évolutive de stockage et de traitement des données, ainsi que des outils avancés de sécurité et de supervision.

À cela s'ajoute l'absence de normes unifiées pour le stockage et l'échange des données entre les différents acteurs du marché de l'assurance. Chaque compagnie développant et administrant ses propres bases de données relatives aux clients, aux contrats, aux sinistres et à leur règlement, il en résulte un phénomène d'« îlots informationnels », qui empêche la création d'une plateforme analytique commune à l'échelle de l'ensemble du secteur. Dès lors, les applications de l'intelligence artificielle restent confinées à des projets fermés et isolés, difficilement reproductibles ou généralisables.

Une attention particulière doit également être accordée au problème de la faible qualité des données, communément désigné sous le terme de « données sales » (*dirty data*). Les principales manifestations de ce phénomène sont les suivantes :

– duplication des enregistrements ;

– données incomplètes ou erronées ;

– absence d'horodatage et de structuration normalisée des données ;

– hétérogénéité des formats de représentation des données (par exemple : fichiers Excel, documents numérisés, systèmes CRM locaux) ;

– données obsolètes ne pouvant être mises à jour en temps réel.

Pris ensemble, ces défauts de qualité des données entravent l'entraînement des modèles d'intelligence artificielle, qui nécessitent, pour fonctionner correctement, des jeux de données précis, complets et normalisés. Ils rendent notamment plus difficile le déploiement de solutions telles que :

– l'évaluation intelligente des risques (*risk scoring*) ;

– la tarification dynamique ;

– la segmentation comportementale des clients ;

– la détermination automatique de la probabilité de survenance d'un sinistre ;

– l'analyse prédictive de la fraude (*fraud detection*).

La faiblesse des infrastructures technologiques constitue aujourd'hui un frein structurel, tant au stade du développement qu'à celui de l'exploitation des outils d'intelligence artificielle dans le secteur de l'assurance. En l'absence d'une modernisation globale des infrastructures numériques — comprenant la création de centres de données, le déploiement de solutions d'informatique en nuage, l'élaboration de normes sectorielles harmonisées et l'intégration avec les plateformes publiques et interbancaires — le potentiel de l'intelligence artificielle dans ce domaine restera limité à des expérimentations locales, sans incidence significative sur l'efficacité de l'ensemble du secteur.

L'un des obstacles les plus importants au déploiement de l'intelligence artificielle dans le secteur de l'assurance en Ouzbékistan réside dans la pénurie aiguë de spécialistes qualifiés dans les domaines de l'analyse des données, de l'apprentissage automatique (*machine learning*) et des technologies numériques connexes. Malgré le développement soutenu des initiatives de formation — notamment les *IT Parks*, les programmes universitaires consacrés aux métiers du numérique, ainsi que les programmes publics « Génération numérique » et « Un million de programmeurs » — les ressources humaines capables de soutenir le développement de solutions d'intelligence artificielle adaptées au secteur de l'assurance demeurent insuffisantes, tant sur le plan quantitatif que qualitatif.

Tableau 4.6. Influence de l'état des infrastructures numériques sur les principaux domaines d'application de l'intelligence artificielle dans le secteur de l'assurance[94]

Composante de l'infrastructure	État actuel dans le secteur de l'assurance	Impact sur les applications de l'IA
Ressources de calcul (serveurs, informatique en nuage)	Capacités limitées, en particulier dans les régions	Impossibilité de déployer des modèles complexes d'apprentissage automatique (*Machine Learning*, ML)
Normes de gestion des données	Absence de normes sectorielles harmonisées	Défaut d'interopérabilité et impossibilité de réaliser des analyses intégrées
Intégration des systèmes	Faible niveau d'intégration ; solutions fragmentées	Absence de processus de bout en bout et impossibilité d'agréger les données
Qualité et exhaustivité des données	Faibles (doublons, erreurs, données obsolètes)	Diminution de la précision et de la fiabilité des modèles d'intelligence artificielle
Automatisation des processus opérationnels	Partielle, principalement au sein des grandes compagnies	Déploiement limité des services intelligents

Premièrement, le système traditionnel de formation des spécialistes en Ouzbékistan n'a longtemps pas été conçu pour développer les compétences interdisciplinaires requises dans le domaine de l'intelligence artificielle, telles que la programmation, les mathématiques, les statistiques, la modélisation des processus ou encore la gestion de projets. Deuxièmement, la plupart des cursus universitaires et des formations spécialisées restent centrés sur la programmation générale et l'analyse de données de base, alors que l'intégration de l'intelligence artificielle dans le secteur de l'assurance exige

94 *Élaboré par l'auteur.*

des compétences beaucoup plus spécialisées, notamment en mathématiques actuarielles, en analyse de régression, en analyse comportementale, ainsi qu'en conception de systèmes de prévision et d'évaluation des risques. Il en résulte un décalage structurel entre la formation théorique dispensée par les établissements d'enseignement et les compétences opérationnelles attendues par les entreprises.

Deuxièmement, malgré leur dynamisme, les programmes d'accélération et les pôles d'innovation (*hubs*) ne produisent pas d'effets institutionnels durables. La plupart des jeunes entreprises (*start-up*) spécialisées dans l'intelligence artificielle appliquée à l'assurance se limitent au développement de produits minimaux viables (*Minimum Viable Products*, MVP) et n'ont pas accès à des projets d'entreprise susceptibles d'être déployés à grande échelle. En outre, faute d'une expertise suffisante en interne, les entreprises d'assurance sont souvent contraintes de faire appel à des prestataires externes, tels que des sociétés de conseil en technologies de l'information ou des plateformes internationales. Cette dépendance accroît non seulement les coûts de mise en œuvre des solutions d'intelligence artificielle, mais réduit également la capacité des entreprises à les adapter avec souplesse aux spécificités du contexte local. En règle générale, le recours à des experts externes se traduit par des prestations ponctuelles qui ne s'accompagnent pas d'un véritable transfert de compétences vers les équipes internes, ce qui engendre un phénomène de « dépendance technologique ».

Un autre frein systémique réside dans les résistances organisationnelles aux transformations numériques au sein même des entreprises d'assurance. Ce phénomène revêt un caractère multidimensionnel. Au niveau opérationnel, les salariés occupant des fonctions intermédiaires perçoivent souvent l'automatisation comme une menace pour leur emploi, en particulier dans les domaines où l'intelligence artificielle est susceptible de remplacer le traitement manuel des demandes, l'évaluation des risques ou le calcul des indemnités d'assurance.

L'absence d'une stratégie claire de reconversion et de montée en compétences des collaborateurs, ainsi que de garanties quant à l'évolution de leur parcours professionnel, renforce les inquiétudes et réduit leur adhésion aux projets de transformation numérique.

Au niveau stratégique, le déploiement de l'intelligence artificielle demeure freiné par le faible niveau de maturité numérique des équipes dirigeantes. Les responsables de nombreuses entreprises d'assurance ne disposent pas d'une compréhension suffisante du potentiel de l'intelligence artificielle, de ses domaines d'application et de sa rentabilité. Les projets sont généralement perçus comme des expérimentations coûteuses et risquées, en particulier dans un contexte marqué par l'instabilité économique, la faible rentabilité du secteur de l'assurance et les incertitudes du cadre réglementaire. Dans ces conditions, l'intelligence artificielle n'est pas considérée comme un investissement stratégique susceptible de procurer un avantage concurrentiel durable, mais plutôt comme une amélioration secondaire, dont l'impact sur le modèle économique de l'entreprise est jugé limité.

La pénurie de compétences et les résistances institutionnelles ne constituent pas de simples obstacles externes ; elles sont profondément ancrées dans le fonctionnement même du secteur de l'assurance en Ouzbékistan. Leur dépassement suppose une transformation systémique reposant sur l'adaptation des politiques de formation, le développement des compétences internes, le renforcement de la maturité numérique des équipes dirigeantes et la création d'une véritable culture de l'innovation au sein des organisations. Ce n'est qu'à cette condition que l'intelligence artificielle pourra être intégrée au secteur de l'assurance non comme une innovation ponctuelle, mais comme un fondement durable de la compétitivité future du secteur.

La mise en place d'un cadre juridique et réglementaire efficace constitue une condition indispensable à un déploiement durable et responsable de l'intelligence artificielle dans le secteur de l'assurance. À ce jour, toutefois, le cadre normatif ouzbek applicable à l'intelligence artificielle demeure en cours d'élaboration et se caractérise par son caractère fragmentaire, l'absence de normes sectorielles spécifiques et une certaine incertitude institutionnelle. Bien que plusieurs initiatives législatives ainsi que des documents stratégiques aient déjà été adoptés, notamment le décret présidentiel de la République d'Ouzbékistan n° UP-60 de 2023 « Sur les mesures visant à développer l'économie numérique et les technologies de l'intelligence artificielle », il n'existe, à la date de 2025, aucune législation spécifique régissant directement l'utilisation de l'intelligence artificielle dans le secteur de l'assurance.

Tableau 4.7. Obstacles humains et organisationnels à l'intégration de l'intelligence artificielle dans le secteur de l'assurance[95]

Problème	Manifestations dans le secteur de l'assurance	Conséquences pour la transformation numérique
Pénurie de spécialistes en intelligence artificielle	Manque d'experts hautement spécialisés et faiblesse des équipes internes	Dépendance à l'égard de prestataires externes et augmentation des coûts
Inadéquation des programmes de formation	Insuffisance des compétences pratiques des diplômés	Faible transférabilité des connaissances académiques aux besoins du secteur
Absence d'une politique structurée de formation des ressources humaines	Insuffisance des formations interdisciplinaires et des dispositifs de formation continue	Retard dans le déploiement de l'IA et baisse de l'efficacité des équipes
Réticence et résistance du personnel	Crainte de perdre son emploi et résistance au changement	Ralentissement de l'intégration de l'IA et perte de confiance

95 *Élaboré par l'auteur.*

Manque de confiance de la direction	Scepticisme à l'égard de l'intelligence artificielle et refus d'investir	Absence de projets stratégiques fondés sur l'intelligence artificielle

L'un des rares domaines réglementés touchant indirectement à l'intelligence artificielle est celui de la protection des données à caractère personnel. La loi « Sur les données à caractère personnel », dans sa version de 2022, établit les principes généraux applicables à la collecte, au traitement et à la conservation des données, mais ne comporte aucune disposition relative aux systèmes automatisés de prise de décision, à la responsabilité algorithmique ou à la transparence des algorithmes. Dans un contexte marqué par l'augmentation rapide des volumes de données collectées, notamment par l'intermédiaire des plateformes numériques d'assurance (telles que *E-Insurance*), il en résulte un véritable vide réglementaire.

L'une des difficultés les plus importantes réside dans l'absence d'une stratégie unifiée d'évaluation des risques liés au recours aux systèmes décisionnels automatisés. Ni la réglementation sectorielle, ni les actes réglementaires interministériels ne prévoient notamment :

– les critères d'autorisation des modèles d'intelligence artificielle destinés aux services en contact avec la clientèle ;

– les mécanismes de vérification de la précision des algorithmes ;

– les procédures d'audit indépendant des modèles d'apprentissage automatique ;

– les règles de responsabilité applicables en cas d'erreur algorithmique ou de discrimination.

Cette question est particulièrement sensible au regard des risques éthiques et réputationnels. Par nature, l'activité d'assurance repose sur un niveau élevé de confiance entre l'assuré et la compagnie d'assurance. Le recours à des modèles d'intelligence artificielle opaques dans des processus aussi sensibles que l'évaluation des risques, la détermination des tarifs d'assurance ou la décision de refuser une indemnisation est susceptible d'entraîner une perte de confiance de la part des assurés. Lorsque ceux-ci n'ont pas accès à la logique de fonctionnement de l'algorithme ou ne comprennent pas les motifs ayant conduit à une décision, il en résulte un « effet de boîte noire », qui porte atteinte aux principes d'équité, de transparence et d'égalité d'accès.

Tableau 4.8. Principales lacunes du cadre juridique applicable à l'intelligence artificielle dans le secteur de l'assurance en Ouzbékistan

Domaine de régulation	État actuel	Risques et conséquences
Loi sur l'intelligence artificielle	Inexistante	Insécurité juridique et ralentissement du déploiement de l'IA
Responsabilité en cas d'erreurs de l'IA	Non réglementée	Contentieux judiciaires et atteinte à la réputation
Normes éthiques	Non élaborées	Perte de confiance des consommateurs
Transparence algorithmique	Absente	« Effet de boîte noire » et augmentation du nombre de réclamations
Normes de validation et d'audit des modèles	Non appliquées	Manque de fiabilité des décisions et risques de pratiques discriminatoires

Un autre risque majeur réside dans la possibilité de discriminations fondées sur le sexe, l'âge, la localisation géographique ou le statut socio-économique lorsque les modèles d'intelligence artificielle sont entraînés à partir de données historiques déséquilibrées. De telles distorsions algorithmiques, connues sous le nom de *bias amplification*, sont susceptibles non seulement d'engager, à terme, la responsabilité juridique des compagnies d'assurance, mais également de susciter de vives réactions de l'opinion publique, en particulier dans le contexte d'un déploiement à grande échelle de l'intelligence artificielle dans les produits d'assurance.

En outre, il n'existe actuellement aucun mécanisme clairement défini permettant d'engager la responsabilité juridique en cas de préjudice causé par un dysfonctionnement d'un système d'intelligence artificielle. La question de savoir qui doit en répondre — le concepteur de l'algorithme, la compagnie d'assurance ou le fournisseur de logiciels — demeure ouverte. Cette incertitude freine considérablement la volonté des compagnies d'assurance d'intégrer l'intelligence artificielle dans les processus décisionnels les plus sensibles, notamment la souscription des risques (*underwriting*) et le règlement des sinistres.

Une transformation numérique efficace du secteur de l'assurance fondée sur l'intelligence artificielle ne peut être envisagée sans un cadre juridique et éthique clair. L'Ouzbékistan devra ainsi élaborer un cadre législatif intégré comprenant notamment :

– une loi-cadre sur l'intelligence artificielle, consacrant les principes de transparence, de responsabilité et d'équité ;

– des dispositions sectorielles applicables aux secteurs de la fintech et de l'assurance ;

– des normes relatives à l'audit et à la certification des systèmes d'intelligence artificielle ;

– des mécanismes destinés à protéger les consommateurs contre les discriminations algorithmiques.

Seule l'existence d'une architecture juridique cohérente permettra non seulement de protéger les intérêts de l'ensemble des acteurs du marché, mais également de créer les conditions nécessaires à une intégration sûre, durable et éthiquement responsable des technologies intelligentes dans le secteur de l'assurance.

Malgré les nombreux défis liés à l'intégration de l'intelligence artificielle dans le secteur de l'assurance, l'Ouzbékistan dispose de plusieurs atouts et facteurs favorables susceptibles d'accélérer le développement des technologies intelligentes dans ce domaine. L'analyse des initiatives en cours et des solutions infrastructurelles existantes permet d'identifier les principaux moteurs de la transformation numérique, qui créent les conditions d'un déploiement progressif et systématique de l'intelligence artificielle.

En premier lieu, la mise en œuvre du Système électronique unifié d'assurance (*E-Insurance*) connaît des avancées significatives. Cette plateforme vise à numériser les principaux processus opérationnels du secteur. Elle intègre notamment les fonctions d'enregistrement des contrats d'assurance, de règlement des sinistres et d'échange d'informations entre les compagnies d'assurance et les autorités de contrôle. *E-Insurance* renforce la transparence et harmonise les procédures, ce qui facilite considérablement l'intégration des solutions d'intelligence artificielle grâce à l'utilisation de données structurées et normalisées, tout en améliorant l'accessibilité et la qualité des analyses.

En deuxième lieu, le développement d'infrastructures d'innovation, telles que les *IT Parks* et les technopôles, crée un écosystème favorable à la création et au développement des start-up spécialisées dans l'intelligence artificielle ainsi que des services numériques. Les programmes publics de soutien aux entreprises du secteur des technologies de l'information — comprenant des avantages fiscaux, des subventions et des initiatives de formation — favorisent la constitution d'un vivier de compétences qualifiées et accélèrent la commercialisation des innovations dans le domaine de l'intelligence artificielle. Ce soutien contribue non seulement au renforcement du potentiel technologique, mais également à l'émergence de pôles spécialisés dans les solutions de fintech et d'assurance.

Un troisième facteur déterminant réside dans le développement actif de la coopération internationale avec des partenaires technologiques et des experts étrangers. Les accords conclus avec des entreprises et des institutions de premier plan permettent d'accéder à des solutions déjà éprouvées, à des méthodologies avancées de conception et de déploiement de l'intelligence artificielle, ainsi qu'à des technologies permettant d'adapter les modèles aux réalités locales. De tels partenariats réduisent le délai de mise sur le marché des innovations, améliorent la qualité des systèmes déployés et limitent les risques liés au développement autonome de nouveaux algorithmes.

Au regard du potentiel déjà constitué et de l'expérience internationale, il est possible d'identifier, à moyen et à long terme, les principaux domaines dans lesquels le déploiement de l'intelligence artificielle devrait générer les gains économiques et opérationnels les plus importants :

1. Automatisation de la souscription des risques (*underwriting*). Les modèles d'intelligence artificielle fondés sur l'apprentissage automatique (*machine learning*) et l'analyse des mégadonnées (*Big Data*) permettent d'améliorer considérablement la rapidité et la précision de l'évaluation des risques des assurés, d'éliminer les facteurs de subjectivité et de réduire le nombre d'erreurs. L'automatisation de la souscription des risques contribue ainsi à diminuer les coûts opérationnels tout en améliorant l'expérience client.

2. Prévision des sinistres à partir des mégadonnées (*Big Data*). L'analyse des mégadonnées, intégrant notamment les données comportementales des assurés ainsi que les facteurs météorologiques et géographiques, permet de développer des modèles prédictifs de survenance des sinistres. Cette approche ouvre la voie à une tarification plus précise, à une meilleure optimisation des provisions techniques et à une gestion plus efficace de la sinistralité.

3. Développement de produits d'assurance personnalisés. L'exploitation de l'analyse comportementale, fondée sur les données issues des objets connectés, de la télématique et de l'historique des interactions avec les assurés, permet de concevoir des produits adaptés aux besoins et aux profils de risque de chacun. Cette personnalisation renforce la fidélisation des assurés et contribue à réduire leur taux d'attrition.

4. Réduction de la fraude grâce à la détection des anomalies. Le recours à des méthodes de détection des anomalies et d'identification de schémas de fraude permet d'automatiser les processus de détection et de prévention de la fraude à l'assurance. Il contribue ainsi à réduire significativement les

pertes des entreprises d'assurance et à renforcer la résilience du secteur.

L'Ouzbékistan dispose d'un potentiel considérable pour transformer son secteur de l'assurance grâce à l'intelligence artificielle. Une approche globale, fondée sur le développement des infrastructures numériques, le renforcement des compétences humaines et l'amélioration du cadre juridique et réglementaire, permettra au pays non seulement de surmonter les obstacles existants, mais aussi de rejoindre les leaders régionaux en matière de maturité numérique du secteur de l'assurance. Une analyse synthétique des principaux obstacles et des perspectives de déploiement de l'intelligence artificielle dans le secteur de l'assurance en Ouzbékistan est présentée dans le tableau 4.9.

L'intégration des technologies d'intelligence artificielle (IA) dans le secteur de l'assurance en Ouzbékistan ne constitue pas seulement une innovation technologique, mais également un élément stratégique de la transformation numérique de l'ensemble de l'écosystème financier du pays. Cette transformation vise à renforcer l'efficacité, la transparence et la compétitivité des services d'assurance, tout en améliorant l'expérience client dans un contexte de numérisation croissante de la société et de l'économie. Toutefois, le plein déploiement du potentiel de l'intelligence artificielle ne pourra être assuré qu'au moyen d'une approche systémique et intégrée, englobant la modernisation des infrastructures, le développement du capital humain, le perfectionnement du cadre juridique et réglementaire, ainsi que l'émergence d'une nouvelle culture organisationnelle.

Tableau 4.9. Analyse synthétique des principaux obstacles et des perspectives de l'intégration de l'intelligence artificielle dans le secteur de l'assurance en Ouzbékistan[96]

Catégorie	Principaux obstacles	Perspectives de développement
Technologies	Systèmes d'information obsolètes, insuffisance des centres de données	Déploiement de solutions d'informatique en nuage et de plateformes de type *Data Lake*
Ressources humaines	Pénurie de spécialistes et inadéquation des formations universitaires	Formation de spécialistes grâce à des partenariats avec les établissements d'enseignement supérieur
Cadre juridique	Absence de réglementation spécifique à l'intelligence artificielle et protection insuffisante des données	Élaboration d'un cadre législatif adapté et mise en place de *regulatory sandboxes* (« bacs à sable réglementaires »)
Aspects éthiques	Manque de transparence des algorithmes	Élaboration et mise en œuvre de normes éthiques applicables à l'intelligence artificielle
Organisation des entreprises	Résistance des collaborateurs au changement et coût élevé du déploiement	Mise en place de mesures d'incitation et lancement de projets pilotes

La condition préalable essentielle à une intégration réussie de l'intelligence artificielle réside dans la mise en place d'une infrastructure informatique moderne, évolutive et résiliente, capable d'assurer une puissance de calcul élevée, un stockage et un traitement fiables de grands volumes de données, ainsi que l'intégration de sources d'information hétérogènes. Dans le contexte de l'Ouzbékistan, cet objectif suppose des investissements importants destinés à moderniser les systèmes existants, à déployer des solutions d'informatique en nuage et à mettre en œuvre des plateformes de gestion des données (*Data*

96 *Élaborée par l'auteur.*

Lakes et *Data Warehouses*). Une attention particulière devra être accordée à la normalisation des données, à la garantie de leur qualité et de leur sécurité, afin de créer les conditions nécessaires à l'entraînement efficace des modèles d'intelligence artificielle et de réduire les risques d'erreurs et d'imprécisions algorithmiques.

Le développement des compétences du capital humain constitue un autre facteur déterminant. Une transformation numérique réussie ne peut se concevoir sans des professionnels disposant de solides compétences en intelligence artificielle, en science des données (*data science*), en programmation et en assurance. Cela suppose l'intégration de formations spécialisées dans les établissements d'enseignement supérieur, le développement de programmes de formation continue et de perfectionnement professionnel, ainsi que la création de centres de compétences au sein des entreprises. Il est également essentiel de constituer des équipes pluridisciplinaires capables de mobiliser des compétences techniques, managériales et opérationnelles afin d'assurer la conduite efficace des projets d'intelligence artificielle.

L'intégration de l'intelligence artificielle dans le secteur de l'assurance suppose également le développement d'un cadre juridique et réglementaire encadrant l'utilisation des systèmes intelligents et garantissant la protection des droits de l'ensemble des acteurs du marché. Il est indispensable d'établir des normes claires en matière de transparence algorithmique, de responsabilité dans la prise de décision, de protection des données à caractère personnel et de prévention des discriminations. Ce cadre doit créer les conditions d'un recours à l'intelligence artificielle à la fois sûr et conforme aux exigences éthiques, tout en limitant les risques tant pour les entreprises d'assurance que pour les utilisateurs des services d'assurance. Il importe également de mettre en place des mécanismes de certification des solutions d'intelligence artificielle ainsi que des procédures indépendantes d'audit des algorithmes.

Enfin, la réussite de l'intégration de l'intelligence artificielle repose sur l'émergence d'une véritable culture numérique au sein des entreprises d'assurance. Celle-ci implique une évolution des valeurs organisationnelles, le renforcement des compétences numériques de l'ensemble des collaborateurs et la création d'un environnement propice à l'innovation et à l'adoption des nouvelles technologies. Les équipes dirigeantes doivent faire preuve de leadership et mesurer pleinement l'importance stratégique de l'intelligence artificielle, afin de réduire les résistances au changement et de favoriser l'implication du personnel dans le processus de transformation. Le dialogue avec les assurés revêt également une importance essentielle : il convient de renforcer leur information, leur compréhension des nouveaux services numériques et la confiance qu'ils leur accordent.

Seule une approche globale et multidimensionnelle, combinant des mesures techniques, humaines, juridiques et organisationnelles, est en mesure d'assurer un développement durable et éthiquement responsable de l'intelligence artificielle dans le secteur de l'assurance en Ouzbékistan. Une telle approche permettra non seulement d'améliorer la qualité et l'accessibilité des services d'assurance, mais aussi de poser les fondements d'une économie innovante, fondée sur les technologies numériques et orientée vers un développement durable à long terme.

L'intégration de l'intelligence artificielle (IA) dans le secteur de l'assurance en Ouzbékistan constitue un élément central de la transformation numérique visant à améliorer l'efficacité, la transparence et l'orientation client du secteur. Ce processus se heurte toutefois à plusieurs contraintes systémiques, notamment l'insuffisance des infrastructures numériques, la fragmentation des données, le faible niveau d'automatisation, la pénurie de personnel qualifié, les résistances organisationnelles ainsi que l'absence d'un cadre réglementaire spécifique à l'intelligence artificielle. Ces obstacles freinent la diffusion des technologies et en limitent l'utilisation à des projets pilotes, tels que les agents conversationnels (*chatbots*) ou les outils automatisés d'évaluation des risques (*scoring*). Dans le même temps, l'Ouzbékistan dispose d'un potentiel important pour surmonter ces difficultés grâce à la mise en œuvre de la stratégie « Ouzbékistan numérique – 2030 », au développement de la plateforme nationale d'assurance électronique, au soutien apporté aux pôles d'innovation dans le domaine des technologies de l'information (*IT hubs*) et au renforcement des coopérations entre les différents acteurs. Les perspectives de développement concernent notamment l'automatisation de la souscription (*underwriting*), la prévision des sinistres, la personnalisation des produits d'assurance et la lutte contre la fraude. L'intégration réussie de l'intelligence artificielle suppose une transformation globale du secteur, fondée sur la normalisation des données, la formation de spécialistes qualifiés, l'élaboration d'un cadre réglementaire mettant l'accent sur la transparence et l'éthique, ainsi que le développement d'une véritable culture numérique au sein des organisations. Ce n'est qu'à ces conditions que le secteur de l'assurance pourra exploiter pleinement le potentiel de l'intelligence artificielle, renforcer sa compétitivité et contribuer au développement d'une économie fondée sur l'innovation.

Conclusions du quatrième chapitre

1. La transformation numérique occupe une place centrale dans le contexte des réformes socio-économiques engagées en Ouzbékistan et de la mise en œuvre de la stratégie nationale « Ouzbékistan numérique – 2030 ». L'amélioration de la culture numérique de la population, l'élargissement de l'accès à Internet et l'intensification de la concurrence internationale rendent indispensable la modernisation du secteur de l'assurance. Les principaux obstacles à cette transformation demeurent de nature institutionnelle, financière et humaine : pénurie de spécialistes qualifiés, insuffisances du cadre juridique et coût élevé de la modernisation technologique. Leur dépassement suppose une coopération étroite entre les pouvoirs publics, les entreprises, le secteur des technologies de l'information et les

établissements d'enseignement. La transformation numérique du secteur de l'assurance est susceptible non seulement de moderniser les processus internes des entreprises, mais aussi de favoriser l'inclusion financière, de renforcer la résilience de l'économie et de faciliter l'intégration de l'Ouzbékistan dans l'écosystème numérique mondial. La réussite de cette stratégie dépendra de la capacité à dépasser une logique de projets informatiques isolés au profit d'une politique d'innovation systémique et de long terme.

2. Le développement des partenariats public-privé (PPP) revêt une importance particulière, dans la mesure où il permet de mobiliser les ressources et les compétences complémentaires des différents acteurs pour mener à bien des projets numériques complexes. Les PPP contribuent non seulement à réduire les contraintes financières et réglementaires, mais aussi à instaurer un modèle de coopération durable, capable de s'adapter aux évolutions de l'environnement. Leur mise en œuvre dans le domaine de la transformation numérique demeure toutefois confrontée à de nombreux défis, d'ordre institutionnel, juridique, technologique et éthique. Leur résolution suppose une approche globale fondée sur l'élaboration d'un cadre réglementaire souple, le renforcement des capacités de gestion de projet, la mobilisation des investissements, le développement des compétences numériques et la promotion de la responsabilité sociale. La transformation numérique du secteur de l'assurance en Ouzbékistan requiert ainsi une stratégie intersectorielle reposant sur un partenariat étroit entre les pouvoirs publics, les entreprises et les institutions scientifiques. Ce n'est qu'à cette condition qu'il sera possible de construire un écosystème numérique de l'assurance à la fois compétitif, inclusif et durable, répondant aux exigences de l'économie contemporaine.

3. L'intégration de l'intelligence artificielle dans le secteur de l'assurance en Ouzbékistan marque une évolution institutionnelle majeure vers la modernisation numérique, qui s'accompagne de la nécessité de renforcer l'efficacité, la

gouvernance et la capacité d'adaptation du secteur. Toutefois, le déploiement de l'intelligence artificielle demeure limité par plusieurs contraintes structurelles : une infrastructure numérique encore fragmentaire, des données insuffisamment harmonisées, un niveau d'automatisation partiel, un déficit de compétences spécialisées et un cadre réglementaire encore insuffisamment développé. Dans ces conditions, les technologies d'intelligence artificielle restent principalement cantonnées à des expérimentations locales, sans véritable déploiement à grande échelle. Les orientations définies par la stratégie nationale « Ouzbékistan numérique – 2030 » — développement des plateformes électroniques, soutien aux pôles d'innovation dans le domaine des technologies de l'information et renforcement de la coopération institutionnelle — constituent néanmoins un cadre propice au dépassement de ces contraintes. Les perspectives les plus prometteuses concernent l'évaluation intelligente des risques, la modélisation prédictive, la personnalisation des produits d'assurance et la détection des anomalies. Le passage d'expérimentations pilotes à une adoption généralisée suppose toutefois une consolidation institutionnelle reposant sur la synchronisation des processus métier, l'harmonisation des données, la formation de spécialistes qualifiés, la définition d'un cadre réglementaire précisant les responsabilités liées aux décisions algorithmiques et la création d'un environnement technologique suffisamment mature. À défaut de ces conditions, l'intelligence artificielle demeurera un outil périphérique, incapable de soutenir une transformation durable du secteur de l'assurance.

Conclusion

L'intégration de l'intelligence artificielle (IA) dans le secteur de l'assurance des économies en transition, telles que la République d'Ouzbékistan, ne constitue pas une simple innovation technologique, mais un profond changement de la logique institutionnelle qui régit le fonctionnement des marchés financiers. La présente recherche a permis de proposer une vision globale du rôle de l'intelligence artificielle en tant que moteur systémique de la transformation numérique de l'assurance, dans laquelle les solutions technologiques deviennent un élément indissociable d'un nouveau paradigme de gestion des risques, de la relation client et de la résilience opérationnelle.

Dans un contexte mondial marqué par la priorité accordée au développement durable et à la numérisation de l'économie, le secteur de l'assurance se voit attribuer de nouvelles fonctions, dépassant son rôle traditionnel d'intermédiaire financier pour devenir un acteur essentiel de la protection sociale et de la répartition des risques au sein de la société. Dans cette perspective, l'intelligence artificielle cesse d'être un simple outil d'assistance pour devenir le cœur des transformations structurelles, modifiant les processus décisionnels, les méthodes d'évaluation et de gestion des risques, tout en créant les conditions nécessaires à l'émergence d'un système d'assurance adaptatif, centré sur le client et régi par un cadre réglementaire transparent.

Une attention particulière a été accordée au cas de l'Ouzbékistan, représentatif des économies en transition, où la transformation numérique du secteur de l'assurance se développe dans un contexte caractérisé par une maturité institutionnelle encore limitée, des réformes fragmentaires et une certaine instabilité structurelle. L'analyse montre que l'intelligence artificielle y remplit une fonction compensatoire, en comblant les lacunes résultant du manque de données statistiques, de l'insuffisance des compétences spécialisées et des limites des infrastructures. C'est précisément dans un tel environnement que les technologies intelligentes révèlent leur plus fort potentiel de transformation : l'automatisation de la souscription des risques (*underwriting*), le *scoring* intelligent des risques, la tarification personnalisée et l'analyse prédictive permettent de passer d'une gestion réactive à une gestion proactive des risques, qu'ils soient naturels, sociaux ou économiques.

À l'échelle internationale, le déploiement de l'intelligence artificielle dans le secteur de l'assurance s'accompagne à la fois de progrès considérables — amélioration de la précision des décisions, réduction des coûts de transaction, élargissement de l'accès à l'assurance grâce aux canaux numériques — et de défis majeurs. Parmi ceux-ci figurent les biais algorithmiques, l'opacité des processus décisionnels automatisés, l'incertitude réglementaire ainsi que la pénurie de spécialistes disposant de compétences interdisciplinaires. Ces enjeux appellent l'élaboration de nouveaux cadres de gouvernance technologique et juridique, dans lesquels les exigences d'éthique, d'équité et d'explicabilité occupent une place aussi importante que les objectifs d'efficacité.

Pour l'Ouzbékistan, une simple reproduction des solutions étrangères ne saurait être suffisante sans une adaptation institutionnelle approfondie. Il est indispensable de prendre en considération les spécificités de la structure économique du pays, son niveau de maturité numérique, les particularités culturelles liées à la perception de l'assurance ainsi que le degré de confiance de la population envers les technologies numériques. Dans ce contexte, l'élaboration d'un cadre national de développement de l'intelligence artificielle appliquée au secteur de l'assurance revêt une importance particulière, depuis la définition des règles juridiques et éthiques jusqu'à la création d'infrastructures numériques, de plateformes technologiques et d'un vivier de compétences spécialisées. Seule une politique publique cohérente, appuyée sur des mécanismes pérennes de partenariat public-privé et sur une solide expertise académique, permettra de passer des projets pilotes à une transformation numérique complète du secteur.

Cette recherche souligne également la nécessité de dépasser une approche exclusivement technologique de l'intégration de l'intelligence artificielle. La transformation numérique du secteur de l'assurance implique une évolution de l'ensemble de son écosystème : le cadre juridique, les structures organisationnelles, les modèles de gouvernance d'entreprise ainsi que les modalités d'interaction avec les assurés doivent être repensés. Dans cette perspective, l'intelligence artificielle doit être envisagée comme une technologie appelée à s'intégrer dans les institutions existantes, dotée non seulement d'une fonction opérationnelle, mais également d'une fonction structurante sur les plans normatif et institutionnel.

Sur le plan pratique, les principaux axes de déploiement de l'intelligence artificielle comprennent :

– l'automatisation de l'évaluation des risques et la réduction des délais de règlement des sinistres ;

– la tarification personnalisée fondée sur la modélisation comportementale ;

– la détection des fraudes grâce à des algorithmes de détection d'anomalies et à des technologies de vision par ordinateur (*computer vision*) ;

– l'analyse des risques climatiques, technologiques et épidémiologiques en vue de concevoir une nouvelle génération de produits d'assurance ;

– le renforcement de l'inclusion financière grâce aux plateformes numériques mobiles et aux interfaces intelligentes.

Dans ce contexte, les exigences en matière de formation interdisciplinaire des spécialistes deviennent de plus en plus importantes. De nouveaux parcours de formation doivent être développés, combinant les compétences en sciences actuarielles, en intelligence artificielle, en éthique, en réglementation et en gouvernance des données. Par ailleurs, il apparaît nécessaire de mettre en place des organismes indépendants d'expertise et d'audit des systèmes algorithmiques, en particulier dans les domaines les plus sensibles de la prise de décision, tels que l'évaluation des risques, la détermination des tarifs d'assurance et le règlement des sinistres.

– la validation empirique des modèles d'intelligence artificielle dans les conditions réelles de fonctionnement des marchés de l'assurance des économies en développement ;

– l'élaboration d'un cadre éthique et juridique applicable à la régulation de l'intelligence artificielle dans le secteur de l'assurance, tenant compte des spécificités des marchés régionaux et des engagements internationaux ;

– la conception de modèles macroéconomiques destinés à évaluer l'impact de l'intelligence artificielle sur la stabilité et la transparence du système d'assurance ;

– l'étude de l'acceptabilité sociale des produits d'assurance reposant sur des algorithmes ainsi que du niveau de confiance que leur accorde la population ;

– l'analyse des transformations des modèles de gouvernance des compagnies d'assurance sous l'effet du développement de l'intelligence artificielle.

L'Ouzbékistan se trouve aujourd'hui à une étape décisive de la transformation numérique de son secteur de l'assurance. L'intégration de l'intelligence artificielle comme vecteur de développement institutionnel, et non comme une simple innovation technologique, crée les conditions nécessaires à l'émergence d'un système d'assurance moderne, compétitif et socialement responsable. La réalisation de cette ambition suppose une mobilisation concertée de l'État, des entreprises, de la communauté scientifique et des établissements d'enseignement supérieur, ainsi que le passage de solutions numériques fragmentaires à un modèle stratégique, cohérent et durable de développement du secteur.

Bibliographie

Textes législatifs et réglementaires

Loi de la République d'Ouzbékistan. (9 décembre 2015). *Sur le gouvernement électronique*, n° ZRU-395. https://lex.uz/docs/2833855

Loi de la République d'Ouzbékistan. (2 juillet 2019). *Sur les données à caractère personnel*, n° ZRU-547. https://lex.uz/docs/4396428

Loi de la République d'Ouzbékistan. (29 septembre 2022). *Sur le commerce électronique*, n° O'RQ-792. https://lex.uz/ru/docs/6213382

Président de la République d'Ouzbékistan. (5 octobre 2020). Décret n° UP-6079 *portant approbation de la Stratégie « Ouzbékistan numérique – 2030 » et des mesures visant à assurer sa mise en œuvre effective.* https://lex.uz/docs/5031048

Président de la République d'Ouzbékistan. (28 avril 2020). Résolution n° PQ-4699 *relative aux mesures visant à généraliser l'économie numérique et le gouvernement électronique.* https://lex.uz/uz/docs/4800661

Président de la République d'Ouzbékistan. (17 février 2021). Résolution n° PP-4996 *relative aux mesures visant à créer les conditions d'une introduction accélérée des technologies de l'intelligence artificielle.* https://lex.uz/ru/docs/5297051

Président de la République d'Ouzbékistan. (1er mars 2024). Résolution n° PP-108 *relative aux mesures globales visant à poursuivre le développement du marché des services d'assurance.*

Œuvres du Président

Mirziyoev, Sh. M. (2017). *My vmeste so smelym i blagorodnym narodom postroim velikoe budushchee* [Ensemble avec un peuple courageux et noble, nous construirons un grand avenir]. Tachkent : Uzbekistan.

Mirziyoev, Sh. M. (2017). *Kriticheskii analiz, strogaia distsiplina i lichnaia otvetstvennost' dolzhny stat' povsednevnym pravilom deiatel'nosti kazhdogo rukovoditelia* [L'analyse critique, une discipline rigoureuse et la responsabilité personnelle doivent devenir la règle quotidienne de chaque dirigeant]. Tachkent : Uzbekistan.

Mirziyoev, Sh. M. (2017). *Vmeste postroim svobodnoe, protsvetaiushchee i demokraticheskoe gosudarstvo Uzbekistan* [Ensemble, nous construirons un État ouzbek libre, prospère et démocratique]. Tachkent : Uzbekistan.

Mirziyoev, Sh. M. (2017). *Obespechenie verkhovenstva zakona i interesov cheloveka — zalog razvitiia strany i blagosostoianiia naroda* [Garantir la primauté du droit et les intérêts de la personne constitue la clé du développement du pays et du bien-être du peuple]. Tachkent : Uzbekistan.

Mirziyoev, Sh. M. (6 novembre 2021). *My reshitel'no prodolzhim put' demokraticheskikh reform na osnove strategii razvitiia Novogo Uzbekistana* [Nous poursuivrons résolument la voie des réformes démocratiques sur la base de la stratégie du Nouvel Ouzbékistan]. Discours prononcé lors de la cérémonie d'investiture. https://yuz.uz/news

Mirziyoev, Sh. M. (25 janvier 2020). *Poslanie Prezidenta Respubliki Uzbekistan Oliy Majlisu* [Message du Président de la République d'Ouzbékistan à l'Oliy Majlis]. https://uza.uz/uz/posts/uzbekiston-respublikasi-prezidenti-shavkat-mirziyeevning-oliy-25-01-2020

Mirziyoev, Sh. M. (2022). *Uzbekistan na puti k modernizatsii: ekonomicheskie reformy i regional'naia integratsiia* [L'Ouzbékistan sur la voie de la modernisation : réformes économiques et intégration régionale]. Tachkent : Uzbekistan.

Sources scientifiques et académiques

Abdullaev, R. M. *Ekonomicheskie reformy v Uzbekistane: institutsional'nye i strukturnye preobrazovaniia* [Les réformes économiques en Ouzbékistan : transformations institutionnelles et structurelles]. Tachkent : Iktisod Publishing House, 2023. 280 p.

Adamchuk, N. G., Azimov, R. S., Belousova, T. A., et al. *Strakhovanie v usloviiakh tsifrovoi ekonomiki: nauka, praktika, obrazovanie* [L'assurance à l'ère de l'économie numérique : science, pratique et formation]. Monographie. Moscou : Infra-M, 2022.

Alesina, A., Spolaore, E. *The Size of Nations*. Cambridge (MA) : MIT Press, 2003. 288 p.

Åslund, A. *How Russia Became a Market Economy*. Washington (D.C.) : Peterson Institute for International Economics, 2007. 230 p.

Azimov, R. S. *Transformation of the Insurance Business in Countries with Transition Economies (Based on Uzbekistan Experience)*. Proud Pen, s. d.

Azimov, R. S. « Legal and Ethical Regulation of AI Applications in Uzbekistan's Insurance Sector ». *Central Asian Journal of Digital Law*, 2023, vol. 5, n° 3, p. 98-114.

Azimov, R. S. *Innovatsionnoe razvitie strakhovogo rynka v Respublike Uzbekistan: teoriia, metodologiia, praktika* [Le développement innovant du marché de l'assurance en République d'Ouzbékistan : théorie, méthodologie et pratique]. Monographie. Tachkent : Turon-Iqbol, 2023.

Azimov, R. S., Arifkhodjaeva, I. S., Mirsadikov, M. A. « *Problemy tsifrovizatsii strakhovogo biznesa v Uzbekistane* » [Les problèmes de la numérisation du secteur de l'assurance en Ouzbékistan]. *Journal of Insurance Business*, 2023, n° 10, p. 34-41.

Akhmedov, A. A. *Tsentral'naia Aziia: geopoliticheskie i ekonomicheskie aspekty razvitiia regiona* [L'Asie centrale : aspects géopolitiques et économiques du développement régional]. Tachkent : Fan Publishing House, 2020. 320 p.

Baek, P. *Economic Reforms and Financial Stability in Central Asia: A Comparative Analysis*. New York : Nova Science Publishers, 2001. 240 p.

Baranov, P. A., Egorov, V. S. « *Iskusstvennyi intellekt v upravlenii riskami: teoriia i praktika* » [L'intelligence artificielle dans la gestion des risques : théorie et pratique]. *Insurance Management*, 2021, n° 4, p. 33-47.

Bekmuradov, M. B., Saidov, N. N. *Istoriia Tsentral'noi Azii: ot Velikogo shelkovogo puti do sovremennosti* [Histoire de l'Asie centrale : de la Grande Route de la Soie à nos jours]. Almaty : KazNU, 2018. 450 p.

Berdieva, U. A. « *Razvitie strakhovogo rynka i sozdanie intellektual'nykh strakhovykh tekhnologii v Uzbekistane* » [Développement du marché de l'assurance et création de technologies d'assurance intelligentes en Ouzbékistan]. *Innovatsii v ekonomike* [Innovations dans l'économie], 2023, vol. 6, n° 1.

Bishop, C. M. *Pattern Recognition and Machine Learning*. Berlin : Springer, 2006. 738 p.

Brotsky, M. I. « *Iskusstvennyi intellekt kak sistemnyi fenomen: filosofskie i ekonomicheskie aspekty* » [L'intelligence artificielle comme phénomène systémique : aspects philosophiques et économiques]. *Bulletin of Economic Theory*, 2022, n° 3, p. 45 62.

Vorontsov, K. V. *Mashinnoe obuchenie i analiz dannykh* [Apprentissage automatique et analyse des données]. Moscou : Institut de physique et de technologie de Moscou (MIPT), 2020. 487 p.

Chen, T., Guestrin, C. « XGBoost: A Scalable Tree Boosting System ». Dans : *Proceedings of the 22nd ACM SIGKDD International Conference on Knowledge Discovery and Data Mining*. 2016, p. 785-794. DOI : 10.1145/2939672.2939785.

Cummings, S. N., Lewis, A. *Post-Soviet Economic Reforms in Central Asia: A Case Study Approach*. Cheltenham : Edward Elgar Publishing, 2003. 275 p.

World Bank. *Uzbekistan Economic Update: Summer 2024*. Washington (D.C.) : World Bank, 2024. 45 p.

Gothi, V. « TBC Uzbekistan Launches Digital Insurance Service ». *IBS Intelligence*, 7 juillet 2025.

Goodfellow, I., Bengio, Y., Courville, A. *Deep Learning*. Cambridge (MA) : MIT Press, 2016. 800 p.

Grigoriev, G. *Economic Reforms in the CIS Countries: The Challenges of Transition*. Baden-Baden : Nomos, 1999. 190 p.

Davies, P., Ginsburg, N. *Financial Sector Reform in Central Asia.* Basingstoke : Palgrave Macmillan, 2000. 215 p.

Diakonov, A. G. *Mashinnoe obuchenie i glubokoe obuchenie: metody i prilozheniia* [Apprentissage automatique et apprentissage profond : méthodes et applications]. Moscou : DMK Press, 2021. 432 p.

El-Nagib, S., Hegazy, A. « Artificial Intelligence in Insurance Underwriting Optimization ». *Journal of Insurance and Risk Management*, 2021, vol. 12, n° 3, p. 45-60.

Heaton, J. « Applications of Deep Learning in Finance ». *The Journal of Financial Data Science*, 2019, vol. 1, n° 2, p. 10-17.

Hochreiter, S., Schmidhuber, J. « Long Short-Term Memory ». *Neural Computation*, 1997, vol. 9, n° 8, p. 1735-1780. DOI : 10.1162/neco.1997.9.8.1735.

Huang, Y., et al. « AI-Driven Fraud Detection in Insurance ». *IEEE Transactions on Artificial Intelligence*, 2023, vol. 4, n° 2, p. 112-125.

Dzhumaev, A. K. « *Tsifrovizatsiia finansovogo sektora Uzbekistana: vyzovy i perspektivy* » [La numérisation du secteur financier en Ouzbékistan : défis et perspectives]. *Economic Bulletin of Uzbekistan*, 2024, n° 1, p. 34-50.

Zlobin, E. V., Yuldashev, R. T. « *Strakhovanie v sisteme tsifrovoi ekonomiki — vozmozhnost' transformatsii* » [L'assurance dans le système de l'économie numérique : une opportunité de transformation]. *Journal of Insurance Business*, 2018, n° 7, p. 59-64.

IBM Corporation. *Cognitive Computing: A Brief Guide for the Insurance Industry*. 2021. Disponible à l'adresse : https://www.ibm.com/watson/insurance/.

Ivanova, E. V. « *Ekonomicheskoe razvitie stran Tsentral'noi Azii v postsovetskii period* » [Le développement économique des pays d'Asie centrale dans la période post-soviétique]. *Vestnik Moskovskogo gosudarstvennogo universiteta. Seriia 5: Geografiia* [Bulletin de l'Université d'État de Moscou. Série 5 : Géographie], 2023, n° 4, p. 45-62.

Isaev, D. A., Trushin, A. S. « *Bol'shie dannye i mashinnoe obuchenie v strakhovanii: transformatsiia biznes-protsessov* » [Les mégadonnées et l'apprentissage automatique dans l'assurance : transformation des processus d'entreprise]. *Analytics and Risk Management*, 2022, vol. 15, n° 1, p. 58-72.

Karimov, Sh. R. « *Strakhovoi rynok Tsentral'noi Azii: sovremennye vyzovy i perspektivy* » [Le marché de l'assurance en Asie centrale : défis contemporains et perspectives]. *Finance and Credit*, 2024, n° 2, p. 112-130.

Kaplan, J., Haenlein, M. « Artificial Intelligence: What Everyone Needs to Know ». *Journal of Business Research*, 2019, vol. 94, p. 6-17.

Kasyimov, A. *Economic Growth and Structural Transformation in Central Asia*. Tachkent : Central Asian University Press, 2003. 165 p.

Kaufmann, D., Kraay, A., Mastruzzi, M. *Governance Matters VII: Aggregate and Individual Governance Indicators, 1996–2008*. Washington (D.C.) : World Bank, 2009. 106 p.

Kirillova, N. V., Tsyganov, A. A., Azimov, R. S. *Razvitie transportnogo strakhovaniia v Rossiiskoi Federatsii* [Le développement de l'assurance des transports dans la Fédération de Russie]. Monographie. Moscou : Prometei, 2023. 276 p. ISBN 978-5-00172-546-6.

Kirillova, N. V., Belousova, T. A., Azimov, R. S. *Effektivnost' obiazatel'nogo strakhovaniia* [L'efficacité de l'assurance obligatoire]. Monographie. Moscou : Prometei, 2022. 452 p. ISBN 978-5-00172-303-5.

Kuznetsov, V. N., Morozova, O. V. « *Primenenie iskusstvennogo intellekta v strakhovanii: aktuarnye raschety i anderraiting* » [Application de l'intelligence artificielle dans l'assurance : calculs actuariels et souscription des risques]. *Journal of Insurance Business*, 2023, n° 4, p. 78-92.

Kuznetsov, S. O. « *Primenenie NLP v strakhovom dele: ot chat-botov do avtomaticheskoi otsenki riskov* » [Application du traitement automatique du langage naturel (NLP) dans l'assurance : des chatbots à l'évaluation automatisée des risques]. *Digital Transformation and Insurance*, 2024, n° 1, p. 11-25.

Lahti, M. L. *Transition and Institutional Change in Central Asia*. Helsinki : Finnish Institute of International Affairs, 2002. 134 p.

LeCun, Y., Bengio, Y., Hinton, G. « Deep Learning ». *Nature*, 2015, vol. 521, n° 7553, p. 436-444.

Libatique, P. « TBC Uzbekistan Unveils Digital Insurance to Grow Financial Ecosystem ». *Insurance Business Asia*, 8 juillet 2025.

McCulloch, W. S., Pitts, W. « A Logical Calculus of the Ideas Immanent in Nervous Activity ». *Bulletin of Mathematical Biophysics*, 1943, vol. 5, n° 4, p. 115-133.

Muhamedxodjaeva, U. « Prospects for Liberalization of the Compulsory Insurance Market and Opening for International Insurance Companies in Uzbekistan ». *International Journal of Artificial Intelligence*, 2025, n° 1, p. 347-350.

Ng, A. *Machine Learning Yearning*. Version préliminaire (*Draft Version*), 2018. Disponible à l'adresse : https://www.deeplearning.ai/machine-learning-yearning/

Nguyen, T., et al. « AI Applications in Insurance : Risk Assessment, Customer Service, and Claims Automation ». *International Journal of Information Technology*, 2022, vol. 14, n° 5, p. 789-804.

Nikolina, N. N., Berezina, S. V., Shashkina, M. E. « *Sushchnost' i tekhnologii individualizatsii strakhovaniia v usloviiakh tsifrovizatsii* » [L'essence et les technologies de l'individualisation de l'assurance dans le contexte de la transformation numérique]. *Vestnik Moskovskogo universiteta MVD Rossii* [Bulletin de l'Université de Moscou du ministère de l'Intérieur de Russie], 2020, n° 3.

Ochilov, I. K. « Digital Revolution in the Insurance Sector: Integration of Artificial Intelligence in Uzbekistan and Strategic Achievements and Risks in Global Markets ». *International Multidisciplinary Journal for Research & Development*, 2025, vol. 12, n° 4, p. 406-410.

Orlova, E. E. « *Iskusstvennyi intellekt v upravlenii strakhovymi riskami* » [L'intelligence artificielle dans la gestion des risques d'assurance]. *Finance and Credit*, 2022, n° 2, p. 112-130.

Polyakov, A. V., Savelyev, A. I. « *Pravovoe regulirovanie iskusstvennogo intellekta: etika i normativnaia neopredelennost'* » [La régulation juridique de l'intelligence artificielle : éthique et incertitude normative]. *Journal of Law and Digital Economics*, 2023, n° 1, p. 34-50.

Pomfret, R. *The Economics of Central Asia*. Princeton : Princeton University Press, 2006. 260 p.

Rajan, R. G., Zingales, L. « The Capitalistic Spirit ». *American Economic Review*, 2003, vol. 93, n° 2, p. 206-211.

Rakhimov, S. « Economic Reform and the Role of Government in Central Asia ». *Asian Development Review*, 2004, vol. 21, n° 1, p. 67-91.

Rashid, A. *The Resurgence of Central Asia: Islam, Nationalism, and Politics.* Oxford : Oxford University Press, 2002. 240 p.

Rusakova, N. A. « *AutoML i avtomatizatsiia postroeniia modelei v strakhovanii* » [AutoML et automatisation de la construction de modèles dans le secteur de l'assurance]. *Information Technologies in Management*, 2022, n° 3, p. 22-34.

Russell, S. J., Norvig, P. *Artificial Intelligence: A Modern Approach.* 4e éd. Upper Saddle River (NJ) : Pearson, 2021. 1152 p.

Sadykov, T. M., Zhumayev, A. K. *Ekologicheskie problemy Tsentral'noi Azii i puti ikh resheniia* [Les problèmes environnementaux de l'Asie centrale et les voies de leur résolution]. Douchanbé : Irfon, 2019. 280 p.

Saidov, N. N., Khamidov, T. M. *Prirodnye resursy i ekonomicheskii potentsial Uzbekistana* [Les ressources naturelles et le potentiel économique de l'Ouzbékistan]. Tachkent : Fan va texnologiya, 2021. 320 p.

Sedova, N. V., Kozlov, A. S. « *Intellektual'nyi analiz dannykh v upravlenii strakhovymi riskami* » [L'analyse intelligente des données dans la gestion des risques d'assurance]. *Journal of Insurance Business*, 2023, n° 2, p. 41-55.

Shymberdiyev, K. *The Economic Transition of Kazakhstan: Challenges and Opportunities.* Almaty : KISI, 2006. 198 p.

Sodikov, A. M., Musaeva, D. D. « Digitalization of the Insurance Market of Uzbekistan: Trends and Innovative Technologies ». *Journal of Science and Innovative Development*, 2022, vol. 5, n° 5, p. 71-78.

Stiglitz, J. E. *Globalization and Its Discontents.* New York : W. W. Norton & Company, 2002. 282 p.

Suleimenov, K. A. « *Neftegazovyi sektor Kazakhstana: ekonomicheskii potentsial i vyzovy* » [Le secteur pétrolier et gazier du Kazakhstan : potentiel économique et défis]. *Economic Journal of Kazakhstan*, 2023, n° 3, p. 78-95.

Timur i ego imperiia: istoricheskii ocherk [Timour et son Empire : essai historique]. Sous la direction de A. Kh. Khamidov.

Samarcande : Université d'État de Samarcande, 2015. 350 p.

Tkachenko, I. V. *Teoriia veroiatnostei i ee primenenie v anderraitinge* [Théorie des probabilités et son application à la souscription des risques]. Saint-Pétersbourg : Piter, 2019. 284 p.

Tursunov, H. I. « *Strakhovanie v Uzbekistane: institutsional'nye bar'ery i tsifrovaia transformatsiia* » [L'assurance en Ouzbékistan : barrières institutionnelles et transformation numérique]. *Journal of Economic Research*, 2023, n° 3, p. 67-85.

Zakirxodjaeva, Sh. A. « Methods of Using Artificial Intelligence in Insurance Companies and Its Promising Directions ». *International Journal on Economics, Finance and Sustainable Development*, 2025, vol. 5, n° 6.

UzDaily.com. « Artificial Intelligence Is an Important Area of the Financial Technology Market ». *UzDaily.com*, 2 novembre 2023.

Umarov, Kh. I. « *Regional'naia integratsiia v Tsentral'noi Azii: rol' mezhdunarodnykh organizatsii* » [L'intégration régionale en Asie centrale : le rôle des organisations internationales]. *Journal of International Relations*, 2022, n° 1, p. 23-40.

Khodjaev, B. R. *Finansovaia infrastruktura Uzbekistana: transformatsiia i perspektivy* [L'infrastructure financière de l'Ouzbékistan : transformation et perspectives]. Tachkent : Economy, 2021. 260 p.

Tsyganov, A. A. « *Tsifrovizatsiia strakhovogo biznesa: transformatsiia biznes-modelei i avtomatizatsiia protsessov* » [La numérisation du secteur de l'assurance : transformation des modèles d'entreprise et automatisation des processus]. *Journal of Insurance Business*, 2023, n° 5, p. 23-40.

Tsyganov, A. A., Bryzgalov, D. V., Azimov, R. S. *Teoriia i praktika tsifrovizatsii strakhovogo rynka v Rossiiskoi Federatsii* [Théorie et pratique de la numérisation du marché de l'assurance dans la Fédération de Russie]. Monographie. Sous la direction de D. V. Bryzgalov et A. A. Tsyganov. Moscou : Prometei, 2021. 378 p. ISBN 978-5-00172-101-7.

Sharipov, A. A. « *Upravlenie riskami v usloviiakh perekhodnoi ekonomiki: na primere Uzbekistana* » [La gestion des risques dans une économie en transition : le cas de l'Ouzbékistan]. *Bulletin of Tashkent State University*, 2023, n° 4, p. 89-104.

Yudin, A. I., Krasilnikov, S. M. *Prognosticheskaia analitika i upravlenie strakhovymi portfeliami* [L'analyse prédictive et la gestion des portefeuilles d'assurance]. Moscou : Finance and Statistics, 2020. 312 p.

Yusupov, M. T. *Rol' strakhovaniia v obespechenii ustoichivogo razvitiia Uzbekistana* [Le rôle de l'assurance dans la promotion du développement durable de l'Ouzbékistan]. Tachkent : Ilm-Ziyo Publishing House, 2022. 210 p.

Table des matières

Introduction **9**

CHAPITRE I. Énoncé de la problématique **17**

§ 1.1. Portée de l'IA dans le secteur de l'assurance 17

§ 1.2. L'Asie centrale, région émergente du marché de l'assurance 40

§ 1.3. La pertinence d'une étude consacrée à la République d'Ouzbékistan 56

Conclusions du premier chapitre 67

CHAPITRE II. Les fondements théoriques de l'utilisation de l'intelligence artificielle dans le secteur de l'assurance **71**

§ 2.1. Définition et principales technologies de l'intelligence artificielle appliquées au secteur de l'assurance 71

§ 2.2. L'application de l'intelligence artificielle à la gestion des risques et aux processus d'assurance 89

§ 2.3. Les enjeux éthiques et juridiques de l'application de l'intelligence artificielle dans le secteur de l'assurance 101

Conclusions du deuxième chapitre 116

CHAPITRE III. État actuel du marché de l'assurance en Ouzbékistan et rôle de l'intelligence artificielle dans la transformation du secteur de l'assurance **121**

§ 3.1. Le rôle de l'intelligence artificielle dans la modernisation du secteur de l'assurance 121

§ 3.2. Expérience internationale de l'utilisation de l'intelligence artificielle dans la transformation du secteur de l'assurance 146

§ 3.3. Analyse de l'état actuel du marché de l'assurance en Ouzbékistan 164

Conclusions du troisième chapitre 196

CHAPITRE IV. Perspectives et stratégies de déploiement de l'intelligence artificielle dans le secteur de l'assurance en Ouzbékistan **199**
§ 4.1. Stratégies de transformation numérique des compagnies d'assurance en Ouzbékistan 199
§ 4.2. Le rôle des initiatives publiques et privées dans l'accélération de la numérisation du secteur de l'assurance 222
§ 4.3. Problèmes et perspectives de l'intégration de l'intelligence artificielle dans le secteur de l'assurance en Ouzbékistan 241
Conclusions du quatrième chapitre 259

Conclusion **263**

Bibliographie **269**

Structures éditoriales du groupe L'Harmattan

L'Harmattan Hongrie
Kossuth l. u. 14-16.
1053 Budapest
harmattan@harmattan.hu

L'Harmattan Sénégal
10 VDN SICAP AMITIE 3
BP 45034 Dakar-Fann
direction@senharmattan.com

L'Harmattan Cameroun
Tsinga/Derrière polyclinique FECAFOOT
BP 11486 Yaoundé
Jacques.koukam@harmattan.fr

L'Harmattan Burkina Faso
Villa 281, secteur 23 623, rue 14.32
Ouagadougou
zagbie@outlook.fr

L'Harmattan Guinée
Almamya, rue KA 028 OKB Agency
BP 3470 Conakry
harmattanguinee@yahoo.fr

L'Harmattan RDC
185, avenue Nyangwe
Commune de Lingwala - Kinshasa
matangilamusadila@yahoo.fr

L'Harmattan Congo
219, avenue Nelson Mandela
BP 2874 Brazzaville
deunovmikhael@gmail.com

L'Harmattan Mali
Immeuble Mgr Jean Marie Cissé
Aci Hamadallaye
BP 145 Bamako
syllaka@yahoo.fr

L'Harmattan Togo
Djidjole - Maison Amela
face EPP BATOME
02 BP 20680 Lomé
didieramela11@gmail.com

L'Harmattan Côte d'Ivoire
Résidence Karl - Cité des Arts
Abidjan-Cocody
03 BP 1588 Abidjan
harmattan.ivoire@gmail.com

L'Harmattan Bénin
Rue 604, (Immeuble à l'entrée
de la rue UCAO- Cite de Saint-Jean)
Cotonou
stepcorpus@gmail.com

Nos librairies en France

Librairie internationale
16, rue des Écoles
75005 Paris
librairie.internationale@harmattan.fr
01 40 46 79 11
www.librairieharmattan.com

www.ingramcontent.com/pod-product-compliance
Lightning Source LLC
LaVergne TN
LVHW050806061126
851857LV00012B/702